스페인어
초급에서
중급으로

스페인어 초급에서 중급으로

저자 민킴
감수 Hebert Otoniel Gamarra Puerta, Marcela del Rosario Sabogal González
초판 1쇄 발행 2016년 5월 18일   **초판 3쇄 발행** 2021년 1월 31일

발행인 박효상   **편집장** 김현   **기획·편집** 김준하, 김설아   **디자인책임** 이연진
디자인·조판 the PAGE 박성미   **삽화** 이소라
마케팅 이태호, 이전희   **관리** 김태옥

종이 월드페이퍼   **인쇄·제본** 현문자현

출판등록 제10-1835호   **발행처** 사람in
주소 121-839 서울시 마포구 양화로 11길 14-10 (서교동 378-16) 3F
전화 02) 338-3555(代)   **팩스** 02) 338-3545   **E-mail** saramin@netsgo.com
Website www.saramin.com

책값은 뒤표지에 있습니다.
파본은 바꾸어 드립니다.

ⓒ 민킴 2016

ISBN
978-89-6049-594-4 13770

우아한 지적만보, 기민한 실사구시 **사람in**

스페인어
초급에서
중급으로

민경 지음 | Hebert Otoniel Gamarra Puerta 감수

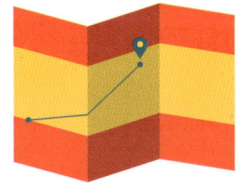

사람in

머리말

혹시……
스페인어는 잘하고 싶은데 어떻게 공부해야 할지 모르시겠나요?
기초는 대략 알겠는데 그 다음 단계 학습 자료를 찾고 계신가요?
하루 하나씩 정해진 분량을 계획적으로 공부하고 싶으신가요?
스페인어의 문어체와 구어체 모두를 다 익히고 싶으신가요?
시간 가는 줄 모르고 빠져들 재미있는 자료가 필요하신가요?
다양한 단어와 표현을 익혀서 막힘 없이 술술 말하고 싶으신가요?
저자와 같이 문장 암송 훈련을 통해 스페인어를 체화하고 싶으신가요?
생동감 있는 듣기 자료로 실전에 강한 스페인어를 공부하고 싶으신가요?
만약 여러분이 위의 경우 중 하나에 속한다면 이 책을 고른 건 정말 탁월한 선택입니다.
이 책과 약 12주간의 씨름이 끝날 즈음 여러분께는 많은 변화가 있을 것입니다.
상황에 맞는 여러 단어와 표현들이 두뇌 깊숙이 입력되어 있을 것이고
입 근육은 스페인어를 유창하게 말하는 데 익숙해져 있을 것입니다.
스페인어의 빠른 소리가 더 이상 두렵지 않을 것이고
머릿속에 들어간 많은 문장들이 스페인어의 작동 원리를 확실히 깨닫게 해 줄 것입니다.
그리고 이러한 노력들이 계속해서 쌓인다면 여러분의 입이 트이게 되고
그 입으로 유창한 스페인어가 쏟아져 나올 것입니다.
훈련하다가 힘이 부칠 때에는 잠시 눈을 감고
스페인어의 입과 귀가 트이는 순간을 상상해 보세요.
전 세계 약 20개국의 스페인어권 원어민들과 자유롭게 소통하는 행복한 상상을요.
그리고 다시 훈련으로 돌아와 한 걸음 한 걸음씩 전진하세요.
이렇게 꾸준하게 걷다 보면 어느덧 여러분의 상상은 현실이 되어 있을 것입니다.

민킴이 추천하는 실전에 강한 스페인어 공부법

중학교 때 영어 선생님은 시험을 어렵게 내기로 유명한 분이셨습니다. 얼마나 어려웠는지 100점 만점에 60점만 넘어도 이번에는 시험을 잘 봤다고 자랑하고 다닐 정도였죠. 이렇게 문법에 능통하신 영어 선생님이셨기에 틀림없이 유창한 영어를 구사하실 것이라 생각했습니다. 하지만 이러한 저의 기대는 어느 날 학교를 방문한 한 원어민으로 인해 처참히 무너집니다. 원어민의 간단한 질문을 휘치, 휘치(which) 해 가며 대답하려고 안간힘을 쓰시는 선생님의 모습은 실망을 넘어 안쓰러운 마음마저 들게 했습니다. 선생님 말씀을 끝내 알아듣지 못하는 원어민의 당황스런 표정을 보면서 '이렇게 공부해서는 안되겠구나'라는 생각이 들었습니다.

그래서 '잘 듣고 잘 말하려면 일단 많이 듣고 말해 봐야 하지 않을까'라는 생각에 30%도 알아듣지 못하는 회화 테이프를 붙잡고 공부하기 시작했습니다. 그 자료를 약 4개월간 듣고 받아쓰고 따라 읽고 모르는 구조나 단어는 찾아서 공부하니 그 안에 있는 모든 내용이 통째로 머릿속에 들어왔습니다. 물론 이렇게 익힌 문장들을 바로 꺼내 쓸 수 있는 것은 아니었습니다. 지하철에서 길을 묻는 외국인을 보고는 바로 도망쳐 버린 적도 있으니까요. 하지만 분명한 것은 이 문장들이 시간이 지나면서 숙성이 되고 이해가 되기 시작했다는 것입니다. 그리고 이렇게 공부한 내용이 완전히 내 것으로 체화되던 시점에 제 영어 실력은 수직 상승하였습니다. 그 결과, 대학교에 입학해서는 쟁쟁한 영어과 학생들을 제치고 영어 말하기 대회에서 우수상을 수상할 수 있었고 각종 스피킹 시험에서 최고 등급을 받는 성과도 낼 수 있었습니다.

이렇게 문법 용어를 모르는 상태로 영어를 '무식하게(?)' 익힌 경험 때문인지 스페인어를 공부하는 것도 그리 어렵지 않았습니다. 서른이 다 되어 뒤늦게 시작한 공부임에도 '이렇게 하면 된다'는 확신에 가득 차 있었기에 실패하리란 걱정은 전혀 없었습니다. 게다가 새로운 공부법을 찾아 에너지를 소모할 필요가 없었기에 온전히 스페인어 공부에 집중할 수 있었습니다. 아무것도 모르는 상태에서 10%도 이해 못하는 회화 자료를 매일같이 듣고 받아쓰고 따라 읽고 공부했습니다. 처음에는 실력이 늘지 않는 듯했으나 4개월이 지날 즈음 익힌 문장들이 소화되어 스페인어의 작동 원리가 파악되기 시작했으며 6개월이 채 지나지 않아 자유롭게 듣고 말할 수 있게 되었고, 11개월이 되었을 때는 스페인어 오픽 시험에서 두 번째로 높은 IH 등급을 받을 수 있었습니다.

스페인어 고속도로를 뚫는 6단계!

뇌 과학자들은 저의 이러한 경험을 '두뇌에 길을 내는 것'으로 설명합니다. 새로운 것을 배울 때 두뇌에 가해지는 자극은 신경 네트워크를 생성시키고 뉴런과 뉴런 사이를 연결해 준다는 것입니다. 처음에는 이 미엘린층이 얇아 정보 교류의 속도가 느리지만 자극이 지속된다면 미엘린층이 두꺼워지고 정보가 교환되는 속도가 빨라지게 된다는 거죠.

혹시 예전에 유행했던 '철권'이라는 게임을 기억하시나요? 콤보 기술을 쓰려면 조이스틱을 아래, 위, 양, 옆으로 움직이면서 A 버튼과 B 버튼을 시기적절하게 눌러야 하는데 1년에 오락실을 두세 번밖에 못 가 본 저는 단 한번도 성공해 본 적이 없습니다. 하지만 방과 후면 오락실에서 사는 아이들은 어쩜 그리 정확한 시기에 순발력 있게 손을 놀려 화려한 기술들을 구사하던지…… 그들은 분명 그러한 경지에 도달하기 위해 수백, 수천 번 연습했을 것입니다. 그리고 그들의 두뇌에는 현란한 기술을 구사하기 위한 '철권 고속도로'가 뚫려 있었던 게 틀림없습니다. 스페인어를 배우는 것도 이와 같다고 볼 수 있습니다. 생소한 스페인어 소리를 듣고 새로운 문장을 지속적으로 외우는 노력이 축적되다 보면 결국 두뇌에 '스페인어 고속도로'가 뚫리게 되는 것입니다. 이렇게 뚫린 스페인어 고속도로는 분명 여러분을 어떤 상황에서도 자유자재로 대화가 가능한 스페인어의 고수로 만들어 줄 것입니다.

여러분도 두뇌에 스페인어 고속도로를 만들고 싶은데 방법을 모르겠다고요? 걱정하지 마세요. 여러분의 스페인어 미엘린을 강화시킬 **6단계 학습법**을 지금부터 알려드리겠습니다.

STEP 1

듣기

스크립트 없이 귀를 활짝 열고 집중해서 여러 번 들어봅니다. 많이 들을수록 스페인어에 대한 귀가 예민해집니다. 이 단계에서는 뜻보다 소리에 집중해서 듣습니다.

스크립트를 보고 내가 못 들은 부분을 파악한 후 다시 들어봅니다. 스페인어의 경우 d나 b음이 굴러가듯이 뭉개지는 부분을 가장 많이 놓치게 됩니다. 또한 자음과 모음이 만나 연음이 되는 소리도 놓치기 쉬운 부분이니 많이 듣고 익숙해져야 합니다. 이 단계에서 받아쓰기를 한번 해 보는 것도 좋은 방법입니다.

STEP 2

단어 정리 및 내용 파악

모르는 단어를 찾아 공부하고 정리합니다. 본문 문장들의 구조와 의미를 잘 파악합니다. 아무리 공부해도 이해가 되지 않는 문장 구조는 일단 넘어갑니다. 일단 그대로 외워 주면 나중에 분명히 깨닫는 순간이 옵니다. 모르는 것들을 알고자 너무 목을 매다가는 지쳐서 그만두게 될 수 있으니 주의하세요.

STEP 3

따라 읽기

우선 소리에 집중해서 발음과 억양을 고쳐가면서 따라 읽습니다. 최대한 오디오 파일의 원어민 성우와 비슷해지도록 훈련합니다. 발음이 꼬이는 문장이 나오면 일단 발음이 잘 안 되는 구간부터 연습해 봅니다. 그 구간의 발음이 잘 되기 시작한다면 점차 확장시켜 나중에는 전체 문장을 유창하게 읽을 수 있도록 연습합니다.

발음이 편안해진 이후에는 내용에 집중합니다. 읽는 동시에 한국말이 아닌 스페인어 어순 그대로 뜻이 생각날 정도로 연습합니다. 감정을 살려서 연기하듯이 읽어 보는 것도 아주 좋은 방법입니다. 아무런 생각 없이 읽으면 효과가 떨어지니 꼭 집중해서 읽어 봅니다.

STEP 4 다시 듣기
듣는 동시에 스페인어로 뜻이 떠오를 정도로 들어 봅니다. 생각의 속도가 오디오 속도를 쫓아갈 정도로 연습하셔야 합니다.

STEP 5 외우기
머리가 아닌 입 근육으로 술술 나오도록 외웁니다. 쥐어 짜서 나오는 수준이라면 민킴이 말하는 기준에 아직 미치지 못한 것입니다. 외우려고 너무 생각하면 스트레스를 받지만 여러 번 읽고 듣고 쓰다 보면 어느 순간 입에서 술술 나올 정도가 되어 있을 것입니다. 하루 만에 외우기 단계까지 도달하기 힘들다면 2, 3일 정도 여유를 갖고 하나씩 하나씩 공부해 주세요. 소리, 발음, 억양, 문장 등 모든 것을 통째로 외웁니다. 외우기가 끝나고 본인의 발음을 녹음해서 들어보는 것도 좋은 방법입니다.

STEP 6 복습
장기 기억력에 진입하기 위해서는 외운 내용도 수일 내로 복습해 주어야 합니다. 이미 한번 외웠기 때문에 복습은 가볍게 몇 번 내용 생각하며 들어 보기와 읽어 보기 정도로 하시면 됩니다. 복습은 시간 나는 대로 자주 해 주는 것이 좋습니다.

대학교에 다닐 때 같은 학과 친구들 몇 명과 토플 단어를 암기하는 그룹을 만들었습니다. 하루에 30개씩 외우기로 했고 잘 외우지 못하는 사람은 아이스크림을 쏘는 벌칙을 만들었습니다. 고집스럽게 영어 문장으로 단어를 외웠던 탓에 30개를 정확하게 외우지 못하였고 벌칙은 자주 저의 몫이었습니다. 하지만 그렇게 힘들게 외웠던 단어는 저를 배신하지 않았습니다. 그리고 지금까지도 그 단어들은 고스란히 제 머릿속에 남아 있습니다.

스페인어에 'Lo que fácil viene, fácil se va'라는 말이 있습니다. '쉽게 얻는 것은 쉽게 잃는다'라는 뜻입니다. 작은 발걸음이라도 확실히 내딛는 사람이 결국 이기게 되어 있습니다. 조금은 미련해 보이고, 심지어 무식해 보이기도 하지만 우직한 소처럼 한 걸음 한 걸음씩 스페인어를 공부하며 전진하는 것이 어떨까요? 여러분의 노력은 결코 여러분들을 배신하지 않을 것입니다.

어느 나라 스페인어를 배우지?

　　　　스페인어를 처음 시작하려는 사람이 가장 먼저 하는 고민은 무엇일까요? 그건 바로 '어느 나라 스페인어를 배우지?'입니다. 스페인어를 쓰는 나라가 20여 개나 되기 때문에 잘못 배우면 마치 큰일날 것처럼 생각이 들어 고민하게 됩니다. 각 나라의 스페인어를 비교하기에 앞서 이런 분들을 위해 한 말씀 드리고 싶습니다. 어떤 스페인어를 배워도 서로 별 문제없이 의사소통을 하기 때문에 걱정하지 않으셔도 된다고요. 에콰도르의 키토에서 스페인어를 배워도 스페인의 마드리드 사람들과 아무 문제없이 대화할 수 있습니다. 미국인과 영국인, 호주인들이 서로 잘 대화하는 것처럼 말입니다. 물론 서로의 차이를 안다면 대화하기에 더욱 수월하겠지요? 그래서 잠시 남미 스페인어와 스페인 본토의 스페인어가 서로 어떻게 다른지 간략히 이야기해 보고자 합니다.

발음　　남미와 스페인 본토 스페인어를 비교할 때 가장 큰 차이점은 'z' 발음입니다. 남미에서는 이를 's'로 발음하지만 스페인에서는 이를 'th' 즉, 'θ'로 발음합니다. 가령 zapato(신발)는 스페인에서는 '아빠또'로, 남미에서는 '싸빠또'로 읽습니다. 영어의 번데기 발음에 익숙하지 않은 분들은 역시 남미 스페인어가 더 배우기 수월할 거예요.
도블레 엘레(ll) 또한 각 나라마다 지역마다 차이를 보입니다. 콜롬비아를 포함한 몇몇 나라에서는 이를 'ㅈ'으로, 스페인, 멕시코를 포함한 몇몇 나라에서는 'ㅇ'처럼, 아르헨티나에서는 'sh'처럼 발음합니다. 따라서 Me llamo(내 이름은)는 지역에 따라 '메 쟈모/메 야모/메 샤모'처럼 발음되죠.

문법　　tú(너)와 더불어 usted(당신) 활용형은 남미에서는 널리 쓰이지만 스페인에서는 tú(너) 활용형을 더 많이 씁니다. 아주 격식을 차려야 하는 경우를 제외하고 usted의 형태는 잘 쓰지 않습니다. 예를 들어 남미에서는 친구한테 ¿Tiene hambre?(배고파?)라고 물어봐도 별 상관 없지만 스페인에서 이렇게 말하면 상대방은 '얘가 나를 어렵게 느끼나?'라고 생각할 수도 있습니다.
또, 남미에서는 '당신들'이라고 할 경우 vosotros를 쓰지 않고 ustedes를 씁니다. vosotros형을 학교에서 배우긴 하지만 실제로 쓰이는 경우는 없습니다. 반면에 스페인에서는 vosotros를 더 자주 쓰고 ustedes와 어감에 차이를 둡니다. (ustedes가 좀 더 공손한 표현이에요.)

가령 "(당신들) 어제 뭐했어요?"라고 할 때 남미에서는 격식, 비격식 구분 없이 ¿Qué hicieron ayer?의 형태로만 쓰이나 스페인에서는 격식를 차릴 경우에만 위와 같이 쓰고 격식을 차리지 않는 사람들끼리는 ¿Qué hicisteis ayer?로 씁니다. 이러한 요소들 덕분에 남미 스페인어가 좀 더 배우기 수월하기는 합니다. 동사의 vosotros 활용형을 무시해도 되니까요.

단어 Tt '가을'의 의미로 미국에서는 fall을, 영국에서는 autumn을 쓰는 것과 같이 스페인어 역시 몇몇 단어 쓰임에 차이가 있습니다. 멕시코나 스페인에서는 '자동차'를 coche(꼬체)로 쓰는 반면에 콜롬비아를 포함한 대부분의 남미 지역에서는 carro(까로)로 씁니다. '컴퓨터' 단어 역시 차이가 있습니다. 스페인에서는 ordenador라고 쓰는 반면 남미에서는 computadora로 씁니다. '복숭아'는 스페인에서는 melocotón이라 하고 남미에서는 durazno라고 합니다. 동사 coger는 일반적으로 택시나 버스를 탈 때 많이 쓰는 단어이지만 아르헨티나를 포함한 몇몇 남미 국가에서는 '성교하다'의 의미가 있으므로 주의해야 합니다. 스페인에서는 '운전하다'의 의미로 conducir를 쓰지만 남미에서는 manejar가 더 널리 쓰입니다.

스페인어를 배우기에 앞서 많은 사람들이 어느 나라 스페인어를 배울지 고민합니다. 거기에 '콜롬비아 스페인어가 발음이 깔끔하고 듣기 편하다', '아르헨티나 스페인어가 가장 섹시하다', '스페인의 마드리드 스페인어가 정통 스페인어다'와 같은 말을 들을 때면 이런 혼란은 더 가중되죠. 하지만 스페인어를 쓰는 나라가 20개국이나 되는 상황에서 이런 고민을 너무 많이 하는 것은 에너지 소모만 될 뿐입니다. 공부할 자료가 스페인에서 왔든 멕시코에서 왔든 그건 상관 없습니다. 너무 비격식적인 표현으로 오염된 자료만 아니라면 문제될 것이 전혀 없습니다. 어떤 나라의 스페인어를 배우든지 각국의 원어민들과 언어 소통에 전혀 문제가 없을 것입니다. 중요한 건 '어떤 방법으로 공부하는가' 입니다.

이 책의 특징

스페인어 기초 실력을 어렵게 다진 여러분, 중급으로의 도약을 위해 이 책을 집어든 것을 축하합니다. 독자분들이 진정한 중급으로 도약할 수 있게 준비한 이 책의 특징은 다음과 같습니다.

① 회화체, 문어체를 두루 익히는 학습 구조

이 책은 일주일에 4일은 회화를, 1일은 일기문을 공부하는 구조예요. 구어체와 문어체 문장 유형을 같이 익힐 수 있어 활용도가 아주 높습니다.

② 다음이 기대되는 재미있는 내용

풋 하고 웃음이 나오는 내용 때문에 공부가 지루하지 않아요. 다음날 공부할 내용은 무엇일까 기대가 되고 그래서 꾸준히 하게 돼요.

③ 매일 매일 정해진 학습량

매일 매일의 학습량을 정해 놓았기 때문에 학습량이 들쑥날쑥할 염려가 없어요. 집중력과 학습력을 최대한 쏟을 수 있게 20분 정도로 학습 분량을 잡았습니다.

④ 스페인어가 몸에 붙게 하는 다양한 학습 장치

저희는 독자들을 가만두지(?) 않습니다. 계속 낭독하게 하고, 암송에 한-서 통역까지 시킵니다. 게다가 외워서 쓰기까지 해야 해요. 이렇게 하지 않으면 백날 천날 해 봐야 늘지 않습니다. 하지만 하라는 대로 하면 여러분의 스페인어 실력은 향상될 겁니다. 보장한다니까요!!!

⑤ 다양한 음원 파일 제공

정확한 발음으로 원어민이 읽은 음원 파일로 듣기 실력을 높여 보세요. 음원 파일도 두 가지로 제공해 남미인들이 읽은 빠른 버전, 스페인 출신 성우가 읽은 버전으로 번갈아가며 듣다 보면 어느새 여러분의 귀는 스페인어 청취에 최적화된 상태가 되어 있을 거예요.

이 책의 구성과 효과적인 사용법

아무리 좋은 자료도 제대로 활용하지 않으면 아무 소용이 없어요. 좋은 자료로 창대한 결과를 낳게 할 이 책의 구성과 효과적인 학습 방법을 소개합니다.

PASO 1 회화 지문 듣기

스페인어권 화자들의 문화와 가치관 등이 그대로 녹아 있는 생생한 회화 예문입니다. 각 챕터별로 주제를 정해 그 주제에 맞는 회화와 일기 지문이 들어 있어요. 스페인어를 보지 말고 QR 코드를 활용해 적어도 세 번을 꼭 들어 보세요. 발음이 뭉개져서 잘 안 들려도 실망하지 말고 끝까지 잘 듣는 게 중요합니다. 어느 정도 감이 잡혔다 싶을 때 지문을 확인하세요.

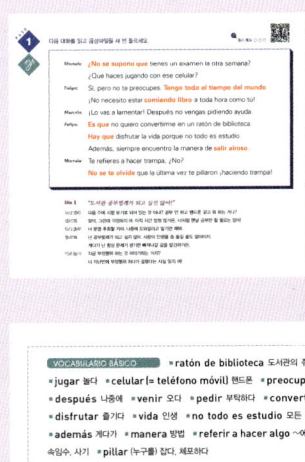

VOCABULARIO BÁSICO

회화와 일기 지문에서 뜻을 이해하는 데 꼭 필요한 기초 단어의 뜻을 풀이했어요. 전체적인 맥락을 이해할 때 유용하게 활용하세요.

Nuevas EXPRESIONES

회화와 일기 예문에서 별색으로 표시된 부분을 자세히 풀이했습니다. 중급 수준의 유창한 회화를 위해 꼭 알아야 할 중요한 표현들이고요, 다양한 예문으로 활용을 극대화할 수 있게 했습니다.

PASO 2 회화/일기 지문 말하기

듣기와 어구 해설로 감 잡고 이해한 문장, 그냥 흘려 보내서는 안 되겠죠? 이제, 원어민이 들으면 깜짝 놀랄 정도로 말하기 연습을 해야 하는 단계입니다. 총 두 단계에 걸쳐 연습해 주세요. 원어민이 말하는 것을 듣고 따라 말하는 것과 원어민이 말하는 것을 0.1초 뒤에 바로 따라 붙여서 말하는 섀도우 스피킹으로 말이죠. 아무리 못해도 10번씩 하는 것을 목표로 하세요. 이렇게 하면 입 근육이 안 풀리고는 못 배길 겁니다.

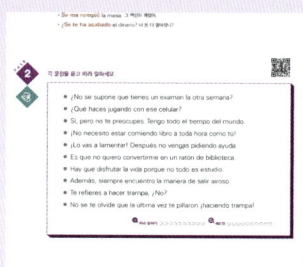

PASO 3 한–서 통역과 직접 써 보기

음원 파일에서 나오는 우리말을 듣고 바로 스페인어로 말하세요. 지금까지 듣고 여러 번 말했기 때문에 우리말을 듣자마자 바로 스페인어로 내뱉을 수 있을 것이고, 또 그럴 수 있어야 합니다. 그런 다음 하루 학습을 마무리하는 기분으로 그렇게 말한 스페인어 문장을 펜을 들고 직접 써 보세요. 이러고도 스페인어가 안 되면 어쩌냐고요? 걱정하실 필요 없어요. 이렇게 했는데 안 될 리가 없답니다. 믿고 따라 오시라니까요.

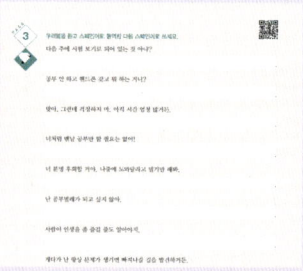

PASO 4 나만의 스페인어 문장 쓰기

이것은 한 주의 마지막 공부인 일기에 나오는 부분이에요. PASO 1에서 PASO 3까지는 회화 부분이랑 똑같지만 여기서는 추가로 자신의 이야기를 스페인어로 쓰는 거예요. 그런데 무턱대고 자기 이야기를 쓰라고 하면 막막하겠죠? 그래서 그날 학습한 부분 중에서 활용해 볼 가치가 높은 표현을 제시합니다. 그것을 가지고 자신의 이야기를 쓰면 됩니다.

잠깐 쉬어가기

1주일 동안 열심히 공부한 당신. 잠깐의 휴식이 필요합니다. 당장 짐을 싸서 떠나고픈 마음이 들게 하는 남미 여행기부터 스페인어를 공부해야 하는 타당한 이유까지, 다양하고 참신한 시각의 글들이 여러분을 기다리고 있습니다. 공부하다 잠시 쉬고 싶을 때 가볍게 읽어 보세요.

목차

CAPÍTULO 1
No Dejes Para Mañana Lo Que Puedes Hacer Hoy 오늘 일을 내일로 미루지 말라

Día 1	"¡No quiero ser un ratón de biblioteca!" "도서관 공부벌레가 되고 싶진 않아!"	018
Día 2	"¿Me puedes echar una mano?" "나 좀 도와주지 않을래?"	022
Día 3	"¡Me quedé dormido!" "깜빡 잠이 들어버렸지 뭐야!"	026
Día 4	Buenas nuevas 좋은 소식	030
Día 5	Diario de Marcela 마르셀라의 일기	034
잠깐 쉬어가기		038

CAPÍTULO 2
Encuentro Con El Pasado 과거를 회상하다

Día 1	"¡Se me olvidó tu nombre!" "네 이름이 기억이 안 나!"	042
Día 2	Travesuras de la niñez 어린 시절의 못된 짓	046
Día 3	"Ahora me gusta el golf" "이제는 골프가 좋아졌어"	050
Día 4	Volver al pasado 과거로 돌아간다면	054
Día 5	Díario de Diego 디에고의 일기	058
잠깐 쉬어가기		062

CAPÍTULO 3
Sucio Daniel 지저분한 다니엘

Día 1	¡Me acabé de bañar! 나 방금 씻었어!	066
Día 2	Trauma infantil 어린 시절의 트라우마	070
Día 3	Pequeñas gotas de agua 작은 물방울	074
Día 4	Daniel muy "limpio" "깨끗한" 다니엘	078
Día 5	Diario de Daniel 다니엘의 일기	082
잠깐 쉬어가기		086

CAPÍTULO 4
Buscando Empleo 직장 구하기

Día 1	Dos consejos aparentemente sabios 현명해 보이는 조언 두 개	090
Día 2	Dos grandes errores 두 가지 중대한 실수	094

Día 3	Malas noticias 나쁜 소식	098
Día 4	Buenas noticias 좋은 소식	102
Día 5	Diario de Cesar 쎄사르의 일기	106
잠깐 쉬어가기		110

CAPÍTULO 5
Cita Romántica 데이트

Día 1	Una vida aburrida 지루한 인생	114
Día 2	Cita a ciegas 소개팅	118
Día 3	"Tengo a alguien en mente" "누군가 떠올랐어"	122
Día 4	"Te amo mucho" "널 사랑해"	126
Día 5	Diario de Carolina 까롤리나의 일기	130
잠깐 쉬어가기		134

CAPÍTULO 6
El Futuro de Juan 후안의 미래

Día 1	Una buena noticia 좋은 소식	138
Día 2	Mi hijo no quiere estuDíar 공부하기 싫어하는 우리 아들	142
Día 3	Abogado insatisfecho 행복하지 않은 변호사	146
Día 4	'Pro gamer', el nuevo ideal 새로운 꿈, '프로게이머'	150
Día 5	Diario del padre 아빠의 일기	154
잠깐 쉬어가기		158

CAPÍTULO 7
Marcela La Chismosa 남을 험담하기 좋아하는 마르셀라

Día 1	En el restaurante 식당에서	162
Día 2	Historias distorsionadas 곡해된 이야기	166
Día 3	Amistad casi rota 거의 깨질 뻔한 친구관계	170
Día 4	¡La chismosa es descubierta! 밝혀진 험담의 진실!	174
Día 5	Diario de Laura 라우라의 일기	178
잠깐 쉬어가기		182

CAPÍTULO 8
Viaje Díario al Trabajo 쉽지 않은 통근 길

Día 1	Una llamada de Valentina 발렌티나의 전화	186
Día 2	Experiencias desagradables en el bus 버스에서 겪는 고충	190
Día 3	Un engaño chistoso 웃긴 속임수	194
Día 4	Una idea genial 기가 막힌 아이디어	198

Día 5	Diario de Andrés 안드레스의 일기	202
잠깐 쉬어가기		206

CAPÍTULO 9

Viaje Inolvidable 잊을 수 없는 여행

Día 1	El viaje de Laura a África 라우라의 아프리카 여행	210
Día 2	Muchos huecos en la vía 울퉁불퉁한 길	214
Día 3	Opciones para escoger 선택의 폭	218
Día 4	Caminando a casa 집까지 걸어가기	222
Día 5	Diario de Kevin 케빈의 일기	226
잠깐 쉬어가기		230

CAPÍTULO 10

Cosas Que Me Irritan 내가 싫어하는 것들

Día 1	"Odio que me corrijas" "네가 내 말 실수 고치는 게 싫어"	234
Día 2	"Odio que no se disculpen" "잘못을 해 놓고 시치미 떼는 건 싫어"	238
Día 3	La venganza de Jason 제이슨의 복수	242
Día 4	"Me sacaron del teatro" "나 극장에서 쫓겨났어"	246
Día 5	Diario de Jason 제이슨의 일기	250
잠깐 쉬어가기		254

CAPÍTULO 11

Redes Sociales 소셜 네트워킹

Día 1	Buscando ayuda 도움을 찾다	258
Día 2	Con las manos en la masa 딱 걸리다	262
Día 3	La cruda realidad 혹독한 현실	266
Día 4	Calidad vs Cantidad 질 vs 양	270
Día 5	Diario de Lina 리나의 일기	274
잠깐 쉬어가기		278

CAPÍTULO 12

Volviéndose Muy Famosa 유명해진다는 것

Día 1	Con los pies en la tierra 현실에 디딘 두 발	282
Día 2	Una gran oferta 대단한 제안	286
Día 3	Una vida aburrida 진저리나는 인생	290
Día 4	Todo fue un sueño 이 모든 게 꿈	294
Día 5	Diario de Claudia 클라우디아의 일기	298
잠깐 쉬어가기		302

No Dejes Para Mañana Lo Que Puedes Hacer Hoy

오늘 일을 내일로 미루지 말라

Día 1
"¡No quiero ser un ratón de biblioteca!"
"도서관 공부벌레가 되고 싶진 않아!"

Día 2
"¿Me puedes echar una mano?"
"나 좀 도와주지 않을래?"

Día 3
"¡Me quedé dormido!"
"깜빡 잠이 들어버렸지 뭐야!"

Día 4
Buenas nuevas
좋은 소식

Día 5
Diario de Marcela
마르셀라의 일기

Día 1 "¡No quiero ser un ratón de biblioteca!"

다음 대화를 읽고 음성파일을 세 번 들으세요.

듣기 체크 ○○○

Marcela:	**¿No se supone que** tienes un examen la otra semana? ¿Qué haces jugando con ese celular?
Felipe:	Sí, pero no te preocupes. **Tengo todo el tiempo del mundo**. ¡No necesito estar **comiendo libro** a toda hora como tú!
Marcela:	¡Lo vas a lamentar! Después no vengas pidiendo ayuda.
Felipe:	**Es que** no quiero convertirme en un ratón de biblioteca. **Hay que** disfrutar la vida porque no todo es estudio. Además, siempre encuentro la manera de **salir airoso**.
Marcela:	Te refieres a hacer trampa, ¿No? **No se te olvide** que la última vez te pillaron ¡haciendo trampa!

Día 1 "도서관 공부벌레가 되고 싶진 않아!"

마르셀라: 다음 주에 시험 보기로 되어 있는 것 아냐? 공부 안 하고 핸드폰 갖고 뭐 하는 거니?
펠리페: 맞아, 그런데 걱정하지 마. 아직 시간 엄청 많거든. 너처럼 맨날 공부만 할 필요는 없어!
마르셀라: 너 분명 후회할 거야. 나중에 도와달라고 빌기만 해봐.
펠리페: 난 공부벌레가 되고 싶지 않아. 사람이 인생을 좀 즐길 줄도 알아야지.
게다가 난 항상 문제가 생기면 빠져나갈 길을 발견하거든.
마르셀라: 지금 부정행위 하는 것 이야기하는 거지?
너 지난번에 부정행위 하다가 걸렸다는 사실 잊지 마!

VOCABULARIO BÁSICO ■ **ratón de biblioteca** 도서관의 쥐 즉, 책벌레/공부벌레 ■ **examen** 시험 ■ **jugar** 놀다 ■ **celular**(= teléfono móvil) 핸드폰 ■ **preocuparse** 걱정하다 ■ **lamentar** 슬퍼하다 ■ **después** 나중에 ■ **venir** 오다 ■ **pedir** 부탁하다 ■ **convertir en algo** ~으로 바뀌다, ~가 되다 ■ **disfrutar** 즐기다 ■ **vida** 인생 ■ **no todo es estudio** 모든 게 공부는 아니다 즉, 노는 것도 중요하다 ■ **además** 게다가 ■ **manera** 방법 ■ **referir a hacer algo** ~에 대해 이야기하다, 언급하다 ■ **trampa** 속임수, 사기 ■ **pillar** (누구를) 잡다, 체포하다

Nuevas EXPRESIONES

- **¿No se supone que ~?** ~하기로 되어 있는 것 아니야?

    suponer는 '가정하다, 추측하다'의 뜻으로 영어의 'suppose'와 같은 단어입니다. No se supone que ~는 영어의 'Isn't it supposed to ~? (~하기로 되어 있는 것 아니야?)'와 같이 추측의 의미입니다.

- **Tengo todo el tiempo del mundo** 나 시간 많아

    시간이 많다는 걸 강조하기 위해 '세상의 모든 시간을 갖고 있어'로 표현했습니다. 이걸 응용해 '많은 사람들이 그렇게 이야기해'를 말하고 싶을 땐 Todo el mundo dice (que) ~라고 쓸 수 있어요.
    - Todo el mundo me dice que tengo que hacer ejercicio. 모두들 내게 운동을 해야 한다고 말해.
    - Todo el mundo dice que él está cambiado. 모두들 그가 바뀌었다고 이야기한다.

- **comer libro** 지적 양식을 섭취하다

    책(libro)을 먹는다(comer)는 건 비유적인 표현입니다. 책을 지적 양식이라고 하죠. 책을 많이 보는 걸 '지적 양식을 섭취하다'의 의미로 comer libro로 표현할 수 있습니다.

- **es que** 사실은, 실은

    문장 앞에 놓여 뭔가를 고백하거나 변명하는 분위기를 내는 표현입니다.
    - Es que no tuve tiempo. 사실은 시간이 없었어.
    - Es que no tengo ningún plan. 사실 난 아무런 계획이 없어.

- **Hay que (hacer algo)** 사람들은 ~을 해야 해

    Tener que hacer algo는 '누군가 뭘 해야 돼'로 주체자를 확실히 말하지만 hay que hacer algo는 '~가 되어 있어야 해', '(사람들이) ~를 해야 해'처럼 일을 할 주체가 누구인지 명확하지 않습니다.
    - ¡Tienes que ir temprano al Mercado por el tráfico! 넌 교통체증 때문에 장보러 일찍 가야 해.
    - ¡Hay que ir temprano al Mercado por el tráfico! 교통체증 때문에 장보러 일찍 가야 해!
    - Tengo que hacer las tareas para mañana. 나는 내일 아침까지 숙제를 해야 해.
    - Hay que hacer las tareas para mañana. 숙제는 내일까지 돼 있어야 해.

- **salir airoso** 성공적으로 빠져 나오다

    salir(떠나다)와 airoso(성공적으로)가 만나 '(문제 상황에서) 성공적으로 빠져 나오다'의 뜻입니다.
    - Cómo salir airoso de situaciones incómodas. 불편한 상황에서 성공적으로 나오는 방법

- **Ne se te olvide vs No te olvides** 잊어 버리지 마

  No se te olvide와 No te olvides는 '잊어 버리지 마'의 뜻이지만 어감이 다릅니다. 뭔가 잘못이 있지만 고의가 아닌 것을 강조할 때는 se를 씁니다. Juan perdió su cartera con mucho dinero (후안은 돈이 많이 든 지갑을 **잃어 버렸다**)라고 쓰면 후안의 잘못이 부각됩니다. 잘못을 좀 덜 부각시키기 위해 다음과 같이 수동적인 느낌으로 쓸 수도 있습니다. A Juan se le perdió la cartera con mucho dinero (후안의 돈이 든 지갑이 **잃어 버림을 당했다**). 다음 예를 보면서 책임을 전가하는 se의 느낌을 좀 더 느껴 보세요.

  - Se nos cayeron los vasos. 유리컵들이 스스로 떨어졌어.
  - Se me olvidaron tus libros. 내가 네 책들을 깜박하게 되었어.
  - Se me rompió la mesa. 그 책상이 깨졌어.
  - ¿Se te ha acabado el dinero? 너 돈 다 떨어졌니?

각 문장을 듣고 따라 말하세요.

- ¿No se supone que tienes un examen la otra semana?
- ¿Qué haces jugando con ese celular?
- Sí, pero no te preocupes. Tengo todo el tiempo del mundo.
- ¡No necesito estar comiendo libro a toda hora como tú!
- ¡Lo vas a lamentar! Después no vengas pidiendo ayuda.
- Es que no quiero convertirme en un ratón de biblioteca.
- Hay que disfrutar la vida porque no todo es estudio.
- Además, siempre encuentro la manera de salir airoso.
- Te refieres a hacer trampa, ¿No?
- No se te olvide que la última vez te pillaron ¡haciendo trampa!

PASO 3 우리말을 듣고 스페인어로 통역한 다음 스페인어로 쓰세요.

다음 주에 시험 보기로 되어 있는 것 아냐?
_____.

공부 안 하고 핸드폰 갖고 뭐 하는 거니?
_____.

맞아, 그런데 걱정하지 마. 아직 시간 엄청 많거든.
_____.

너처럼 맨날 공부만 할 필요는 없어!
_____.

너 분명 후회할 거야. 나중에 도와달라고 빌기만 해봐.
_____.

난 공부벌레가 되고 싶지 않아.
_____.

사람이 인생을 좀 즐길 줄도 알아야지.
_____.

게다가 난 항상 문제가 생기면 빠져나갈 길을 발견하거든.
_____.

지금 부정행위 하는 것 이야기하는 거지?
_____.

너 저번에 부정행위 하다가 걸렸다는 사실 잊지 마!
_____.

> *Vive como si fueses a morir mañana. Aprende como si fueses a vivir siempre.*
> *- Mahatma Gandhi*
> 마치 내일 죽을 것처럼 살며, 영원히 살 것처럼 배워라. – 마하트마 간디

"¿Me puedes echar una mano?"

다음 대화를 읽고 음성파일을 세 번 들으세요.

(Hablando para **sí mismo** después de tres días)

Felipe: **¡No sabía que tenía** tanto para estudiar! Ahora, ¿qué hago?

(Marcela se acerca a Felipe)

Marcela: Hola Felipe. ¿Por qué tienes esa cara? ¿Qué te pasó?

Felipe: Es que no sabía que tenía tantas cosas para estudiar. No puedo perder esta materia porque **me echan de la Universidad.** ¿Será que me puedes **echar una manito**?

Marcela: Tú siempre dejas todo para el final. Además, tú dijiste que sabías cómo arreglártelas.

Felipe: ¡Ay, por favor! **Te prometo que nunca lo vuelvo a hacer**.

Marcela: ¡Pero sólo por esta vez! Y no se te olvide, '**No dejes para mañana lo que puedes hacer hoy**'.

Felipe: ¡Gracias! Entonces, ¡vamos a ver una película primero!

Marcela: Ay, tú no cambias…

Día 2 "나 좀 도와주지 않을래?"
  (3일 후, 혼잣말로)
펠리페: 공부할 게 이렇게 많은 줄 몰랐네. 이제 어떡하지?
  (마르셀라가 펠리페에게 다가온다)
마르셀라: 안녕, 펠리페. 얼굴에 근심이 가득한데? 무슨 일 있어?
펠리페: 사실 공부할 게 이렇게 많은 줄 몰랐거든. 나 이 과목 낙제하면 안 돼. 잘못하면 대학에서 쫓겨난단 말이야. 나 좀 도와줄 수 있어?
마르셀라: 넌 항상 모든 일을 마지막까지 미루더라. 게다가 (저번에) 문제가 생기면 어떻게 해결할 줄 안다며!
펠리페: 아, 제발! 다시는 할 일 미루지 않겠다고 약속할게.
마르셀라: 딱 이번만이다! 그리고 '오늘 할 일을 내일로 미루지 말라'라는 말 잊지 마!
펠리페: 고마워! 그럼, 우리 영화 한 편 보고 시작할까?
마르셀라: 참, 넌 어쩜 그리 한결같니……

Nuevas EXPRESIONES

- **yo/tú/él/ella/si mismo(a) / ellos mismos / ellas mismas** 자기 자신이

  이 표현들은 영어의 'himself/herself'와 같은 역할로, '누군가가 직접 ~을 했다'라고 말할 때 많이 쓰입니다. '자기 자신'의 의미로 'si mismo(a)'를 씁니다. él mismo(그 자신) 또는 ella misma(그녀 자신)와 같이 성별을 붙일 수도 있고요. '나 자신'은 'yo mismo(a)', '너 자신'은 'tú mismo(a)'입니다.

  - Yo mismo(a) les dije eso. 내가 그걸 걔들한테 직접 얘기했어.
  - Yo mismo(a) lo hice. 내가 그걸 직접 했어.
  - Las comidas son ricas cuando las haces tú misma(o). 네가 직접 요리를 하면 정말 맛있어.

- **no sabía que (había algo)** (뭐가 있다는 걸) 알지 못했어

  - No sabía que había una camara. 카메라가 있는 걸 몰랐어.
  - No sabía que había un oso. 곰이 있는 줄 몰랐어.

- **me echan de la Universidad** 나를 대학에서 쫓아내다

  echar에는 '던지다'의 뜻 외에 '쫓아내다'의 의미도 있습니다. 그래서 'me echan de la universidad'는 '나를 그들이 (학교 관계자들이) 대학에서 쫓아내다'의 뜻이 되죠. 그럼 'El guardia nos echó del edificio'는 '경비 아저씨가 우리를 건물에서 쫓아냈다'는 의미가 되겠죠? 경비 아저씨가 말썽꾸러기들을 잡아 건물 밖으로 던지는 걸 상상해 보시면 왜 echar가 그런 의미를 갖게 되었는지 이해가 될 거예요.

- **echar una mano** 도와주다

  동사 echar는 기본 의미가 '던지다'로 광범위하게 쓰입니다. echar una piedra가 되면 '돌을 던지다'의 뜻이고 echar la sal은 '(음식에) 소금을 뿌리다'의 뜻이 됩니다. 그럼 echar la culpa는 무슨 의미일까요? culpa가 '실수'나 '잘못, 과실'을 의미하니까 '상대방 탓을 하다'의 뜻이랍니다. 제목에 쓰인 echar una mano는 '손을 상대방에게 던져주다', 즉, '도와주다'의 의미가 되지요. 그런데 대화에서는 mano 대신 manito를 썼지요? 이런 것을 'diminutivo'라고 합니다. 어떤 사람이나 사물에 대해 작고 귀엽게 말할 때 쓰이죠. 가령 'hermano(형제)'란 단어를 'hermanito', 'problema(문제)'를 'problemito'와 같이 바꿀 수 있어요. 본래 의미는 그대로 지니되, 좀 작고 귀엽게 보이게 하는 효과가 있습니다. 주로 남미에서 비격식적으로 많이 쓰입니다.

VOCABULARIO BÁSICO   ■ **poder** 할 수 있다   ■ **poder hacer algo** ~을 할 수 있다   ■ **tanto** 그렇게 (이렇게) 많은   ■ **acercarse a alguien** ~에게 가까이 다가가다   ■ **cara** 얼굴   ■ **pasar** (일이나 사건이) 일어나다   ■ **cosa** 것   ■ **perder esta materia** 이 과목을 놓치다 즉, 이 과목에서 낙제하다   ■ **dejar** 남기다   ■ **arreglar** 고치다, 해결하다   ■ **sólo por esta vez** 딱 이번만   ■ **olvidar** 잊다

- **Te prometo que nunca lo vuelvo a hacer** 다시는 그러지 않을 거라 약속해

  여기에서 lo(그것)는 문맥상 '미루는 습관'을 말합니다. 뒤에 나오는 목적어를 듣는 사람이 설명 안 해도 알 수 있을 때는 lo로 간단히 줄여서 말합니다. 예를 들어 Te prometo que nunca lo vuelvo a hacer의 문장은 뒤의 부분을 간략하게 만들어 *Te lo prometo*(네게 그것을 약속할게)로 줄일 수 있습니다.

- **No dejes para mañana lo que puedes hacer hoy** 오늘 할 일을 내일로 미루지 마라

  이 격언은 안 들어 본 분들이 없을 정도로 쓰임이 많은 표현입니다. 이 문장에서 no dejes는 dejar(남기다, 버리다, 미루다)의 2인칭 단수 부정 명령형입니다.

각 문장을 듣고 따라 말하세요.

- ¡No sabía que tenía tanto para estudiar! Ahora, ¿qué hago?
- Hola Felipe. ¿Por qué tienes esa cara? ¿Qué te pasó?
- Es que no sabía que tenía tantas cosas para estudiar.
- No puedo perder esta materia porque me echan de la Universidad.
- ¿Será que me puedes echar una manito?
- Tú siempre dejas todo para el final.
- Además, tú dijiste que sabías cómo arreglártelas.
- ¡Ay, por favor! Te prometo que nunca lo vuelvo a hacer.
- ¡Pero sólo por esta vez!
- Y no se te olvide, '*No dejes para mañana lo que puedes hacer hoy*'.
- ¡Gracias! Entonces, ¡vamos a ver una película primero!
- Ay, tú no cambias…

PASO 3 우리말을 듣고 스페인어로 통역한 다음 스페인어로 쓰세요.

공부할 게 이렇게 많은 줄 몰랐네. 이제 어떡하지?

안녕, 펠리페. 얼굴에 근심이 가득한데? 무슨 일 있어?

사실 공부할 게 이렇게 많은 줄 몰랐거든.

나 이 과목 낙제하면 안 돼. 잘못하면 대학에서 쫓겨난단 말이야.

나 좀 도와줄 수 있어?

넌 항상 모든 일을 마지막까지 미루더라.

게다가 (저번에) 문제가 생기면 어떻게 해결할 줄 안다며!

아, 제발! 다시는 할 일 미루지 않겠다고 약속할게.

딱 이번만이다!

그리고 '오늘 할 일을 내일로 미루지 말라'라는 말 잊지 마!

고마워! 그럼, 우리 영화 한 편 보고 시작할까?

참, 넌 어쩜 그리 한결같니······

> **No hay sustituto del trabajo duro.** - *Thomas Edison*
> 열심히 일하는 것을 대체할 것은 아무것도 없다. - 토마스 에디슨

Día 3 "¡Me quedé dormido!"

PASO 1

다음 대화를 읽고 음성파일을 세 번 들으세요.

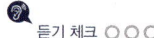

(Felipe con sus manos en la cara)

Marcela: **¿Cómo te fue** en el examen?

Felipe: **¡No me lo vas a creer.** Me **acabé de** despertar. No fui a presentar el examen!

Marcela: ¿En serio? **¡No me digas!** ¿Cómo pudiste quedarte dormido?

Felipe: Lo que pasa es que yo no dormí casi nada durante los últimos tres días. Estoy realmente preocupado. No sé qué hacer…

Marcela: ¿Por qué no vas y hablas con el profesor? Si quieres, yo te acompaño y vamos juntos. **Él es muy buena gente**.

Felipe: ¡Es lo mejor que has dicho en toda tu vida!

Marcela: ¡Y lo que hiciste esta mañana es lo más estúpido que has hecho en toda tu vida!

Día 3 *"깜빡 잠이 들어버렸지 뭐야!"*
(얼굴을 손으로 가리고 있는 펠리페)

마르셀라: 시험 어떻게 봤어?
펠리페: 이 말 믿을 수 없을 걸. 나 방금 일어났어. 시험장 근처에 가지도 못했다고!
마르셀라: 진짜? 말도 안 돼! 어떻게 잠을 자고 있을 수 있어?
펠리페: 사실 최근 3일 간 거의 잠을 못 잤거든. 너무 걱정돼 죽겠어. 뭘 해야 할지 모르겠고……
마르셀라: 교수님 찾아가서 이야기해 보지 그래? 원하면 내가 같이 가 줄게. 교수님 되게 좋은 분이셔.
펠리페: 방금 한 말 네가 여태껏 한 말 중에 가장 괜찮다!
마르셀라: 그리고 네가 오늘 아침에 한 행동은 네가 여태껏 한 행동 중에 젤 바보 같은 짓이었어!

VOCABULARIO BÁSICO ■ mano 손 ■ cara 얼굴 ■ despertarse 일어나다 ■ ¿En serio? 정말?
■ cómo 어떻게 ■ pasar (일이나 사건이) 일어나다 ■ dormir 잠자다 ■ casi 거의 ■ durante … 동안
■ último 마지막의, 최근의 ■ realmente 진짜로 ■ preocupado 걱정하고 있는 ■ saber 알다
■ acompañar 같이 가다 ■ juntos 같이 ■ decir 말하다 ■ estúpido 바보 같은

Nuevas EXPRESIONES

- **¡Me quedé dormido!** 깜박 잠이 들어버렸어!

    동사 quedarse에는 '머무르다(stay, remain)'의 뜻이 있습니다. 〈quedarse + adjectivo(형용사)〉의 조합에서 quedarse는 estar 동사의 역할을 하여 주어의 상태를 말해 주죠.

    · **Me quedé** preocupado(a). 나 걱정됐어.
    · **Me quedé** sorprendido(a). 나 놀랐어.
    · **Me quedé** asustado(a). 나 무서웠어.

    다음과 같이 〈quedarse + con/sin algo〉의 조합으로도 응용 가능합니다.

    · **Me quedé** sin batería. 나 (폰) 배터리가 떨어졌었어.
    · **Me quedé** con la mente en blanco. 나 정신이 없었어.

- **¿Cómo te(le) fue ~?** ~는 어땠니?

    ¿Cómo está(s)?라는 안부 표현 못지 않게 많이 쓰이는 것이 ¿Cómo te(le) fue ~? 입니다. ¿Cómo te(le) fue?는 ¿Cómo te(le) ha ido?로 바꿔 써도 무방합니다.

    · **¿Cómo te fue** en tu viaje? 여행 잘 다녀왔어?
    · **¿Cómo te fue** en el trabajo? 직장에서 별 일 없었니?
    · **¿Cómo te fue** con tu cita romántica? 데이트한 것 어떻게 잘 됐어?
    · **¿Cómo te fue** con tu carro? 네 자동차 (문제) 어떻게 됐어?
    · **¿Cómo te ha ido** en tus clases de español? 너 스페인어 수업 듣는 건 어때?

    ir(가다)의 과거형인 fue를 현재형인 va로 바꾸어 ¿Cómo te(le) va?로 쓰면 '(그 일) 어떻게 진행되고 있어?'의 현재의 뜻을 갖게 됩니다.

- **(Tú) no me lo vas a creer.** 너 그거 못 믿을 걸.

    스페인어의 직접목적어 lo를 헷갈려 하는 분들이 많이 계실 겁니다. 익숙하지 않아서 그럴 뿐이니 너무 어려워 마세요. 이 문장은 (Tú) no me vas a creer lo que pasó conmigo의 문장에서 lo que pasó conmigo(나한테 일어난 일)를 한마디로 줄여 lo(그것)로 만든 것뿐입니다.

    · Te voy a decir **la verdad**. 네게 사실을 말해 줄게.
      → Te **la** voy a decir/Voy a decír**tela**. 네게 그것을 말해 줄게.
    · Tienes **las comidas**. 넌 음식을 갖고 있어. → **Las** tienes. 넌 그것들을 갖고 있어.

- **acabar de (hacer algo)** 방금 ~을 끝냈다, 방금 ~을 했다

    acabar의 원래 의미는 '끝내다(end, finish)'이고, de (hacer algo)가 붙은 acabar de (hacer algo)는 '방금 ~하기를 끝마치다', '방금 ~했다'의 뜻입니다.

- El curso **acabó** en febrero. 그 과정은 2월에 끝났어.
- ¿Tu tio está en la casa? 너희 삼촌 집에 계시니? – No sé, **acabo de llegar**. 아니, 몰라. 나 방금 도착했어.

또 오랫동안 친구의 페이스북 메시지 답장을 못했다면 다음과 같이 핑계를 댈 수도 있습니다.

- **Acabo de ver** los mensajes en el facebook. 페이스북에서 방금 문자를 봤지 뭐야.

● **¡No me digas!** 말도 안 돼!

'나한테 말하지 마'라고 직역하면 큰 오산입니다. 이건 '어떻게 그럴 수가!'의 뜻입니다. ¿De verdad? (정말?)이나 ¿En serio? (진짜?)와 같은 표현들과 함께 쓰입니다.

● **Él es muy buena gente.** 그 분 좋으신 분이셔.

gente는 '사람들'인데 es는 3인칭 단수이니 뭔가 어색해 보이죠? 영어로 He's good people이라고 하는 것과 같으니까요. 그런데, 스페인어에서는 (Alguien) es buena gente라는 말이 전혀 어색하지 않고 잘 쓰입니다. 누군가의 뒷담화를 신나게 하다가 'De todas maneras, él(ella) es muy buena gente. (어찌 됐건 그는 좋은 사람이야)' 라고 훈훈하게 마무리할 때 쓰면 아주 그만입니다.

PASO 2

각 문장을 듣고 따라 말하세요.

- ¿Cómo te fue en el examen?
- ¡No me lo vas a creer.
- Me acabé de despertar.
- No fui a presentar el examen!
- ¿En serio? ¡No me digas!
- ¿Cómo pudiste quedarte dormido?
- Lo que pasa es que yo no dormí casi nada durante los últimos tres días.
- Estoy realmente preocupado. No sé qué hacer…
- ¿Por qué no vas y hablas con el profesor?
- Si quieres, yo te acompaño y vamos juntos.
  Él es muy buena gente.
- ¡Es lo mejor que has dicho en toda tu vida!
- ¡Y lo que hiciste esta mañana es lo más estúpido que has hecho en toda tu vida!

PASO 3 우리말을 듣고 스페인어로 통역한 다음 스페인어로 쓰세요.

시험 어떻게 봤어?

이 말 믿을 수 없을 걸.

나 방금 일어났어. 시험장 근처에 가지도 못했다고!

진짜? 말도 안 돼! 어떻게 잠을 자고 있을 수 있어?

사실 최근 3일 간 거의 잠을 못 잤거든.

너무 걱정돼 죽겠어. 뭘 해야 할지 모르겠고……

교수님 찾아가서 이야기해 보지 그래?

원하면 내가 같이 가 줄게. 교수님 되게 좋은 분이셔.

방금 한 말 네가 여태껏 한 말 중에 가장 괜찮다!

그리고 네가 오늘 아침에 한 행동은 네가 여태껏 한 행동 중에 젤 바보 같은 짓이었어!

> **Hoy un lector, mañana un líder.** - *Margaret Fuller*
> 오늘 책을 읽는 사람이 내일의 지도자가 된다. - 마가렛 풀러

Buenas nuevas

다음 대화를 읽고 음성파일을 세 번 들으세요.

Felipe: ¿Sabes qué? ¡Pasé el examen! **Muchas gracias por tu ayuda**.

Marcela: ¡Ay, **qué alegría**! Tienes que invitarme a almorzar **un día de estos**.

Felipe: Claro que sí. A ver… ¿Por qué no vamos **ya mismo**?

Marcela: **¡Chévere!** Vamos. ¿Pero no tienes nada que hacer ahora?

Felipe: Sí claro. Mañana tengo los últimos dos exámenes y tengo que estudiar. Pero todavía es muy temprano. Entonces, podemos ir a comer, tomar un café, ver una película y después tú me ayudas.

Marcela: Creo que no has aprendido la lección. ¡No te voy a ayudar **ni 5 minutos**!

Día 4 좋은 소식

펠리페: 그거 알아? 나 시험 통과했다! 도와줘서 정말 고마워.
마르셀라: 와, 너무 잘됐다! 조만간 나한테 한턱 쏴야 하는 것 알지?
펠리페: 당연하지. 음 보자…… 지금 바로 뭐 먹으러 가는 건 어때?
마르셀라: 좋아! 가자. 그런데 뭐 해야 할 일이 있는 건 아니야?
펠리페: 당연히 있지. 내일 마지막 시험이 두 개 있어서 공부해야 돼. 아직 시간이 이르잖아. 그럼, 우리 밥 먹고 커피 한잔 하고 영화도 본 다음에 네가 나 도와주면 되겠다.
마르셀라: 아직 정신을 못 차린 것 같네. 단 5분도 안 도와줄 거야!

VOCABULARIO BÁSICO ▪nueva = noticia 뉴스 ▪saber 알다 ▪pasar 통과하다 ▪Muchas gracias 정말 고마워(요) ▪tener que hacer algo ~을 해야 한다 ▪invitar a alguien ~를 초대하다 ▪almorzar 점심을 먹다 ▪Claro que sí (= Sí claro) 물론이지 ▪A ver… (곰곰이 생각하며) 음… ▪¿Por qué no hacemos algo? 우리 왜 ~ 안 해? 즉, 우리 ~하자! ▪nada 아무것도 ▪todavía 아직 ▪temprano 이른 ▪entonces 그렇다면 ▪tomar algo ~을 마시다 ▪película 영화 ▪ayudar a alguien ~를 도와주다 ▪aprender algo ~를 배우다

Nuevas EXPRESIONES

- **Muchas gracias por tu ayuda.** 도와줘서 정말 고마워.

    ayudar는 '돕다'라는 뜻의 동사이고 ayuda는 '도움'이란 뜻의 명사입니다. Gracias 다음에는 항상 para가 아닌 por가 오는 것에 주의하세요.
    - Muchas gracias por la información. 정보 줘서 고마워요.
    - Muchas gracias por tu regalo. 선물 고마워.
    - Muchas gracias por su tiempo. 시간 내 주셔서 감사합니다.

    > **para와 por 차이 이해하기**
    >
    > (Yo) compré un regalo para Marcela. (Yo) compré un regalo por Marcela.
    > 이 두 문장은 para와 por의 차이로 서로 다른 의미를 갖게 됩니다. para가 쓰인 첫 번째 문장은 마르셀라에게 주려고 선물을 산 경우이고, por가 쓰인 두 번째 문장은 친구의 생일 선물을 살 시간이 없는 마르셀라를 대신해서 선물을 산 경우입니다. 의미에 큰 차이가 있을 수 있으므로 para와 por를 구분해 쓰는 연습이 필요합니다.

- **¡Qué alegría!** 진짜 잘됐다!

    qué 다음에 명사나 형용사가 오면 '얼마나 ~한지!'의 의미가 됩니다.
    - ¡Qué sorpresa! 와, 말도 안 돼!
    - ¡Qué casualidad! 이런 우연이 있나!
    - ¡Qué tontería! 진짜 바보 같은 짓이다!   ■ tontería 바보 같은 짓
    - ¡Qué bonito(a)! 진짜 예쁘다!
    - ¡Qué tonto eres! 너 진짜 바보 같아!   ■ tonto 바보
    - ¡Qué frío! 와, 날씨가 춥다! (*frío는 el clima를 꾸며 주기에 남성형으로 쓰였습니다.)

- **un día de estos** 조만간, 곧

    '조만간'의 뜻으로 algún día(언젠가, someday)와 비슷하지만 약간의 차이가 있습니다.
    - Un día de estos podríamos ir al cine. 우리 조만간 영화 보러 가자. (가까운 시일 내에)
    - Algún día podríamos ir al cine. 우리 언젠가 영화 보러 가자. (먼 미래에)

    오랜만에 만난 친구한테 어색한 분위기를 깨려 '우리 언제 식사나 하자!'라고 많이 하잖아요. 그땐 'algún día'로 쓰시면 됩니다. 물론 이렇게 말해 놓고 실제로 만나게 되는 경우는 거의 없지요.

- **ya mismo** 바로 지금

    ya mismo는 ahora mismo와 같은 '바로 지금(right now)'의 의미를 갖습니다.
    - Ahora(Ya) mismo le sirvo el almuerzo. 지금 당장 음식 갖다 드릴게요.

> **mismo의 응용 표현**
> - **allí mismo** (바로 거기)   • **así mismo** (바로 같은 방식으로, 바로 그렇게)   • **ese mismo día** (바로 그날)
> - **hoy mismo** (바로 오늘)   • **Yo mismo(a) lo hice.** (그거 바로 내가 직접 했어.)

- **¡Chévere!** 와, 짱!

'와, 짱이다! (Cool!)'의 의미로 남미 쪽에서 널리 쓰이는 표현입니다. 가장 무난하게 쓰이는 표현은 ¡Genial!이고, 콜롬비아에서는 ¡Bacano!란 표현도 많이 씁니다.
- ¿Terminaste tu tarea? ¡Qué chevere! (*qué를 앞에 붙여도 같은 의미입니다.)
  이 일을 끝냈니? 와, 짱인데!

- **ni 5 minutos** 단 5분도

여기에서의 ni는 '심지어, 전혀 ... 아니다/하지 않다 (not even)'의 의미입니다.
- No hemos comprado **ni** un regalo. 우리는 선물 한 개도 안 샀어.
- No tengo **ni** idea. 좋은 생각이 전혀 떠오르지 않아.

각 문장을 듣고 따라 말하세요.

- ¿Sabes qué? ¡Pasé el examen!
- Muchas gracias por tu ayuda.
- ¡Ay, qué alegría! Tienes que invitarme a almorzar un día de estos.
- Claro que sí.
- A ver… ¿Por qué no vamos ya mismo?
- ¡Chévere! Vamos.
- ¿Pero no tienes nada que hacer ahora?
- Sí claro. Mañana tengo los últimos dos exámenes y tengo que estudiar.
- Pero todavía es muy temprano.
- Entonces, podemos ir a comer, tomar un café, ver una película y después tú me ayudas.
- Creo que no has aprendido la lección.
- ¡No te voy a ayudar ni 5 minutos!

PASO 3 우리말을 듣고 스페인어로 통역한 다음 스페인어로 쓰세요.

그거 알아? 나 시험 통과했다!

도와줘서 정말 고마워.

와, 너무 잘됐다! 조만간 나한테 한턱 쏴야 하는 거 알지?

당연하지.

음 보자…… 지금 바로 뭐 먹으러 가는 건 어때?

좋아! 가자. 그런데 뭐 해야 할 일이 있는 건 아니야?

당연히 있지. 내일 마지막 시험이 두 개 있어서 공부해야 돼.

아직 시간이 이르잖아.

그럼, 우리 밥 먹고 커피 한잔하고 영화도 본 다음에 네가 나 도와주면 되겠다.

아직 정신을 못 차린 것 같네. 단 5분도 안 도와줄 거야!

> *He fallado una y otra vez en mi vida, por eso he conseguido el éxito.*
> *- Michael Jordan*
> 나는 살아오면서 계속 실패를 거듭했다. 그것이 내가 성공한 이유다. - 마이클 조던

Diario de Marcela

다음 대화를 읽고 음성파일을 세 번 들으세요.

Tengo un amigo con un problema muy serio. Él posterga todo.
Tenía un examen ayer pero se quedó dormido y no pudo ir a presentarlo.
Afortunadamente, su profesor le permitió presentarlo después.
Yo pensé que él había aprendido la lección con esta experiencia.
Pero más tarde me dijo que quería ir a comer, ir al café y luego ver una película, sabiendo que tenía dos exámenes para **el día siguiente**.
Yo no le voy a ayudar esta vez, porque es evidente que **no va a cambiar**.

Día 5   마르셀라의 일기

내게는 심각한 문제가 있는 친구 하나가 있다. 그는 모든 것을 미룬다.
어제 시험이 하나 있었는데 잠에 빠져 시험을 치르러 못 갔다고 한다.
다행히도 교수님께서 나중에 시험을 치르게는 해주셨다.
나는 이 친구가 이 경험을 통해 뭔가를 배웠을 거라고 생각했다.
그런데 얼마 지나지 않아 나한테 밥 먹고, 차 한 잔 하고서 영화를 보자고 하는 게 아닌가!
내일 시험이 두 개나 있는 줄 뻔히 알면서 말이다.
이 친구의 미루는 습관은 변하지 않을 것이다. 그래서 이번에는 절대 도와주지 말아야지.

VOCABULARIO BÁSICO ■ **problema** 문제 ■ **serio** 중대한, 심각한 ■ **postergar** 미루다 ■ **todo** 모든 것 ■ **ayer** 어제 ■ **pensar** 생각하다 ■ **lección** 레슨, 교훈 ■ **experiencia** 경험 ■ **tarde** 늦게 ■ **comer** 먹다 ■ **luego** 나중에 ■ **evidente** 명백한

Nuevas EXPRESIONES

- **afortunadamente** 운 좋게도

  스페인어에서 -mente 형식으로 끝나는 단어는 영어의 -ly로 끝나는 단어와 마찬가지로 모두 부사입니다. 문장 전체를 수식하거나 동사, 형용사의 동작이나 상태를 꾸며 주는 역할을 합니다.

  - sarcásticamente (빈정대는 투로)
  - ciertamente (확실하게)
  - enormemente (거대하게)
  - rápidamente (빠르게)
  - generalmente (일반적으로)

- **su profesor le permitió presentarlo después** 교수님이 나중에 시험을 치르게는 해주셨다

  여기에서의 le는 el amigo(Felipe)를 뜻하고 lo는 el examen을 나타냅니다.

- **Yo pensé que él había aprendido la lección** 그가 교훈을 얻었을 거라고 생각했다

  〈había + hecho〉 형식은 영어의 〈had + p.p.〉와 같은 '대과거(과거완료)'입니다. 이것은 과거에 있던 이야기를 하던 중 그 전에 있었던 일을 말하고 싶을 때 쓰이죠. él ha aprendido la lección 문장을 먼저 볼까요? '그는 교훈을 얻었다'라는 현재완료의 의미입니다. 본문에서는 그가 교훈을 얻었다는 나의 생각이(pensé) 과거에 이루어 졌으므로 그가 교훈을 얻은 시점은 그 전 과거로 가게 되죠. 그래서 Yo pensé que él había aprendido la lección처럼 쓰여야 하는 것입니다.

  - Cuando volví a casa, mis padres ya habían cenado.
    집에 도착했을 때 이미 부모님께서는 저녁을 드신 상태였다.

- **el día siguiente** 다음 날

  동사 seguir는 '뒤를 따라가다'의 뜻입니다. 이를 siguiente로 바꾸면 '다음의 (next, following)'라는 뜻의 형용사가 됩니다. el día siguiente는 '다음 날(the following day)'을 말합니다.

- **(él) no va a cambiar** 그는 바뀌지 않을 거야

  〈ir a + Infinitivo(동사원형)〉는 미래에 있을 일을 말할 때 쓰입니다.

  - ¿Vas a estudiar toda la tarde? 오후 내내 공부만 할 거야?
  - Voy a ir de compras pronto. 나 금방 쇼핑 갈 거야.

  iba a hacer algo와 같이 불완전과거로 쓰였을 경우 '〜하려고 했다'의 의미를 갖습니다.

  - Iba a hacer ejercicio, pero no lo hice. 운동하려고 했는데 못했어.
  - Iba a decirte la verdad. 너한테 사실을 말하려고 했어.
  - Iba a estudiar esta tarde. 오늘 오후에 공부하려고 했어.

각 문장을 듣고 따라 말하세요.

- Tengo un amigo con un problema muy serio.
- Él posterga todo.
- Tenía un examen ayer pero se quedó dormido y no pudo ir a presentarlo.
- Afortunadamente, su profesor le permitió presentarlo después.
- Yo pensé que él había aprendido la lección con esta experiencia.
- Pero más tarde me dijo que quería ir a comer, ir al café y luego ver una película, sabiendo que tenía dos exámenes para el día siguiente.
- Yo no le voy a ayudar esta vez, porque es evidente que no va a cambiar.

PASO 3 우리말을 듣고 스페인어로 통역한 다음 스페인어로 쓰세요.

내게는 심각한 문제가 있는 친구 하나가 있다. 그는 모든 것을 미룬다. 어제 시험이 하나 있었는데 잠에 빠져 시험을 치르러 못 갔다고 한다. 다행히도 교수님께서 나중에 시험을 치르게는 해주셨다. 나는 이 친구가 이 경험을 통해 뭔가를 배웠을 거라고 생각했다. 그런데 얼마 지나지 않아 나한테 밥 먹고, 차 한잔하고서 영화를 보자고 하는 게 아닌가! 내일 시험이 두 개나 있는 줄 뻔히 알면서 말이다. 이 친구의 미루는 습관은 변하지 않을 것이다. 그래서 이번에는 절대 도와주지 말아야지.

PASO 4 주어진 표현을 활용해 여러분만의 스페인어 문장을 쓰세요.

❶ había + hecho 활용	❷ ir a + Infinitivo 활용

No Dejes Para Mañana Lo Que Puedes Hacer Hoy
오늘 일을 내일로 미루지 말라

이 책을 보시는 여러분은 새해를 맞이하여 아침에 일찍 일어나고 운동도 열심히 하고 매일매일 스페인어 공부도 열심히 하리라 결심했을 것입니다. 하지만 여러분들 대다수는 얼마 지나지 않아 이 계획들을 실천하는 데 실패했습니다. 어떻게 보지도 않고 단정하냐고요? 스크랜튼 대학교의 한 연구 결과에 따르면 8%의 사람들만이 새해 결심을 지키는 데 성공한다고 합니다. 다시 말해, 92%에 해당하는 대부분의 사람들은 새해 결심을 지키는 데 실패한다는 뜻이지요. "나중에 하지 뭐. 막판에 몰아서 하는 게 더 효율적이야." 이렇게 말도 안 되는 생각을 떨쳐버리며 원래의 계획을 미루지 않고 매일매일 실천하는 것은 말이 쉽지 실천하기 참 어려운 일입니다.

하지만 너무 걱정하거나 실망하지 마세요. 여러분들이 세운 결심을 지키는 방법이 있습니다. 바로 작은 변화부터 시작하는 것입니다. 심리학자들에 따르면 일의 규모가 커 보일수록 그 일을 끝까지 마무리 지을 확률은 줄어들지만 작은 규모의 일들은 끝까지 성취할 공산이 크다고 합니다. 예를 들어, 방을 치우고 싶으신가요? 한번에 대청소를 하려고 하기보다는 책상 위에 널브러진 물건들부터 치워 보세요. 이건 별 부담 없이 할 수 있겠죠? 스페인어를 마스터하고 싶으신가요? 몇 달 안에 끝장을 내겠다 이렇게 생각하지 마시고요, **자투리 시간을 이용해 본문 여러 번 들어 보기, 하루 30분씩 본문 읽어 보기**와 같이 작고 사소해 보이는 것부터 시작해 보세요. 곧고 커다란 나무도 작은 씨앗으로부터 시작되는 법입니다.

쉬어가기

이번 장에서 쓰인 No dejes para mañana lo que puedes hacer hoy 말고도 스페인어에서 또 어떤 명언들이 자주 쓰이는지 알아보겠습니다.

- **A buen entendedor, pocas palabras.** 현명한 사람에겐 많은 말이 필요하지 않다.
  ➡ 현명한 사람은 개떡 같은 말도 찰떡같이 알아듣는다.

- **Al mal tiempo, buena cara.** 힘든 순간일수록 웃고 넘겨라.
  ➡ 웃으면 힘이 나서 힘든 일도 잘 이겨낼 수 있게 된다.

- **Dime con quién andas y te diré quién eres.** 네 친구에 대해서 이야기해 봐. 네가 어떤 사람인지 말해 줄 테니.
  ➡ 같이 다니는 친구를 보면 상대의 됨됨이를 알 수 있다.

- **Perro que ladra no muerde.** 짖는 개는 물지 않는다.
  ➡ 큰 소리 내는 사람 치고 별 볼일 있는 사람 없다.

- **Más vale solo que mal acompañado.** 혼자 있는 게 불편한 동행보다 낫다.
  ➡ 불편한 사람, 혹은 내게 안 좋은 영향을 끼치는 사람과 동행하는 것보다 혼자 시간을 보내는 게 유익하다.

- **En boca cerrada no entran moscas.** 다물어진 입에는 파리가 들어가지 않는다.
  ➡ 말을 아끼는 게 발생 가능한 많은 문제를 예방하는 길이다.

- **Barriga llena, corazón contento.** 부른 배, 만족하는 마음.
  ➡ 사람은 배가 고플 때는 신경이 날카롭고 부정적이지만 잘 먹고 나면 상황을 좀 더 긍정적으로 볼 수 있게 된다.

- **Hierba mala nunca muere.** 잡초는 죽지 않는다.
  ➡ 나쁜 사람들은 오래 산다.

- **Zapatero a tus zapatos.** 제화공은 신발을……
  ➡ 자기가 아는 분야에 대해서는 의견을 제시할 수 있지만 잘 모르는 분야에 대해서는 말을 아끼는 게 좋다.

어때요? 스페인어권 사람들의 의식을 알아볼 수 있는 명언들이지만 우리하고도 잘 통하죠?
여러 번 읽고 음미해서 적절한 순간에 센스 있게 사용해 보는 여러분의 모습을 기대합니다!

CAPÍTULO 2

Encuentro Con El Pasado

Encuentro Con El Pasado

과거를 회상하다

Día 1
"¡Se me olvidó tu nombre!"
"네 이름이 기억이 안 나!"

Día 2
Travesuras de la niñez
어린 시절의 못된 짓

Día 3
"Ahora me gusta el golf"
"이제는 골프가 좋아졌어"

Día 4
Volver al pasado
과거로 돌아간다면

Día 5
Diario de Diego
디에고의 일기

"¡Se me olvidó tu nombre!"

다음 대화를 읽고 음성파일을 세 번 들으세요.

Diego:	**¡Mira quién anda por acá!** Mmm *(pensando)*… ¿Cómo es que te llamas?
Rubén:	¡Rubén! **¿Cómo pudiste olvidar** el nombre de tu mejor amigo?
Diego:	Perdóname Rubén. Es que mi memoria me **falla** a veces.
Rubén:	¡Eso es señal de que **nos estamos volviendo viejos**!
Diego:	Y cuéntame… **¿Cómo te ha tratado la vida?**
Rubén:	Todo normal. Ya sabes, el trabajo, la familia… Casi no me queda tiempo para mí mismo. ¿Recuerdas que no hacíamos otra cosa que jugar en el computador?
Diego:	¡Por supuesto! ¿Recuerdas cuando rompiste la pantalla del computador de un **puño** porque ibas perdiendo el juego?
Rubén:	**A pesar de que** estás perdiendo la memoria, ¡no se te olvida lo que deberías!

Día 1 "네 이름이 기억이 안 나!"

디에고: 야, 이게 누구야! 어, 잠깐만……. (생각 중) 너 이름이 뭐였지?
루벤: 루벤! 네 절친 이름을 어떻게 잊어버릴 수가 있냐?
디에고: 미안해, 루벤. 사실 내 기억력이 예전 같지 않거든.
루벤: 그게 바로 우리가 나이를 먹고 있다는 증거야!
디에고: 내게 말해 봐. 잘 지내고 있는 거야?
루벤: 그럭저럭 지내. 너도 알다시피 일하고 가족 챙기느라 나 자신을 위한 시간은 거의 없어. 우리 옛날에 아무것도 안 하고 컴퓨터 게임만 죽어라 했던 것 기억나?
디에고: 당연하지! 게임에서 지고 있다고 네가 컴퓨터 화면 주먹으로 깨부쉈던 건 기억하냐?
루벤: 기억력 감퇴에도 불구하고 잊어버려야 할 일은 잘 기억하네!

VOCABULARIO BÁSICO ■ llamar 부르다 ■ llamarse 이름이 …이다, …라 불리다 ■ nombre 이름 ■ mejor 제일 좋은 ■ perdonar 용서하다 ■ es que … 실은… ■ memoria 기억, 기억력 ■ a veces 가끔 ■ señal 신호 ■ contar 계산하다, 말하다 ■ normal 보통의, 정상적인 ■ Ya sabes 너도 이미 알다시피 ■ quedar 있다, 남다 ■ para mí mismo 나 자신을 위해서 ■ recordar 기억하다, 회상하다 ■ jugar 놀다 ■ computador(a) 컴퓨터(남미) ■ ordenador 컴퓨터(스페인) ■ Por supuesto 물론이지 ■ romper 부수다 ■ pantalla 화면 ■ perder 잃다, 패하다 ■ olvidar 잊다

Nuevas EXPRESIONES

- **¡Mira quién anda por acá!** 아니, 이게 누구야!

    andar는 '걷다, 쏘다니다'의 뜻으로 이 문장을 직역하면 '여기 누가 돌아다니는지 봐봐!'이지만 실제 의미는 '아니 이게 누구야!'입니다. andar가 들어간 유명한 명언에 'Dime con quién andas y te diré quién eres. (같이 다니는 사람을 보면 그 사람을 알 수 있다.)'가 있습니다.

- **¿Cómo pudiste (hacer algo)?** 네가 어떻게 ~을 할 수가 있어?
    - ¿Cómo pudiste enseñarle groserías? 너 어떻게 걔한테 욕을 가르칠 수가 있니?
    - ¿Cómo pudiste engañarme? 네가 어떻게 날 속일 수가 있어?
    - ¿Cómo pudiste jugar con mis sentimientos? 너 어떻게 내 감정 가지고 장난을 칠 수가 있어?

- **fallar** 실패하다, 틀리다

    본문의 mi memoria me falla a veces에서 기억(memoria)이 실패한다(fallar)는 말은 '뭔가를 자꾸 잊어버리고 깜박하다'는 뜻이 됩니다.
    - Qué hacer cuando falla la memoria. 기억이 깜박거릴 때 무엇을 해야 할지.

- **nos estamos volviendo viejos** 우리가 나이를 먹고 있다

    〈volverse/ponerse + adjetivo(형용사)〉는 '～가 …해지다'의 의미이지만 둘의 쓰임이 약간 다릅니다. 영어의 be동사에 해당하는 스페인어 동사에는 ser와 estar가 있습니다. ser는 '변하지 않는 본질적인 특성'을 말할 때 쓰이고 estar는 '심리적이거나 신체적으로 변화하는 특성 또는 위치'와 관련해 쓰입니다. ser와 궁합이 맞는 형용사는 〈volverse + adjetivo〉의 조합이, estar와 쓰이는 형용사는 〈ponerse + adjetivo〉의 조합이 되어야 합니다.
    - Pablo se puso enfermo después de comer mucha comida.
    파블로는 음식을 많이 먹고는 몸이 아파졌다. (enfermo 아픈) – 그때그때 다르므로 estar/ponerse
    - Se ha puesto triste después de la noticia.
    그 뉴스를 접한 후 그(녀)는 슬퍼졌다. (triste 슬픈) – 슬플 때도 있지만 기쁠 때도 있으므로 estar/ponerse
    - Valentina se volvió muy simpática desde que tiene novio.
    발렌티나는 남자친구를 사귄 후 매우 호감이 가는 사람이 되었다. (simpático 호감이 가는) – 사람의 특성이므로 ser/volverse
    - ¡Él se ha vuelto egoísta!
    그는 이기적인 사람이 되었다! (egoísta 이기적인) – 변하기 힘든 사람의 성격이므로 역시 ser/volverse

    형용사 viejo(a)는 변치 않는 특성으로 여겨져 ser 동사와 조합을 이루는 경우가 많습니다. 나이가 들면 되돌이킬 수 없기 때문이죠. 따라서 volverse viejo의 조합이 되어야 맞습니다.

- **¿Cómo te ha tratado la vida?** 잘 지내고 있는 거야?

   tratar는 동사로 '취급하다, 대하다(treat)'입니다. 직역하면 '인생이 너를 어떻게 대해 왔니?'인데, '사는 게 어떠니?'의 의미가 되죠. 비슷한 의미로 다음 표현들이 있습니다.

   • ¿Cómo estás? ¿Cómo te va? ¿Cómo te ha ido? ¿Qué tal?
   • ¿Qué hubo? 속어 ¿Qué me cuentas? 속어

- **puño** 주먹(=fist)

   무언가를 주먹 한방으로 깨부셨다면 romper (algo) de un puño를, 발차기 한방으로 깨부셨다면 romper (algo) de una patada라고 쓰면 됩니다.

- **A pesar de que** ~함에도 불구하고, ~인데도

   이 어구 뒤에는 반전을 나타내는 문장이 옵니다.

   • A pesar de que es verano, llueve mucho. 건기인데도 비가 많이 온다.
   • A pesar de que odia madrugar, se levanta temprano todos los días.
     아침에 일찍 일어나는 게 싫은데도 그(녀)는 매일 아침 일찍 일어난다.

각 문장을 듣고 따라 말하세요.

- ¡Mira quién anda por acá! Mmm… ¿Cómo es que te llamas?
- ¡Rubén! ¿Cómo pudiste olvidar el nombre de tu mejor amigo?
- Perdóname Rubén. Es que mi memoria me falla a veces.
- ¡Eso es señal de que nos estamos volviendo viejos!
- Y cuéntame… ¿Cómo te ha tratado la vida?
- Todo normal.
- Ya sabes, el trabajo, la familia… Casi no me queda tiempo para mí mismo.
- ¿Recuerdas que no hacíamos otra cosa que jugar en el computador?
- ¡Por supuesto! ¿Recuerdas cuando rompiste la pantalla del computador de un puño porque ibas perdiendo el juego?
- A pesar de que estás perdiendo la memoria, ¡no se te olvida lo que deberías!

 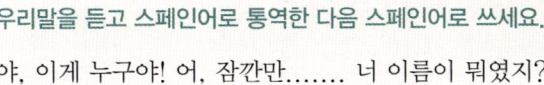

우리말을 듣고 스페인어로 통역한 다음 스페인어로 쓰세요.

야, 이게 누구야! 어, 잠깐만……. 너 이름이 뭐였지?

루벤! 네 절친 이름을 어떻게 잊어버릴 수가 있냐?

미안해, 루벤. 사실 내 기억력이 예전 같지 않거든.

그게 바로 우리가 나이를 먹고 있다는 증거야!

내게 말해 봐. 잘 지내고 있는 거야?

그럭저럭 지내.

너도 알다시피 일하고 가족 챙기느라 나 자신을 위한 시간은 거의 없어.

우리 옛날에 아무것도 안 하고 컴퓨터 게임만 죽어라 했던 것 기억나?

당연하지! 게임에서 지고 있다고 네가 컴퓨터 화면 주먹으로 깨부쉈던 건 기억하냐?

기억력 감퇴에도 불구하고 잊어버려야 할 일은 잘 기억하네!

Travesuras de la niñez

다음 대화를 읽고 음성파일을 세 번 들으세요.

Diego: También **me acuerdo** cuando hacíamos **bromas pesadas**.

Rubén: ¿Como cuando pusimos plástico transparente sobre la taza del baño? Todos orinaban y la orina se **derramaba** por todo el piso y ¡les **salpicaba** los pantalones!

Diego: ¡Qué locura! O **aquella vez** cuando faltaste a clase; la profesora llamó a tu casa, tú contestaste y **te hiciste pasar por tu papá**.

Rubén: Sí, yo le dije que Rubencito estaba enfermo. Ella obviamente me **reconoció** la voz y me preguntó: "**¿Con quién hablo?**"

Diego: Y tu dijiste: "Habla con mi papá". *(Ambos se ríen)*

Rubén: Esos fueron días maravillosos.

Día 2 어린 시절의 못된 짓

디에고: 우리 같이 못된 장난치던 것도 기억난다.
루벤: 변기통에 비닐랩을 씌워 놓았던 것 같은 못된 장난 말이야? 애들이 소변 볼 때마다 바닥 여기저기에 흘리고 걔네 바지에도 막 튀었잖아!
디에고: 정말 미쳤나 봐! 너 학교 빼먹었을 때는 어땠고? 선생님이 너네 집에 전화했을 때 네가 전화 받아서 네 아버지 흉내 냈잖아.
루벤: 맞아. 내가 '루벤이 많이 아파요'라고 얘기했거든. 선생님이 내 목소리를 알아챘는지 이렇게 물어보셨지. "저랑 지금 말씀 나누는 분은 누구신가요?"
디에고: 그리고 네가 대답했잖아. "우리 아빠랑 얘기하는데요." (둘 다 웃는다)
루벤: 그 시절이 참 좋았었지.

VOCABULARIO BÁSICO ▪ **también** 또한 ▪ **cuando** …할 때 ▪ **poner** 놓다 ▪ **transparente** 투명한, 속이 비치는 ▪ **plástico transparente** 투명 비닐랩 ▪ **sobre** …의 위에 ▪ **taza del baño** 변기 ▪ **orinar** 오줌을 누다 ▪ **piso** (건물의) 층, 바닥 ▪ **pantalones** 바지 ▪ **locura** 광기 ▪ **Qué locura!** 정말 미쳤지! ▪ **faltar a clase** 결석하다 ▪ **contestar** (전화를) 받다 ▪ **estar enfermo** 아프다 ▪ **obviamente** 분명히 ▪ **reírse** 웃다 ▪ **maravilloso** 멋진, 근사한

Nuevas EXPRESIONES

- **travesuras** 못된 장난

미간을 찌푸릴 정도의 '못된 장난(mischief, prank)'을 travesura라고 합니다. 보니까 basura(쓰레기)라는 단어와 비슷하게 생기지 않았나요? 잘 안 외워지면 외우기 쉽게 travesura를 '쓰레기 같은 짓'으로 basura와 연관 짓는 것도 좋은 방법입니다.

- **me acuerdo** 기억이 난다

acordarse와 acordar는 철자는 비슷하지만 의미상 차이가 납니다. acordar는 '동의하다'의 뜻이고, acordarse는 '기억하다'의 뜻이기 때문이죠. 본문 me acuerdo는 acordarse의 형태이므로 '기억하다'로 이해하면 됩니다. me acuerdo는 recuerdo로 바꿔 쓸 수도 있습니다.
  - También **recuerdo** cuando hacíamos bromas pesadas. 심한 장난 쳤을 때도 기억나.

- **bromas pesadas** 짓궂은 장난

broma는 '장난'이란 뜻의 여성명사이고 pesado는 '무거운'이란 뜻의 형용사입니다. bromas와 성수를 맞추기 위해 pesadas로 바꾸었습니다. 이렇게 broma와 pesada가 같이 쓰일 때는 pesado가 '무거운'의 기본 의미에서 '짓궂은'으로 의미가 확장됩니다. 앞서 설명한 travesuras도 같은 뜻이므로 묶어서 기억해 주세요.

- **derramar** 흘리다
  - **Derramó** la taza de café sobre la mesa. 그(녀)는 커피 한 잔을 식탁 위에 흘렸다.

- **salpicar** (물 등의) 액체가 튀다

Un camión que pasó a toda velocidad me **salpicó** los pantalones de agua y barro.
최고 속도로 지나간 트럭이 내 바지를 흙탕물로 적셨다.

- **aquella vez** 그때

과거의 어느 특정한 때를 말할 때 씁니다.
  - ¿Te acuerdas de **aquella vez** que nos perdimos en el bosque?
    너 그때 우리 숲에서 길 잃었던 것 기억나니?

- **hacerse pasar por alguien** 누구인 체하다
  - **Se hizo pasar por** Yumi en la fiesta. 그녀는 파티에서 유미인 것처럼 행동했다.
  - Mi amiga **se hizo pasar por** su mamá para burlarse de su novio.
    (전화 통화 중) 내 친구는 남자친구를 골려 주기 위해 자기 엄마인 척했다.

- **reconocer** 알아보다, 인식하다
  - Los perros reconocen a sus dueños por el olor. 개들은 자기 주인을 냄새로 알아본다.

- **¿Con quién hablo?** (전화 통화에서) 누구세요?

  전화 통화에서 상당히 유용하게 쓰이는 표현입니다. '제가 누구랑 이야기하고 있나요?'는 결국 '누구세요?'의 뜻입니다. 모르는 번호에 목소리도 익숙하지 않다면 이 표현을 쓰시면 됩니다.

  스페인어권 국가에서 생방송으로 진행되는 한 프로그램에 시청자와 전화 통화를 하는 코너가 있었습니다. 방송 진행자가 ¿Con quién hablo? (누구시죠?)라고 물어보자 시청자가 Conmigo(저요)라고 대답해서 진행자가 당황해하는 모습이 온라인 상에서 크게 웃음거리가 된 적이 있습니다. 이때는 〈Habla(s) con + 본인 이름〉으로 말해야 합니다.

각 문장을 듣고 따라 말하세요.

- También me acuerdo cuando hacíamos bromas pesadas.
- ¿Como cuando pusimos plástico transparente sobre la taza del baño?
- Todos orinaban y la orina se derramaba por todo el piso y ¡les salpicaba los pantalones!
- ¡Qué locura! O aquella vez cuando faltaste a clase; la profesora llamó a tu casa, tú contestaste y te hiciste pasar por tu papá.
- Sí, yo le dije que Rubencito estaba enfermo.
- Ella obviamente me reconoció la voz y me preguntó:
- "¿Con quién hablo?"
- Y tu dijiste: "Habla con mi papá".
- Esos fueron días maravillosos.

 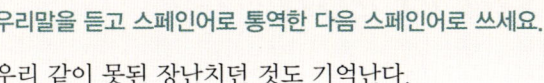

우리 같이 못된 장난치던 것도 기억난다.

변기통에 비닐랩을 씌워 놓았던 것 같은 못된 장난 말이야?

애들이 소변 볼 때마다 바닥 여기저기에 흘리고 걔네 바지에도 막 튀었잖아!

정말 미쳤나 봐. 너 학교 빼먹었을 때는 어땠고?

선생님이 너네 집에 전화했을 때 네가 전화 받아서 네 아버지 흉내 냈잖아.

맞아. 내가 '루벤이 많이 아파요'라고 얘기했거든.

선생님이 내 목소리를 알아챘는지 이렇게 물어보셨지.

"저랑 지금 말씀 나누는 분은 누구신가요?"

그리고 네가 대답했잖아. "우리 아빠랑 얘기하는데요."

그 시절이 참 좋았었지.

> **Las oportunidades no ocurren, las creas tú.** - *Chris Grosser*
> 기회는 어디서 갑자기 나타나는 게 아니다. 당신이 만들어 내는 것이다. - 크리스 그로서

"Ahora me gusta el golf"

다음 대화를 읽고 음성파일을 세 번 들으세요.

Rubén: ¿Cuándo **te diste cuenta** de que ya no eres tan joven?

Diego: Cuando salgo de la ducha, me miro al espejo y veo esa horrible barriga. ¿Y tú?

Rubén: **Al ver una foto** reciente de mi cara, veo muchas arrugas en mis ojos. Antes yo tenía pura piel de bebé.

Diego: Hoy en día yo solo como frutas, verduras y nueces. **En cambio**, de niño, solo comía **comida chatarra**.

Rubén: Definitivamente, sí nos estamos volviendo viejos. ¿Cuál es el deporte que siempre creíamos que era solo para viejos?

Diego: ¿Golf?

Rubén: ¿Adivina qué? ¡El golf es uno de mis deportes favoritos ahora! Yo mismo no lo puedo creer.

Día 3 "이제는 골프가 좋아졌어"

루벤: 너, 네가 더 이상 그리 젊지 않다고 느낀 적 있어?
디에고: 샤워하고 나올 때 거울을 보면 끔찍한 뱃살이 보이는데 그때마다 그래. 넌?
루벤: 최근에 찍은 내 얼굴 사진을 볼 때야. 눈 주위에 주름이 많이 있더라고. 전에는 완전 아기 피부 같았는데.
디에고: 요즘에는 과일, 채소랑 견과류만 먹어. 어렸을 때는 불량식품만 먹었는데 말이야.
루벤: 우리도 나이를 먹고 있는 게 확실하네. 우리가 만날 할아버지들용 스포츠라고 놀렸던 운동이 뭐지?
디에고: 골프?
루벤: 그거 알아? 지금은 골프가 내가 제일 좋아하는 운동 중 하나라는 거지! 나 자신도 그걸 믿을 수가 없어.

VOCABULARIO BÁSICO ▪**ahora** 지금, 현재 ▪**joven** 젊은이 ▪**salir** 떠나다 ▪**ducha** 샤워, 샤워실 ▪**espejo** 거울 ▪**barriga** 배 ▪**reciente** 최근의 ▪**arruga** 주름 ▪**ojo** 눈 ▪**puro(a)** 순수한 ▪**piel** 피부 ▪**hoy en día** 요즘에는 ▪**verdura** 채소 ▪**nueces** 호두 ▪**definitivamente** 분명히, 어떤 의심도 없이 ▪**volver** 뒤집다, 바꾸다 ▪**viejo** 늙은 ▪**cuál** 어떤, 어느 ▪**¿Adivina qué?** 있잖아, 그거 알아?(=영어의 Guess what?) ▪**yo mismo** 나 자신 ▪**creer** 믿다, 생각하다

Nuevas EXPRESIONES

- **darse cuenta (de algo)** 알게 되다, 이해하게 되다

    cuenta의 원래 의미는 '계산서'입니다. 계산서를 갖고 오면 가격이 얼마인지 알게 되죠? 그 맥락에서 darse cuenta (de algo)는 '(뭔가를) 알게 되다, 이해하게 되다'의 뜻이 됩니다.
    - Me dí cuenta de que había dejado mis libros en la casa. 내가 책을 집에 놓고 왔다는 사실을 깨달았다.
    - Espero que él se dé cuenta pronto. 그가 빨리 (그것을) 알게 됐으면 좋겠어. (*dé는 dar의 subjuntivo)

- **al ver una foto** 사진을 볼 때

    〈al hacer algo (al + Infinitivo)〉는 '~하는 순간, ~하는 때'의 의미를 갖습니다.
    - Al verlo, sonreí. 나는 그를 볼 때 미소를 지었다.
    - Viendolo, sonreí. 그를 보면서 나는 미소를 지었다.

    첫 번째 문장은 '그를 본 후 미소를 지었다'는 뜻이고, 두 번째 문장은 '그를 보면서 미소를 지었다'는 뜻입니다.
    - Al abrazar a su padre se sintió feliz. 아버지를 안아 드리는 순간 그는 행복한 감정을 느꼈다.
    - Al hacer la mudanza te encuentras con un montón de cosas que ya no necesitas.
    이사 갈 때 넌 더 이상 필요 없는 물건들을 보게 되지.

- **en cambio** 반면에

    '반면에, 반대로'의 뜻으로 'sin embargo (그럼에도 불구하고)'와 쓰임이 비슷합니다.
    - Él es muy paciente, en cambio(sin embargo) yo no. 그는 참을성이 많은 반면 저는 그러지 못해요.

- **comida chatarra** 불량 식품

    chatarra는 basura와 같은 '쓰레기'의 뜻입니다. comida chatarra는 comida basura로 바꿔 쓸 수도 있지요. 하지만 comida chatarra를 어순 그대로 '음식 쓰레기'로 해석하면 안 됩니다.

> **한국어와 다른 스페인어의 '명사+명사' 결합**
>
> 우리말에서는 명사와 명사가 결합할 경우 뒤에 오는 명사가 앞에 오는 명사보다 더 근본적인 의미를 갖습니다. '종이컵'을 예로 들면, '종이컵'은 '종이'란 명사 뒤에 '컵'이란 기본 개념이 더해져 만들어진 복합명사입니다. 다음 예시 단어를 보면 한글 복합명사에서 중요한 개념은 뒤에 오는 것임을 알 수 있습니다. **ex.** 벽시계, 국제 관계, 콩밥, 새해, 늦더위...
> 하지만 스페인어에서의 복합명사(명사+명사)는 한국어와 다르게 앞에 오는 단어가 더 근본적인 의미를 갖습니다. página web(webpage)이란 복합명사를 보면 역시나 기본 개념이 되는 página가 먼저 오고 web이란 하위 개념이 그 뒤에 따라 옵니다. comida chatarra도 마찬가지입니다. 스페인어식 개념으로 복합명사(명사＋명사)에서는 중요 명사가 앞에 오기 때문에 '음식 쓰레기'가 아닌 '쓰레기 음식(몸에 좋지 않은 음식), 불량 식품'으로 생각하면 되겠습니다.

각 문장을 듣고 따라 말하세요.

- ¿Cuándo te diste cuenta de que ya no eres tan joven?
- Cuando salgo de la ducha, me miro al espejo y veo esa horrible barriga. ¿Y tú?
- Al ver una foto reciente de mi cara, veo muchas arrugas en mis ojos.
- Antes yo tenía pura piel de bebé.
- Hoy en día yo solo como frutas, verduras y nueces.
- En cambio, de niño, solo comía comida chatarra.
- Definitivamente, sí nos estamos volviendo viejos.
- ¿Cuál es el deporte que siempre creíamos que era solo para viejos?
- ¿Golf?
- ¿Adivina qué? ¡El golf es uno de mis deportes favoritos ahora!
- Yo mismo no lo puedo creer.

PASO 3 우리말을 듣고 스페인어로 통역한 다음 스페인어로 쓰세요.

너, 네가 더 이상 그리 젊지 않다고 느낀 적 있어?

샤워하고 나올 때 거울을 보면 끔찍한 뱃살이 보이는데 그때마다 그래. 넌?

최근에 찍은 내 얼굴 사진을 볼 때야. 눈 주위에 주름이 많이 있더라고.

전에는 완전 아기 피부 같았는데.

요즘에는 과일, 채소랑 견과류만 먹어.

어렸을 때는 불량식품만 먹었는데 말이야.

우리도 나이를 먹고 있는 게 확실하네.

우리가 만날 할아버지들용 스포츠라고 놀렸던 운동이 뭐지?

골프?

그거 알아? 지금은 골프가 내가 제일 좋아하는 운동 중 하나라는 거지!

나 자신도 그걸 믿을 수가 없어.

Día 4 — *Volver al pasado*

PASO 1

다음 대화를 읽고 음성파일을 세 번 들으세요.

듣기 체크 ○○○

(Ellos deciden ordenar)

Rubén: ¡Mesero! Un té verde para mí y un chocolate caliente para mi amigo. *(A Diego)* ¿Tú **qué cambiarías si pudieras devolverte** 20 años al pasado?

Diego: Yo trataría mejor a Wilfredo.

Rubén: Sí, nosotros lo intimidábamos y amenazábamos todos los días. Pero él se volvió muy rico y famoso.

Diego: Sí, por eso **quisiera cambiar la historia**. Se nos abrirían muchas puertas.

Rubén: Yo, en cambio, no cambiaría mi pasado. **Aprendo mucho de mis errores**, así que nunca me arrepiento de nada.

(El mesero llega con el pedido)

Rubén: Tu chocolate **se ve más rico** que mi té. Me arrepiento de mi elección. ¿Cambiamos?

Diego: *(sarcásticamente)* ¡Claramente puedo ver que no te arrepientes de nada! *(se ríe)*

Día 4 과거로 돌아간다면

(루벤과 디에고가 뭔가 주문하기로 한다)

루벤: 여기요! 저는 녹차 한 잔 주시고요, 제 친구는 핫초코로 주세요.
(디에고에게) 너 만약에 20년 전으로 돌아간다면 뭘 바꾸고 싶어?

디에고: 윌프레도한테 잘해 줄 것 같아.

루벤: 그래. 우리가 맨날 걔한테 겁주고 협박했지. 그런데 나중에 되게 부유한 유명인사가 됐잖아.

디에고: 맞아. 그래서 그 일을 바꾸고 싶어. 그 친구가 우리한테 큰 도움이 될 텐데.

루벤: 그렇지만 난 내 과거를 안 바꿀 거야. 실수에서 배우는 게 많거든. 그래서 난 후회란 걸 안 해.

(주문한 음료를 종업원이 갖고 온다)

루벤: 네 핫초코가 내 차보다 더 맛있어 보여. 내가 왜 이 차를 골랐는지 후회되네. 바꿀래?

디에고: (비꼬듯이) 진짜로 넌 아까 말했듯이 후회란 걸 모르는구나! (웃는다)

Nuevas EXPRESIONES

- **...qué cambiarías si pudieras devolverte...** 되돌아갈 수 있다면 무엇을 바꿀 텐데

  cambiarías는 cambiar(바꾸다)의 condicional이고 pudieras는 poder의 subjuntivo imperfecto (접속법 불완료과거)입니다. 이렇게 condicional과 subjuntivo imperfecto가 만나면 '~한다면 …할 텐데'와 같이 실제로 일어나지 않은 현재나 미래의 일을 가정하는 문장이 됩니다.

  - Si yo **fuera** rico **compraría** un coche. 만약 내가 부자라면 차를 살 텐데. `미래의 가정`
  - ¿Qué **harías** si **fueras** presidente? 만약 네가 대통령이라면 뭘 할 거야? `현재의 가정`
  - Si yo **fuera** tú, **tomaría** una responsabilidad propia. 내가 너라면 합당한 책임을 졌을 거야. `현재의 가정`

  예제를 보면 현재와 미래에 대한 가정은 단순히 condicional과 subjuntivo imperfecto가 만나 이루어짐을 알 수 있습니다. 위의 구조에 condicional perfecto (가정법완료)와 pluscuamperfecto (접속법 과거완료)로 변화를 주면 '~했다면 …했을 텐데'처럼 과거에 대한 가정이 됩니다.

  - Si la **hubiera visto**, le **habría dicho** la verdad. 그녀를 봤다면 사실을 말했을 텐데. `과거의 가정`
  - Si **hubieras venido**, te **habrías divertido** mucho. 네가 왔었다면 정말 재미있게 놀았을 텐데. `과거의 가정`

  따라서 본문의 "¿Tú qué **cambiarías** si **pudieras devolverte** 20 años al pasado?"는 '넌 20년 전으로 돌아간다면 무엇을 바꿀 거니?'라는 현재의 가정으로 보면 됩니다.

- **quisiera cambiar la historia** 과거를 바꾸고 싶어

  querer의 직설법 현재형 1인칭인 quiero와 불완료 접속법 1인칭인 quisiera는 어감의 차이가 있습니다. 예를 들어 quiero ir al parque라고 말하면 '난 공원에 가고 싶어'라는 단순한 의미를 갖지만 quisiera ir al parque라고 하면 '공원에 가고 싶었는데 (가지 못했어)'의 의미를 내포합니다. 본문의 내용 역시 '난 과거를 바꾸고 싶어(그렇지만 이제 못 바꿔).'의 의미로 보면 됩니다.

- **aprendo mucho de mis errors** 실수로부터 배우다

  aprender de algo/alguien은 '무엇인가(누군가)로부터 배우다'의 의미입니다.

  - **aprender del** pasado 과거 경험으로부터 배우다
  - **aprender de** los errores 실수로부터 배우다
  - **aprender de** él/ella 그/그녀로부터 배우다

VOCABULARIO BÁSICO ▪ **volver** 돌아가다 ▪ **pasado** 과거 ▪ **decidir** 결정하다 ▪ **ordenar (=pedir)** 주문하다 ▪ **mesero(a)** 웨이터, 종업원 ▪ **té verde** 녹차 ▪ **caliente** 뜨거운 ▪ **tratar** 취급하다, 대하다 ▪ **intimidar, amenazar** 위협하다, 협박하다 ▪ **rico(a)** 부유한 ▪ **famoso(a)** 유명한 ▪ **por eso** 그래서 ▪ **puerta** 문 ▪ **en cambio** 반면에 ▪ **arrepentirse de algo** ~에 대해 후회하다 ▪ **llegar** 도착하다 ▪ **pedido** 주문(품) ▪ **elección** 선택 ▪ **claramente** 분명히 ▪ **reírse** 웃다

- **se ve rico** 그게 맛있어 보이다

'(무엇이) 어때 보이다'는 동사 verse를 사용합니다. 그 핫초코(el chocolate)가 맛있어 보이기에 3인칭을 써 se ve rico라고 말했습니다.

- Ella se ve linda. 그녀는 예뻐 보여.   • Te ves viejo. 너 나이 들어 보여.
- La comida que has preparado se ve bien rica. 네가 준비한 음식이 상당히 맛있어 보여.
- Te ves bonita con ese vestido. 너 그 옷 입으니까 예쁘다.

각 문장을 듣고 따라 말하세요.

- ¡Mesero! Un té verde para mí y un chocolate caliente para mi amigo.
- ¿Tú qué cambiarías si pudieras devolverte 20 años al pasado?
- Yo trataría mejor a Wilfredo.
- Sí, nosotros lo intimidábamos y amenazábamos todos los días.
- Pero él se volvió muy rico y famoso.
- Sí, por eso quisiera cambiar la historia.
- Se nos abrirían muchas puertas.
- Yo, en cambio, no cambiaría mi pasado.
- Aprendo mucho de mis errores, así que nunca me arrepiento de nada.
- Tu chocolate se ve más rico que mi té.
- Me arrepiento de mi elección. ¿Cambiamos?
- ¡Claramente puedo ver que no te arrepientes de nada!

PASO 3 우리말을 듣고 스페인어로 통역한 다음 스페인어로 쓰세요.

여기요! 저는 녹차 한 잔 주시고요, 제 친구는 핫초코로 주세요.

너 만약에 20년 전으로 돌아간다면 뭘 바꾸고 싶어?

윌프레도한테 잘해 줄 것 같아.

그래. 우리가 만날 걔한테 겁주고 협박했지.

그런데 나중에 되게 부유한 유명인사가 됐잖아.

맞아. 그래서 그 일을 바꾸고 싶어.

그 친구가 우리한테 큰 도움이 될 텐데.

그렇지만 난 내 과거를 안 바꿀 거야.

실수에서 배우는 게 많거든. 그래서 난 후회란 걸 안 해.

네 핫초코가 내 차보다 더 맛있어 보여.

내가 왜 이 차를 골랐는지 후회되네. 바꿀래?

진짜로 넌 아까 말했듯이 후회란 걸 모르는구나!

> *Nuestra mayor debilidad reside en rendirnos. La forma más segura de tener éxito es intentarlo una vez más. -Thomas A. Edison*
> 우리의 가장 큰 약점은 포기하는 데 있다. 성공하는 가장 확실한 방법은 딱 한 번만 더 해 보는 것이다. – 토마스 A. 에디슨

Encuentro Con El Pasado

Diario de Diego

다음 대화를 읽고 음성파일을 세 번 들으세요.

Pienso que me estoy volviendo viejo.

Hoy me **encontré con** un viejo amigo en la cafetería.

No me pude acordar de su nombre.

Pero él me lo dijo. **Hablamos sobre** los recuerdos de nuestra niñez.

Fue muy divertido.

También **charlamos acerca de** las evidencias que tenemos de que nos estamos volviendo viejos.

Él me dijo que nunca se arrepentía de nada.

Pero **tan pronto (como)** recibió su té, se arrepintió y **me tocó darle** mi chocolate.

Día 5   디에고의 일기

나도 나이를 먹고 있나 보다. 오늘 카페에서 우연히 옛 친구를 만났다.
그 친구 이름이 기억이 나질 않았는데 그 친구가 나에게 알려 주었다.
우리는 어린 시절에 대해 이야기했다. 굉장히 즐거운 시간이었다.
또 우리가 나이가 들어간다는 증거에 대해서도 이야기했다.
그는 자신은 아무런 후회가 없다고 했다.
그런데 자기가 시킨 차를 보자마자 후회를 하는 것이었다.
결국 내가 시킨 핫초코를 그에게 주어야만 했다.

VOCABULARIO BÁSICO   ■ **pensar** 생각하다   ■ **viejo amigo** 오래된 친구   ■ **cafetería** 카페
■ **acordarse de alguien/algo** 누군가/뭔가에 대해 기억하다   ■ **recuerdo** 추억, 기억   ■ **niñez** 어린 시절
■ **divertido(a)** 즐거운   ■ **evidencia** 명백한 사실, 증거   ■ **arrepentirse de algo** ~에 대해 후회하다
■ **recibir** 받다

Nuevas EXPRESIONES

- **encontrarse con alguien** 누구를 (우연히) 만나다

    Me encontré con mi abuela en el mercado. 이 문장은 '(사전에 약속하고) 나는 시장에서 할머니를 만났다'와 '(우연히) 나는 시장에서 할머니를 만났다' 두 가지로 해석될 수 있습니다. 이때는 이 문장만으로는 정확한 상황을 알 수 없으므로 전후 상황을 봐야 합니다. 다음 문장을 보세요.

    - Mi novia me llamó anoche y me encontré con ella esta mañana para tomar un café.
      내 여자친구가 어젯밤 내게 전화했고 오늘 아침 커피 한잔하러 그녀와 만났다.

    여자친구가 어제 전화한 정황으로 보아 오늘 아침에 만나기로 미리 약속을 한 것입니다. 일기 본문에서는 전후맥락상 우연히 만난 것임을 알 수 있습니다.

- **hablar sobre = charlar acerca de** ~에 대해 이야기하다

    hablar (=to talk)와 charlar (=to chat) 둘 다 '담소를 나누다'의 의미로 쓰입니다. 뒤에 나온 sobre와 acerca de 역시 '~에 대해'로 같은 의미입니다.

- **tan pronto (como)** ~하자마자

    비격식적으로 쓰일 때 como는 생략될 수 있습니다.

    - Tan pronto (como) llegué a mi casa me acosté a dormir.
      집에 도착하자마자 자려고 누웠다.
    - Tan pronto (como) terminé de almorzar me comí el postre.
      점심을 먹자마자 간식을 먹었다.
    - Tan pronto (como) salimos del colegio nos fuimos para el café internet.
      학교가 끝나자마자 우리는 PC방에 갔다.

- **(a alguien) le toca hacer algo** 누군가가 ~을 해야만 한다

    '~를 해야만 한다'의 의미로 tener que hacer algo와 같은 표현입니다.

    - Te toca ir a la biblioteca. (→ [Tú] tienes que ir a la biblioteca.) 너 도서관에 가야만 해
    - A ellos les toca vivir en la ciudad. (→ [Ellos] tienen que vivir en la ciudad.)
      그들은 도시에서 살아야만 해.
    - Nos toca salir rapido. (→ [Nosotros] tenemos que salir rápido.) 우리는 빨리 떠나야 해.
    - No hay wifi; les toca hablar entre ustedes. 와이파이가 없네요. 당신들끼리 이야기를 나눠야겠군요.

각 문장을 듣고 따라 말하세요.

- Pienso que me estoy volviendo viejo.
- Hoy me encontré con un viejo amigo en la cafetería.
- No me pude acordar de su nombre.
- Pero él me lo dijo.
- Hablamos sobre los recuerdos de nuestra niñez.
- Fue muy divertido.
- También charlamos acerca de las evidencias que tenemos de que nos estamos volviendo viejos.
- Él me dijo que nunca se arrepentía de nada.
- Pero tan pronto (como) recibió su té, se arrepintió y me tocó darle mi chocolate.

PASO 3 우리말을 듣고 스페인어로 통역한 다음 스페인어로 쓰세요.

나도 나이를 먹고 있나 보다. 오늘 카페에서 우연히 옛 친구를 만났다.
그 친구 이름이 기억이 나질 않았는데 그 친구가 나에게 알려 주었다.
우리는 어린 시절에 대해 이야기했다. 굉장히 즐거운 시간이었다.
또 우리가 나이가 들어간다는 증거에 대해서도 이야기했다.
그는 자신은 아무런 후회가 없다고 했다.
그런데 자기가 시킨 차를 보자마자 후회를 하는 것이었다.
결국 내가 시킨 핫초코를 그에게 주어야만 했다.

PASO 4 주어진 표현을 활용해 여러분만의 스페인어 문장을 쓰세요.

❶ encontrarse con alguien 활용	❷ tan pronto (como) 활용

Encuentro Con El Pasado
(과거와 마주치다)

콜롬비아 보고타 현지에 있는 한 학교에서 중3 아이들을 맡아 근무한 적이 있었습니다. 4개월 정도 같이 있다 보니 타임머신을 타고 중학교 시절로 돌아간 듯한 느낌이었어요. 콜롬비아의 학교는 한국과 여러모로 다릅니다. 한국은 초등학교와 중학교, 고등학교가 각각 다른 부지에 따로 조성되어 있지만 콜롬비아는 colegio라고 불리는 한 학교 안에 preescolar(유치부), primaria(초등부), secundaria(중등부), bachillerato(고등부)가 모두 들어 있는 형태를 하고 있습니다. 그래서 큰 아이들 수업을 하다 보면 밖에서 작은 아이들이 쉬는 시간을 맞아 떠드는 소리에 교실 분위기가 어수선해집니다. 그런 환경에서 30명이 넘는 아이들을 마이크도 없이 가르치고 있노라면 목이 성할 날이 없습니다.

9A반 아이들과 찍은 단체사진

한 아이가 준 풍선.
버스 타고 집까지 갖고 오는 게 좀 고생스럽긴 했으나 참 고마웠다.

학교에 처음 출근한 날, 아이들의 눈은 피부색도 다르고 언어도 다른 동양인 선생님에 대한 호기심으로 눈이 반짝였습니다. "어디서 오셨어요?"부터 "결혼하셨어요?"까지, 아이들의 질문은 끝이 없었고 저는 며칠 동안 앵무새처럼 똑같은 질문에 "Soy de

쉬어가기

corea del sur", "Sí, estoy casado"와 같이 답을 해야 했습니다. 전체 인구의 약 25%가 백인으로 구성되어 있어서 그런지 콜롬비아 아이들은 미국인보다는 아시아인에게 더 큰 호기심을 갖고 있었습니다. 수업 시작하기 전에 항상 아이들을 일어나게 한 다음 '안녕하세요'라고 인사를 시켰는데 처음 말해 보는 신기한 언어에 아이들이 너무 행복해했습니다. 길을 가다가 저를 보면 달려와 손을 모으고는 "안녕하세요"라고 인사하는 아이들의 모습이 참 귀여웠습니다. 콜롬비아 아이들은 개인주의 성향이 강하더군요. 수업 시간에 질문이 있으면 선생님이 다른 아이들을 지도하느라 바쁜 와중에도 손을 들고 자기 질문을 던지는 경우가 많았습니다.

한번은 수업 시간마다 물을 흐리는 미꾸라지 같은 녀석을 일으켜 세우고는 "뭘 잘못했는지 알겠지?" 하고 물어봤습니다. 그랬더니 이 녀석이 자기는 뭘 잘못했는지 모르겠다는 겁니다. 그것도 고개를 양 옆으로 까딱거리면서 짝 다리를 집고 말이죠. 아무리 콜롬비아라도 이건 아니다 싶어 교단 앞으로 불러내었습니다. 키가 저보다 한 뼘은 더 큰 녀석은 끝장을 보겠다는 표정을 하고 서 있었습니다. 그래서 단호히 말했습니다. "네 잘못을 깨달을 기회를 딱 5초 주겠다. 5, 4, 3…" "이 친구가 잘못을 인정하지 않으면 어떻게 해야 하나" 고민하고 있던 찰나 불쑥 잘못을 고백했습니다. "Profe, lo siento mucho." "뭐가 미안한데?"라고 물어보니 그제서야 자기가 짝 다리 집고 고개를 까딱거리고 말한 것, 수업 시간에 떠든 것 등 모든 잘못을 실토하더라고요. 키가 아무리 멀대 같이 크고 덩치가 산만해도 이제 15살밖에 안 된 순수한 콜롬비아 아이였던 것입니다.

마지막 수업 후 눈시울이 붉어져 찾아온 미겔

눈물을 흘리는 사비나. 한국 영화 '7번방의 선물'은 콜롬비아 아이들도 감동시킨다.

CAPÍTULO

3

Sucio Daniel

Sucio Daniel

지저분한 다니엘

Día **1**

¡Me acabé de bañar!

나 방금 씻었어!

Día **2**

Trauma infantil

어린 시절의 트라우마

Día **3**

Pequeñas gotas de agua

작은 물방울

Día **4**

Daniel muy "limpio"

"깨끗한" 다니엘

Día **5**

Diario de Daniel

다니엘의 일기

¡Me acabé de bañar!

다음 대화를 읽고 음성파일을 세 번 들으세요.

(Daniel sale de la ducha universitaria y se encuentra con Pablo, quien esperaba su turno)

Daniel: ¡Qué agua tan rica!

Pablo: ¿Tan rápido te bañaste? *(oliendo)* ¿Pero a qué huele? **¡Huele como a cebolla podrida!**

Daniel: ¡A mí no me huele a nada! **De pronto** es la **cesta de la basura**.

Pablo: ¡Pero mira, está vacía! Creo que ese olor viene de *(oliendo)*… ¡ti!

Daniel: ¡Yo no soy! **¡Me acabé de bañar!**

Pablo: **A mí no me consta**. ¿Por qué hueles tan feo?

Daniel: Parece que me descubriste. ¡Qué vergüenza! **La verdad es que** yo no me he bañado desde hace mucho tiempo.

Día 1 나 방금 씻었어!

　　(다니엘이 기숙사 샤워실에서 나오다가 자기 차례를 기다리는 파블로를 만난다)

다니엘: 와, 물이 너무 좋아!

파블로: 벌써 다 씻었어? (냄새를 맡으며) 근데 이게 무슨 냄새야? 양파 썩은 내가 나!

다니엘: 난 아무 냄새도 안 나는데! 저 쓰레기통에서 나는 냄새일 수도 있어.

파블로: 근데 봐봐! 비어 있잖아! 아무래도 (냄새를 맡으며) 너한테 나는 냄새잖아!

다니엘: 나 아니야! 나 방금 씻었어!

파블로: 믿을 수가 없어. 왜 이렇게 고약한 냄새가 나는 거지?

다니엘: 아무래도 딱 걸린 것 같다. 정말 부끄럽네! 사실은 오랫동안 안 씻었어.

VOCABULARIO BÁSICO　■ **salir de la ducha** 샤워실에서 나오다　■ **esperar** 기다리다　■ **turno** 순서, 차례　■ **agua** 물　■ **rico(a)** 부유한, 맛있는, 훌륭한　■ **rápido** 빠른, 신속한　■ **bañarse** 목욕하다　■ **podriodo(a)** 썩은, 부패된　■ **vacío(a)** (속이) 빈　■ **creer que …** ~임이 확실하다　■ **olor** 냄새　■ **venir** 오다　■ **feo(a)** 못생긴, 불쾌한　■ **parece que …** 아무래도 ~인 것 같다　■ **descubrirse** 발견되다　■ **vergüenza** 부끄러움　■ **desde hace mucho tiempo** 오래 전부터

Nuevas EXPRESIONES

- **¡Huele como a cebolla podrida!** 썩은 양파 냄새가 나!

    huele는 불규칙 동사 oler(냄새를 맡다, 냄새가 나다)가 변환된 것입니다. oler의 '직설법 현재형 변환 (indicativo presente)'은 다음과 같습니다.

yo huelo	nosotros olemos
tú hueles	vosotros oléis
él, ella, Ud. huele	ellos, ellas, Uds. huelen

    oler a algo는 '~의 냄새가 나다(smell like sth)'의 의미입니다 또 oler 동사 뒤에 형용사를 붙여 주면 냄새가 좋고 나쁨을 이야기할 수 있습니다.

    • Aquí **huele a** quemado. 여기 탄 냄새가 나.
    • **Huele** bien. 냄새가 좋다.   **Huele** mal. 냄새가 안 좋다.   **Huele** feo. 냄새가 고약해.

- **de pronto** 갑자기, 어쩌면

    de pronto는 일반적으로 '갑자기'의 의미이지만 콜롬비아에서는 '어쩌면'의 뜻으로 흔히 쓰입니다. 본문에서는 '어쩌면'의 뜻인데 더 널리 쓰이는 표현으로 tal vez, quizás, a lo mejor 등이 있습니다.

- **cesta de la basura** 쓰레기통

    cesta는 '소쿠리', basura는 '쓰레기'의 뜻이므로 cesta de basura는 '쓰레기통'이 됩니다. 사실 쓰레기통은 나라마다 약간씩 다른 단어가 쓰이는데 일반적으로는 다음과 같이 씁니다.

    • cubo de basura 주방 쓰레기통   • papelera 방이나 사무실용 쓰레기통
    • basurero 학교 교실 쓰레기통

- **¡Me acabé de bañar!** 방금 씻었어!

    acabar de hacer algo는 '지금 막 ~하다'의 의미입니다.

    A: ¿Tu tío está en la casa? 네 삼촌 집에 계시니?
    B: No sé, **acabo de** llegar. 몰라요. 저 방금 도착했어요.

    다음 문장을 비교해 보세요.
    • Me casé hace dos días.   • Me acabo de casar.

    첫 번째 문장은 '이틀 전에 결혼했다'의 뜻인 반면, 두 번째 문장은 날짜는 불분명하지만 방금 결혼한 느낌을 살려 말하고 있습니다. 만약 친구를 만나기로 했는데 깜빡 잠이 들어 늦었을 경우 다음과 같이 말하면 되겠죠?

    • ¡**Me acabo de** despertar! 나 지금 막 일어났어!
    • ¡**Me acabé de** despertar! 나 좀 전에 일어났어!

- **A mí no me consta.** 믿을 수가 없어.

    (A mí) no me gusta는 뭔가가 본인 맘에 들지 않았을 때, (A mí) no me importa는 뭔가가 본인한테 중요하지 않을 때 씁니다. constar는 '분명하다, 확실하다(be certain)'의 뜻이므로 (A mí) no me consta는 말하는 본인이 뭔가에 대한 확신이 부족할 때 씁니다.

    - A mí no me consta que el señor Kim haya cometido esos delitos.
      김 선생님이 그런 범죄를 저질렀을 거라는 주장을 믿을 수가 없어요.

- **La verdad es que...** 사실은

    한번은 한 독일인이 매번 De verdad es que...로 말하는 걸 고쳐 준 적이 있습니다. ¿De verdad?은 ¿En serio?와 같이 '정말?'의 의미로 상대방의 말에 호응하며 맞장구칠 때 씁니다. La verdad es...는 '사실은 ...'이란 의미로 고백하는 듯한 상황에서 쓰입니다.

    - La verdad es que no tengo mucho dinero. 사실은 나 돈 많이 없어.
    - La verdad es que no me gusta la comida inglesa. 사실은 나 영국 음식 안 좋아해.

각 문장을 듣고 따라 말하세요.

- ¡Qué agua tan rica!
- ¿Tan rápido te bañaste?
- ¿Pero a qué huele? ¡Huele como a cebolla podrida!
- ¡A mí no me huele a nada!
- De pronto es la cesta de la basura.
- ¡Pero mira, está vacía!
- Creo que ese olor viene de ¡ti!
- ¡Yo no soy! ¡Me acabé de bañar!
- A mí no me consta. ¿Por qué hueles tan feo?
- Parece que me descubriste.
- ¡Qué vergüenza!
- La verdad es que yo no me he bañado desde hace mucho tiempo.

PASO 3 우리말을 듣고 스페인어로 통역한 다음 스페인어로 쓰세요.

와, 물이 너무 좋아!

벌써 다 씻었어?

근데 이게 무슨 냄새야? 양파 썩은 내가 나!

난 아무 냄새도 안 나는데!

저 쓰레기통에서 나는 냄새일 수도 있어.

근데 봐봐! 비어 있잖아!

아무래도 너한테 나는 냄새잖아!

나 아니야! 나 방금 씻었어!

믿을 수가 없어. 왜 이렇게 고약한 냄새가 나는 거지?

아무래도 딱 걸린 것 같다.

정말 부끄럽네!

사실은 오랫동안 안 씻었어.

> Si no persigues lo que quieres, nunca lo tendrás. Si no vas hacia delante, siempre estarás en el mismo lugar. - *Nora Roberts*
> 당신이 원하는 것을 쫓지 않는다면 결코 그것을 얻을 수 없을 것이다. 앞으로 한 발짝 내딛지 않으면 언제나 당신은 같은 곳에 머무르게 될 것이다. - 노라 로버츠

Trauma infantil

다음 대화를 읽고 음성파일을 세 번 들으세요.

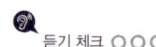

Pablo: ¿Qué estabas haciendo allá adentro entonces?

Daniel: Nada. **Esperando que el tiempo pasara** y mojándome el cabello.

Pablo: ¿Y por qué haces eso?

Daniel: Porque tengo **un trauma** con el agua. Cuando era niño estaba jugando con mis amigos en **la orilla de la piscina**. Dos de ellos me tomaron de brazos y piernas y me lanzaron **a lo más hondo**. Ellos **desconocían** que yo no sabía nadar. **Casi me ahogo ese día**. Todavía tengo **pesadillas** sobre ese incidente.

Día 2 어린 시절의 트라우마

파블로: 그럼 저 안에서 도대체 뭘 하고 있었던 거야?

다니엘: 아무것도 안 했어. 시간이 지나길 바라면서 머리 적시고 있었지.

파블로: 왜 그러는 건데?

다니엘: 왜냐하면 물 공포증이 있거든. 어렸을 때 수영장 가에서 친구들이랑 놀고 있었어. 그 중 두 명이 내 팔 다리를 붙잡고 가장 깊은 곳에 나를 던지는 거야. 내가 수영 못하는 걸 몰랐었나 봐. 그날 나 물 속에서 질식하는 줄 알았어. 아직도 그날 일 때문에 악몽을 꾸곤 해.

VOCABULARIO BÁSICO ▪**infantil** 유아의 ▪**allá** 저곳에 ▪**adentro** 안에 ▪**entonces** 그렇다면, 그래서 ▪**mojarse** 자신의 몸을 적시다 ▪**cabello** 머리털 ▪**¿por qué?** 왜? ▪**porque** 왜냐하면 … 때문에 ▪**dos de ellos** 그들 중 두 명 ▪**tomar** 잡다 ▪**brazo** 팔 ▪**pierna** 다리 ▪**lanzar** 던지다 ▪**nadar** 수영하다 ▪**todavía** 여전히 ▪**incidente** 사건

Nuevas EXPRESIONES

- **Esperando que el tiempo pasara** 시간이 지나가기를 희망하며

  〈esperar que + 접속법(subjuntivo)〉의 구조는 '~를 희망하다/기대하다'의 의미입니다. 〈ojalá (que) + 접속법(subjuntivo)〉과 같다고 볼 수 있습니다.

  - **Espero que** estés bien. 네가 잘 지내고 있으면 좋겠어.
  - Mis amigos **esperan que** yo pueda cocinar bien. 내 친구들은 내가 요리를 잘할 수 있다고 기대해.
  - **Espero que** Mari conduzca lentamente. 마리가 운전을 천천히 하면 좋겠어.
  - Tengo hambre. **Espero que** mi comida llegue rápido a la mesa.
    나 배고파. 내 음식이 빨리 나오면 좋겠어.

- **un trauma** 트라우마

  -a로 끝나지만 남성명사이므로 주의해 주세요.

- **la orilla de la piscina** 수영장 가

  orilla는 '(물건의) 끝, 가장자리', 바다, 호수, 강 등의 '가, 연안'의 뜻이 있습니다.

  - la orilla de la mesa 책상 가장자리
  - la orilla del río 강가
  - la orilla del mar 바닷가
  - la orilla de la playa 해변가

- **a lo más hondo** 가장 깊은 곳으로

  hondo는 '깊은'이라는 형용사로 profundo와 동의어입니다. 〈el/la/los/las/lo más + 형용사〉는 최상급으로 '가장 ~한'이란 뜻을 갖습니다.

  - Ella es **la más bonita** de mi clase. 그녀는 우리 반에서 가장 예쁘다.
  - Esta flor es **la más preciosa** del jardín. 이 꽃은 정원에서 가장 귀중한 꽃이다.
  - ¡Lo que hiciste esta mañana es **lo más estúpido** que has hecho en toda tu vida!
    네가 오늘 아침에 한 짓은 네 인생을 통틀어서 가장 바보 같은 짓이었어!

- **desconocer** 기억 못하다, 모르다

  conocer(알다)에 des-가 붙어 반대 의미를 갖습니다.

  - ¡**Desconozco** las reglas de este juego! 난 이 게임 룰을 모르겠어! (모르다)
  - Después de diez años **desconoció** su propia familia al verlos de nuevo.
    10년이 지난 후 그/그녀는 자기 가족을 다시 만났을 때 기억하지 못했다. (기억 못하다)

- **ahogarse** 익사하다, 질식하다
  - Una mujer se ahogó al hundirse el barco en el que viajaba.
    타고 여행하던 배가 가라앉았을 때 한 여자가 익사했다. (익사하다)
  - Casi nos ahogamos de risa cuando Javier se cayó.
    하비에르가 넘어졌을 때 우리는 웃겨서 숨이 넘어가는 줄 알았다. (질식하다)

- **Casi me ahogo ese día.** 그날 나 죽는 줄 알았어.

  casi 뒤에 현재형이 오지만 실제론 과거처럼 쓰이는 구조입니다. Ayer casi me morí del calor를 Ayer casi me muero del calor처럼 현재형으로 말하는 건데 이러면 더 생생한 느낌을 줍니다.

- **pesadilla** 악몽

  형용사 pesado는 '무거운'의 뜻입니다. 뭔가가 무겁다는 건 감당하기 힘들다는 부정적인 의미겠죠. 이 pesado와 비슷하게 생긴 pesadilla를 견디기 힘든 꿈, '악몽'으로 기억해 주세요.

각 문장을 듣고 따라 말하세요.

- ¿Qué estabas haciendo allá adentro entonces?
- Nada.
- Esperando que el tiempo pasara y mojándome el cabello.
- ¿Y por qué haces eso?
- Porque tengo un trauma con el agua.
- Cuando era niño estaba jugando con mis amigos en la orilla de la piscina.
- Dos de ellos me tomaron de brazos y piernas y me lanzaron a lo más hondo.
- Ellos desconocían que yo no sabía nadar.
- Casi me ahogo ese día.
- Todavía tengo pesadillas sobre ese incidente.

따라 말하기 ○○○○○○○○○○   쉐도잉 ○○○○○○○○○○

PASO 3 우리말을 듣고 스페인어로 통역한 다음 스페인어로 쓰세요.

그럼 저 안에서 도대체 뭘 하고 있었던 거야?

아무것도 안 했어.

시간이 지나길 바라면서 머리 적시고 있었지.

왜 그러는 건데?

왜냐하면 물 공포증이 있거든.

어렸을 때 수영장 가에서 친구들이랑 놀고 있었어.

그 중 두 명이 내 팔 다리를 붙잡고 가장 깊은 곳에 나를 던지는 거야.

내가 수영 못하는 걸 몰랐었나 봐.

그날 나 물 속에서 질식하는 줄 알았어.

아직도 그날 일 때문에 악몽을 꾸곤 해.

> *Cada logro comienza con la decisión de intentarlo. - Gail Devers*
> 모든 성취는 시도하려는 결정에서부터 시작된다. - 게일 디버스

Pequeñas gotas de agua

다음 대화를 읽고 음성파일을 세 번 들으세요.

Pablo: **Debió haber sido** horrible para ti. ¡Pero tienes que **superarlo**! **De casualidad**, ¿sabes por qué Alexandra te terminó?

Daniel: ¡Sí claro! Es que yo siempre llegaba tarde a nuestras citas.

Pablo: ¡Te equivocas! Ella me confesó que no **soportaba** tu mal olor pero que **le daba pena** decirte la verdad.

Daniel: No sabía que yo olía tan horrible.

Pablo: Te echas demasiada colonia para **disimular** tu olor pero no funciona. Así empeoras el problema. Si quieres conseguir otra novia, ¡tienes que **aprender a bañarte**!

Daniel: Ay, eso es muy difícil.

Pablo: Puedes comenzar bañándote con pequeñas gotas de agua para vencer el miedo.

Día 3   작은 물방울

파블로: 정말 힘들었었겠다. 그런데 너 그거 극복해야 돼! 혹시 알렉산드라가 너랑 왜 헤어졌는지 알아?
다니엘: 당연하지! 내가 만날 약속 시간보다 늦게 도착했거든.
파블로: 그게 아니야!
네 악취를 더 이상 참을 수가 없었는데 사실을 얘기하기엔 너한테 너무 미안하다고 나한테 고백했어.
다니엘: 나한테서 그렇게까지 심한 악취가 나는 줄 몰랐어.
파블로: 너 냄새 없애려고 향수 많이 쓰잖아. 그게 네 악취를 더 악화시켜. 다시 여자친구 사귀고 싶으면 우선 씻는 법부터 배워!
다니엘: 그런데 그게 말처럼 쉽지가 않아.
파블로: 공포심을 극복하게 작은 물방울로 씻기 시작하는 게 좋겠다.

VOCABULARIO BÁSICO   ▪ **pequeño(a)** 작은 ▪ **gota** 둥그런 모양의 액체 방울 ▪ **horrible** 끔찍한 ▪ **terminar** 끝내다, 헤어지다 ▪ **es que(=el caso es que)** 실은, 사실은 ▪ **siempre** 항상 ▪ **llegar** 도착하다 ▪ **tarde** 늦게 ▪ **cita** 약속 ▪ **equivocarse** (무엇을) 잘못하다, 틀리다 ▪ **confesar** 고백하다 ▪ **verdad** 진실 ▪ **echar** 던지다, 뿌리다 ▪ **colonia(=perfume)** 향수 ▪ **funcionar** 기능을 발휘하다, 결과가 좋다 ▪ **así** 그래서, 그 결과로 ▪ **empeorar** 악화시키다 ▪ **conseguir** 얻다 ▪ **difícil** 힘든, 어려운 ▪ **comenzar** 시작하다 ▪ **vencer el miedo** 두려움을 이겨내다

Nuevas EXPRESIONES

- **⟨debió haber sido + 형용사/명사⟩** 분명 ~했을/였을 것이다

  강한 확신을 나타낼 때 쓰입니다. debió 대신 ⟨debe haber sido + 형용사⟩로 써도 의미는 같습니다.
  - Tu padre debió haber sido un buen hombre. 네 아버지는 분명 좋은 사람이었을 거야.
  - Debió haber sido un error. 분명 실수였을 거야.

- **superar algo** (장애나 난관을) 극복하다, 이겨내다
  - El discípulo ha superado a su maestro. 제자가 스승을 능가했다. (=청출어람)
  - Juan superó todos los obstáculos y logró su objetivo. 후안은 모든 장애를 극복하고 목적을 달성했다.

- **de casualidad** 우연히, 혹시

  por casualidad처럼 '우연히, 뜻밖에'의 뜻인데 의문문이 이 표현으로 시작되면 '혹시'의 뜻을 갖게 됩니다.
  - De casualidad, ¿tienes mi libro? 너 혹시 내 책 갖고 있니?
  - De casualidad, ¿has visto a Peter? 혹시 너 피터 봤니?
  - De casualidad, ¿tienes una grapadora? 너 혹시 호치키스 갖고 있니?

- **soportar** 참다, 견디다

  영어의 support와 비슷하게 생겨 '지지하다'로 생각할 수도 있지만, 실제로는 '참다, 견디다(bear, put up with)'의 의미로 쓰입니다.
  - ¡No soporto más a ese niño! 저 꼬맹이 더 이상 못 봐주겠어!
  - ¡No soporto a mi jefe! 우리 직장상사를 더 이상 못 견디겠어!

- **dar pena** 불쌍히 여기다, 미안해하다

  pena는 '연민, 동정'의 뜻이므로 누군가에게 pena를 주는 것(darle pena)은 결국 그 사람에게 연민을 느낀다는 말이 됩니다.
  - Me da pena ver a esa señora siempre sola en el parque.
    저 여자분이 맨날 공원에 혼자 있는 걸 보면 참 불쌍해.
  - Esa señora me da mucha pena. 저 여자분, 정말 불쌍해.

> 중남미 몇몇 국가에서는 '부끄러움, 창피함'을 뜻할 때 **vergüenza** 대신 **pena**를 쓰기도 합니다.

No quiero bailar ahora. Me **da pena**. 지금 춤 추고 싶지 않아. 창피하단 말이야.

Me **da pena** hablar francés, porque todavía no lo hablo bien. 프랑스어를 아직 잘 못해서 말하기 부끄러워.

스페인에서는 pena를 '부끄러움'의 의미로 쓰지 않기 때문에 이때는 Me da vergüenza로 쓰면 됩니다.

- **disimular** 숨기다, 감추다
  - Ella disimuló su tristeza con una falsa sonrisa. 그녀는 자신의 슬픔을 가짜 웃음으로 감추었다.
  - Él disimuló su edad. 그는 자기 나이를 숨겼다.

- **aprender a hacer algo** ~하는 것을 배우다

  aprender a에서 a 대신 como로 연결시켜도 좋습니다.
  - Los niños aprenden a leer y escribir. = Los niños aprenden como leer y escribir.
    아이들은 읽고 쓰는 법에 대해 배운다.

각 문장을 듣고 따라 말하세요.

- Debió haber sido horrible para ti.
- ¡Pero tienes que superarlo!
- De casualidad, ¿sabes por qué Alexandra te terminó?
- ¡Sí claro! Es que yo siempre llegaba tarde a nuestras citas.
- ¡Te equivocas!
- Ella me confesó que no soportaba tu mal olor pero que le daba pena decirte la verdad.
- No sabía que yo olía tan horrible.
- Te echas demasiada colonia para disimular tu olor pero no funciona.
- Así empeoras el problema.
- Si quieres conseguir otra novia, ¡tienes que aprender a bañarte!
- Ay, eso es muy difícil.
- Puedes comenzar bañándote con pequeñas gotas de agua para vencer el miedo.

PASO 3 우리말을 듣고 스페인어로 통역한 다음 스페인어로 쓰세요.

정말 힘들었었겠다. 그런데 너 그거 극복해야 돼!

혹시 알렉산드라가 너랑 왜 헤어졌는지 알아?

당연하지! 내가 만날 약속 시간보다 늦게 도착했거든.

그게 아니야!

네 악취를 더 이상 참을 수가 없었는데 사실을 얘기하기엔 너한테 너무 미안하다고 나한테 고백했어.

나한테서 그렇게까지 심한 악취가 나는 줄 몰랐어.

너 냄새 없애려고 향수 많이 쓰잖아.

그게 네 악취를 더 악화시켜.

다시 여자친구 사귀고 싶으면 우선 씻는 법부터 배워!

그런데 그게 말처럼 쉽지가 않아.

공포심을 극복하게 작은 물방울로 씻기 시작하는 게 좋겠다.

> *No te preocupes por los fracasos, preocúpate por las oportunidades que pierdes cuando ni siquiera lo intentas. - Jack Canfield*
> 실패를 두려워하지 마라. 당신이 시도하지 않았을 때 잃게 되는 기회를 걱정하라. - 잭 캔필드

Daniel muy "limpio"

다음 대화를 읽고 음성파일을 세 번 들으세요.

(***Después de*** unas semanas)

Pablo: ¡Oye! Tengo dos amigas que quieren **salir con nosotros** esta noche. ¿Quieres ir?

Daniel: **¡Por supuesto que sí!** Pero huéleme.

Pablo: (*oliendo*) ¡Qué cambio! ¡Qué olor tan rico! Es obvio que ahora sí te bañas.

Daniel: Sí, ¡mil gracias por tu consejo! Funcionó a las mil maravillas. Me bañé hoy. Me demoré como dos horas bañándome con solo goticas de agua pero **valió la pena** porque ya no me da miedo.

Pablo: **A propósito**, ¿**cada cuánto** te estás bañando?

Daniel: (*orgullosamente*) ¡Ahora me baño todos los lunes!

Pablo: ¿Qué? ¿**Cada 8 días**? (*cínicamente*) ¡Qué cambio tan drástico!

Día 4 "깨끗한" 다니엘
(몇 주 후)
파블로: 이봐! 여자애 두 명이 오늘밤 우리랑 데이트하고 싶대. 갈래?
다니엘: 당연히 가야지! 그런데 나 냄새 좀 맡아 봐.
파블로: (냄새를 맡으며) 전이랑 완전 달라! 향이 죽이는데! 요즘은 잘 씻나 보다.
다니엘: 그럼, 네 조언 정말 고마워! 진짜 좋은 생각이었어. 나 오늘 씻었거든.
물방울로만 씻으려니까 한 두 시간쯤 걸리긴 했는데 더 이상 무섭지 않으니 잘된 거지 뭐.
파블로: 그건 그렇고, 얼마나 자주 씻어?
다니엘: (자랑스럽게) 요즘은 월요일마다 씻어!
파블로: 뭐? 매주마다 한 번씩? (비꼬는 투로) 참 대단한 변화다!

VOCABULARIO BÁSICO ■ limpio(a) 깨끗한 ■ oye(=oiga) 여보세요, 이봐 ■ cambio 변화 ■ obvio 분명한 ■ Es obvio que ... ~임이 분명해 ■ mil gracias 너무 고맙다 ■ consejo 충고 ■ a las mil maravillas(=perfectamente) 완벽히 ■ bañarse 씻다 ■ demorarse 지체하다, 연기하다 ■ goticas de agua(=gotas de agua) 물 몇 방울 ■ dar miedo 두려움을 주다 즉, 두렵게 하다 ■ todos los lunes 월요일마다 ■ cínicamente 비꼬는 듯이 ■ drástico(a) 과격한, 대담한

Nuevas EXPRESIONES

- **después de** ~후에

  이 표현은 después de hacer algo (~을 한 후) 또는 después de algún tiempo (시간이 ~ 지난 후) 구조로 쓸 수 있습니다. 본문에서는 'después de unas semanas (몇 주가 지난 후)'로 뒤에 시간과 관련된 단어를 넣었습니다.

- **salir con alguien** ~와 데이트하다

  salir는 '떠나다'가 기본 의미이지만 '데이트 가다'의 의미도 있습니다. 누군가를 이성으로 만날 때 salir con alguien을 써서 표현할 수 있죠.
  - Mi ex novia está **saliendo con** mi mejor amigo. 내 전 여친이 내 절친과 데이트를 하고 있다.
  - Ayer **salí con** una chica. 어제 한 여자애와 데이트를 했다.

- **Por supuesto que sí = Claro que sí = Sí claro** 당연히 그렇지

  Por supuesto que 뒤에 sí를 대신해서 다음과 같이 응용할 수도 있습니다.
  - **Por supuesto que** irás al gimnasio hoy. 넌 당연히 오늘 체육관에 가겠지.

- **valer la pena** 그럴 만한 가치가 있다
  - El viaje a Colombia **valió la pena**. 콜롬비아로 간 여행은 (힘들었지만) 충분히 가치가 있었다.
  - No **vale la pena** comprar un iphone. (그 비싼) 아이폰을 살 필요가 없어.
  - Promociones con celebridades: ¿**vale la pena** el precio?
    스타들을 이용한 판매 촉진: 그 가격에 준하는 가치가 있는가?

- **a propósito** 일부러, 그건 그렇고

  a propósito는 크게 두 가지 의미가 있습니다. 하나는 '일부러(on purpose)'의 의미이고 또 하나는 화제 전환 시의 '그건 그렇고, 그런데(by the way)'의 의미입니다. 본문에서는 '그런데'의 의미로 쓰였습니다.
  - Daniel ha roto la muñeca **a propósito**. 다니엘은 그 인형을 일부러 망가뜨렸다.
  - **A propósito**, ¿vamos al cine esta noche? 그런데 우리 오늘 저녁에 영화 보지 않을래?

- **cada cuánto** 얼마나 자주

  cada에는 '각각의' 말고도 '~마다'의 뜻이 있습니다. 예를 들어 cada tres días는 '3일마다'입니다. 본문에서는 cada뒤에 cuánto를 넣어 '얼마나 자주 ~하니?'의 표현을 만들었습니다.
  - ¿**Cada cuánto** la ves? 얼마나 자주 그녀를 만나?
  - ¿**Cada cuanto** pasa el camión? 얼마나 자주 트럭이 다니나요?

- **orgullosamente** 자랑스럽게

  명사형은 orgullo(자부심, 긍지), 형용사형은 orgulloso(a)(자랑스러운)입니다.
  - El **orgullo** de Brasil es su equipo de fútbol. 브라질의 자랑은 그들의 축구팀이다.
  - Brasil está muy **orgulloso** de su equipo de fútbol. 브라질은 그들의 축구팀이 자랑스럽다.
  - Los brasileños **orgullosamente** dicen que su equipo de fútbol es el mejor.
    브라질인들은 자기네 축구팀이 최고라고 자랑스럽게 이야기한다.

- **cada 8 días** 매주마다

  일주일은 7일이니까 cada 7 días가 되어야 할 것 같죠? 하지만 스페인어권에서는 흔히 cada 8 días로 표현합니다.

각 문장을 듣고 따라 말하세요.

- ¡Oye! Tengo dos amigas que quieren salir con nosotros esta noche.
- ¿Quieres ir?
- ¡Por supuesto que sí! Pero huéleme.
- ¡Qué cambio! ¡Qué olor tan rico!
- Es obvio que ahora sí te bañas.
- Sí, ¡mil gracias por tu consejo!
- Funcionó a las mil maravillas.
- Me bañé hoy.
- Me demoré como dos horas bañándome con solo goticas de agua pero valió la pena porque ya no me da miedo.
- A propósito, ¿cada cuánto te estás bañando?
- ¡Ahora me baño todos los lunes!
- ¿Qué? ¿Cada 8 días? ¡Qué cambio tan drástico!

PASO 3 우리말을 듣고 스페인어로 통역한 다음 스페인어로 쓰세요.

이봐! 여자애 두 명이 오늘밤 우리랑 데이트하고 싶대.

갈래?

당연히 가야지! 그런데 나 냄새 좀 맡아 봐.

전이랑 완전 달라! 향이 죽이는데!

요즘은 잘 씻나 보다.

그럼, 네 조언 정말 고마워! 진짜 좋은 생각이었어.

나 오늘 씻었거든.

물방울로만 씻으려니까 한 두 시간쯤 걸리긴 했는데 더 이상 안 무서우니까 잘된 거지 뭐.

그건 그렇고, 얼마나 자주 씻어?

요즘은 월요일마다 씻어!

뭐? 매주마다 한 번씩? 참 대단한 변화다!

> *El aprendizaje no es un deporte para espectadores. -D. Blocher*
> 배움은 방관자를 위한 스포츠가 아니다. - D. 블로셔

Diario de Daniel

다음 대화를 읽고 음성파일을 세 번 들으세요.

Cuando era niño **casi me ahogo** en una piscina por culpa de mis amigos. Por esta razón, **le tengo miedo al agua** y no me gusta bañarme. Un día Pablo me descubrió; yo estaba **pretendiendo** que me bañaba y al salir del baño él se dio cuenta de que mi olor corporal era hediondo. Le conté mi historia y él me dijo que mi ex-novia **me había terminado** por mi desaseo. Eso me motivó a cambiar. Pablo me aconsejó bañarme con goticas de agua y funcionó perfectamente. ¡Ahora soy muy limpio, me ducho cada 8 días!

Día 5   다니엘의 일기

어렸을 때 친구들 잘못으로 수영장에서 거의 익사할 뻔했다. 그 이유로 물을 두려워하고 씻는 걸 싫어한다. 하루는 파블로가 내 비밀을 알게 되었다. 씻는 척을 하고 있었는데 화장실을 나갈 때 파블로가 내 몸에서 나는 냄새가 고약하다는 것을 알아채 버렸다. 그 친구에게 내 이야기를 해 주었더니 그가 이야기하기를 내 전 여자친구가 내 더러움 때문에 나와 헤어졌단다. 그 이야기는 내가 바뀔 수 있는 동기를 부여해 주었다. 파블로의 조언은 작은 물방울로 씻으라는 것이었는데 그 방법이 너무나도 잘 먹혔다. 이제 나는 아주 깔끔하다. 일주일에 한 번씩 씻으니 말이다!

VOCABULARIO BÁSICO ▪piscina 수영장 ▪culpa 실수, 잘못 ▪por culpa de alguien ~의 잘못으로 ▪razón 이유 ▪no me gusta hacer algo 난 ~하는 게 싫다 ▪descubrir 밝혀내다 ▪corporal 신체의 ▪hediondo 냄새가 고약한 ▪contar 이야기하다 ▪historia 역사, 이야기 ▪ex-novia 전 여자친구 ▪desaseo 더러움, 불결 ▪motivar 동기를 주다 ▪aconsejar 충고하다, 조언하다 ▪perfectamente 완벽히 ▪limpio 깨끗한 ▪ducharse(=bañarse) 씻다

Nuevas EXPRESIONES

- **casi me ahogo** 나 거의 죽을 뻔했다

  casi 뒤에 현재형이 오지만 실제로는 과거의 의미를 나타내는 구조입니다. 말할 때 좀 더 생동감을 주기 위해 이런 구조를 사용합니다.

- **le tengo miedo a (alguien o algo)**

  사실 이 문장 구조에서 le를 제거해도 별 문제는 없지만 원어민들의 귀에는 le를 붙이는 것이 더 자연스럽습니다. 본문 le tengo miedo al agua에서 le는 agua를 지칭합니다. 한국말로 직역하면 '난 그것에 대해 두려움을 갖고 있어 물에 대해서' 정도의 문장이 됩니다. 뒤에 오는 단어가 복수이면 les를 붙여 주면 되고요. (*복수일 때도 그냥 le로 쓰는 사람이 많이 있으니 너무 신경 안 쓰셔도 됩니다.)

  - Le tengo miedo al fracaso. 난 실패가 두려워.
  - Le tengo miedo a mi novio. 난 내 남자친구가 무서워.
  - Les tengo miedo a las mujeres. 난 여자란 존재에 대해 두려움을 갖고 있어.
  - Les tengo miedo a las arañas. 난 거미가 무서워.

- **pretender** ~인 척하다
  - ¿Cómo podemos cerrar los ojos y pretender que no está pasando nada?
    우리가 어떻게 눈을 감고 아무 일도 없는 것처럼 행동할 수 있겠어?

- **me había terminado**

  〈había + hecho〉는 대과거(과거완료)로 과거에 있었던 이야기를 하던 중 그 전에 있었던 일을 말하고 싶을 때 쓰는 구조입니다. 본문 él me dijo que mi ex-novia me había terminado por mi desaseo에서 '그는 내게 말했어'라는 과거형 dijo가 앞에 쓰였으므로 이미 그 전 과거에 일어났던 '나랑 헤어졌었다고'는 대과거로 쓰인 것입니다. 다음 문장들을 참고해 보세요.

  - Él me regaló un libro pero ya lo había leído. 그는 내게 책을 선물로 줬지만 나는 이미 그것을 읽었었다.
  - Cuando volví a casa, mis padres ya habían cenado.
    집에 도착했을 때 이미 부모님께서는 저녁을 드신 상태였다.

각 문장을 듣고 따라 말하세요.

- Cuando era niño casi me ahogo en una piscina por culpa de mis amigos.
- Por esta razón, le tengo miedo al agua y no me gusta bañarme.
- Un día Pablo me descubrió; yo estaba pretendiendo que me bañaba y al salir del baño él se dio cuenta de que mi olor corporal era hediondo.
- Le conté mi historia y él me dijo que mi ex-novia me había terminado por mi desaseo.
- Eso me motivó a cambiar.
- Pablo me aconsejó bañarme con goticas de agua y funcionó perfectamente.
- ¡Ahora soy muy limpio, me ducho cada 8 días!

따라 말하기 ○○○○○○○○○○   쉐도잉 ○○○○○○○○○○

PASO 3 우리말을 듣고 스페인어로 통역한 다음 스페인어로 쓰세요.

어렸을 때 친구들 잘못으로 수영장에서 거의 익사할 뻔했다. 그 이유로 물을 두려워하고 씻는 걸 싫어한다. 하루는 파블로가 내 비밀을 알게 되었다. 씻는 척을 하고 있었는데 화장실을 나갈 때 파블로가 내 몸에서 나는 냄새가 고약한 것을 알아채버렸다. 그 친구에게 내 이야기를 해주었더니 그가 이야기하기를 내 전 여자친구가 내 더러움 때문에 나와 헤어졌단다. 그 이야기는 내가 바뀔 수 있는 동기를 부여해 주었다. 파블로의 조언은 작은 물방울로 씻으라는 것이었는데 그 방법이 너무나도 잘 먹혔다. 이제 나는 아주 깔끔하다. 일주일에 한 번씩 씻으니 말이다!

PASO 4 주어진 표현을 활용해 여러분만의 스페인어 문장을 쓰세요.

❶ 현재시제로 과거를 뜻하는 구조 활용	❷ le tengo miedo a [alguien o algo 활용]

잠깐

여기서도 화가는 배고픈 직업이다

길거리에서 노래를 부르는 사람

　낡고 지저분한 보도블록에 오래된 건물들, 그리고 생업을 위해 몸을 불사르는 가난한 예술가들……. 보고타의 7번 도로(Carrera Séptima)를 따라 걷다 보면 최신식 높은 빌딩이 멋있게 솟아 있는 뉴욕의 맨해튼과는 또 다른 투박한 매력을 느낄 수 있습니다. 7번 도로는 보고타 동부에 위치하여 남쪽과 북쪽을 연결해 주는 길로 볼리바르 광장(Plaza de Bolívar)이나 국립박물관(Museo Nacional)과 같은 주요 관광 포인트들을 관통해 가지요. 콜롬비아에서 역사적으로, 문화적으로 그리고 경제적으로 가장 중요한 도로입니다.

　차가 통제되는 주말이면 기니피그로 돈 따먹기를 하는 사람부터 락카를 불에 지져 그림을 그리는 화가까지 다양한 사람들이 이 도로를 따라 걷는 이들의 눈을 즐겁게 합니다. 하지만 너무 볼거리에 현혹되어 소지품 관리를 소홀히 하면 안 됩니다. 지갑이 언제 없어져 있을지 모르니까요.

볼리바르 광장의 노신사

깐델라리아 거리를 지나가는 한 노인

쉬어가기

볼리바르 광장 근처의 깐델라리아(La Candelaria) 구 시가지도 예스러운 멋이 살아 있는 매력적인 곳입니다. 수백 년은 족히 되어 보이는 스페인 식민지 건물들이 알록달록한 색깔로 칠해져 있어 보는 이들의 마음도 화사하게 합니다. 보고타라는 도시가 스페인 정복자에 의해 이곳에서 시작된 만큼 역사적으로 크게 의미 있는 장소입니다. 주변에는 값싸고 맛있는 식당이 많아 주머니 사정이 여의치 않은 사람도 부담 없이 머물다 갈 수 있습니다.

오래 되었지만 잘 관리된 차들을 여기 저기에서 볼 수 있다

보고타에는 오래된 건물만큼이나 오래된 차도 많습니다. 기회만 있으면 새 차를 구매하는 우리와 달리 콜롬비아인들은 오래된 차를 고쳐서 타는 경우가 많죠. 물론 이 차들이 내뿜는 검은 매연은 길을 걸을 때 숨이 턱턱 막히게 하는 주범이지만 클래식한 분위기의 자동차들은 식민지 풍의 건물들과 잘 어우러져 보고타만의 특별한 분위기를 만들어 줍니다.

CAPÍTULO

4

Buscando Empleo

직장 구하기

Día 1
Dos consejos aparentemente sabios
현명해 보이는 조언 두 개

Día 2
Dos grandes errores
두 가지 중대한 실수

Día 3
Malas noticias
나쁜 소식

Día 4
Buenas noticias
좋은 소식

Día 5
Diario de Cesar
쎄사르의 일기

Dos consejos aparentemente sabios

다음 대화를 읽고 음성파일을 세 번 들으세요.

(En un parque un domingo, sobrino y tía están hablando)

César: *(con voz tímida)* Tía, **he estado muy estresado** estos últimos días.

Lucía: ¿Por qué? ¿No has podido encontrar trabajo todavía?

César: *(suspirando)* Todavía no. Es que soy muy introvertido y todo **me da vergüenza**. Por eso es que **no me va bien** en las entrevistas.

Lucía: Primero que todo, tienes que hablar con más confianza. A la gente le gusta una voz firme y sonora. Segundo, debes demostrar un buen sentido del humor. Esto causa una buena impresión.

César: Todo esto suena muy bien, ¡gracias tía! En la entrevista de mañana voy a poner en práctica tus consejos.

Día 1 현명해 보이는 조언 두 개
(일요일, 공원에서 조카와 이모가 이야기를 나누고 있다)

쎄사르: (소심한 목소리로) 이모, 저 요즘 스트레스가 장난이 아니에요.
루시아: 왜? 아직도 일을 못 구했니?
쎄사르: (한숨을 내쉬며) 아직이에요. 제가 뭘 해도 부끄러워하는 소심한 성격이잖아요. 그래서 인터뷰에서 자꾸 실패해요.
루시아: 우선, 넌 말을 좀 더 확실하게 할 필요가 있어. 사람들은 잘 들리는 똑 부러진 목소리를 좋아하거든. 두 번째로 유머 있는 모습을 보여줄 필요가 있어. 그렇게 하면 좋은 인상을 심어 줄 거야.
쎄사르: 그거 정말 좋은 생각이에요. 고마워요 이모! 내일 인터뷰에서는 그 조언들을 실천해 볼게요.

Nuevas EXPRESIONES

- **aparentemente** 외견상, 겉으로 보기에

  이 단어는 supuestamente(아마, 어쩌면, 추정상)로 대체해 쓸 수 있습니다.

  - Era una broma **supuestamente** divertida, pero en realidad era de muy mal gusto.
    재미있을 거라 추정된 농담이었지만 사실은 그건 다들 싫어하는 류의 농담이었다.

- **he estado muy estresado**

  〈He(Haber의 1인칭 직설법 현재형) + estado(estar의 분사형) + 형용사〉는 영어의 'I have been+형용사'와 같이 '내가 (현재까지) ~한 상태였다'를 말할 때 쓰입니다. 예문으로 감을 익혀 보세요.

  - He estado muy ocupado trabajando. 나 일하느라 엄청 바빴어.
  - He estado enfermo durante mucho tiempo. 나 오랫동안 아팠어.
  - Nunca he estado triste en mi vida. 난 살면서 지금까지 슬펐던 적이 한번도 없었어.

- **dar vergüenza** 부끄러움을 주다 즉, 부끄러움을 느끼다

  '부끄러움을 느끼게 하다'를 스페인어에서는 신기하게도 dar(주다) 동사를 써서 표현합니다.

  - No quiero bailar ahora. **Me da vergüenza**. 지금 춤 추고 싶지 않아. 창피하단 말이야.
  - **Me da vergüenza** hablar francés, porque todavía no lo hablo bien.
    프랑스어를 아직 잘 못해서 말하기 부끄러워.

  ---

  dar의 또 다른 활용

  - **dar miedo** 두려워하게 하다
  - **dar risa** 웃게 하다
  - **dar alegría** 기쁘게 하다
  - **dar frio/calor** 춥게/덥게 하다
  - **dar sueño** 졸리게 하다
  - **dar asco** 역겹게 하다

  - El agua ya no me **da miedo**. 난 이제 물이 두렵지 않아.
  - Tú me **das risa**. 넌 날 웃게 해.
  - ¿Porque no me **da frio**? 난 왜 안 춥지?
  - El vino me **da mucho** sueño. 와인이 날 매우 졸리게 해. (와인을 마시니까 무척 졸려.)
  - Me **da asco** mirar a sus caras. 걔네들 얼굴을 보는 것만도 역겨워.

VOCABULARIO BÁSICO ■ consejo 의견, 충고 ■ sabio 현명한, 분별 있는 ■ parque 공원 ■ domingo 일요일 ■ sobrino 조카 ■ tía 이모 ■ tímido(a) 소심한, 내성적인 ■ últimos días 최근에 ■ encontrar algo ~를 찾다, 발견하다 ■ suspirar 한숨을 내쉬다 ■ todavía 아직 ■ introvertido(a) 내성적인 (↔extrovertido(a) 외향적인) ■ entrevista 인터뷰 ■ primero que todo 무엇보다도 먼저 (≒antes que nada 다른 것에 앞서) ■ confianza 확신 ■ firme 확고한, 단호한 ■ sonoro(a) 낭랑한 ■ demostrar 증명하다, 분명하게 드러내다 ■ sentido del humor 유머감각 ■ poner en práctica (생각이나 계획 따위를) 실행하다

● **no me va bien**
ir bien에는 '잘 되다'의 뜻이 있습니다. 영어의 go well과 같죠? '¿Cómo te va?(잘 지내?)'나 'Que le(te) vaya bien (잘 지내세요)'와 같은 표현들 역시 같은 맥락에서 생각해 주시면 됩니다.

각 문장을 듣고 따라 말하세요.

- Tía, he estado muy estresado estos últimos días.
- Por qué?
- ¿No has podido encontrar trabajo todavía?
- Todavía no.
- Es que soy muy introvertido y todo me da vergüenza.
- Por eso es que no me va bien en las entrevistas.
- Primero que todo, tienes que hablar con más confianza.
- A la gente le gusta una voz firme y sonora.
- Segundo, debes demostrar un buen sentido del humor.
- Esto causa una buena impresión.
- Todo esto suena muy bien, ¡gracias tía!
- En la entrevista de mañana voy a poner en práctica tus consejos.

따라 말하기    쉐도잉

PASO 3 우리말을 듣고 스페인어로 통역한 다음 스페인어로 쓰세요.

이모, 저 요즘 스트레스가 장난이 아니에요.

왜? 아직도 일을 못 구했니?

아직이에요.

제가 뭘 해도 부끄러워하는 소심한 성격이잖아요.

그래서 인터뷰에서 자꾸 실패해요.

우선, 넌 말을 좀 더 확실하게 할 필요가 있어.

사람들은 잘 들리는 똑 부러진 목소리를 좋아하거든.

두 번째로 유머 있는 모습을 보여줄 필요가 있어.

그렇게 하면 좋은 인상을 심어 줄 거야.

그거 정말 좋은 생각이에요. 고마워요 이모!

내일 인터뷰에서는 그 조언들을 실천해 볼게요.

>> **Tus aspiraciones son tus posibilidades.** - *Samuel Johnson*
당신의 열망이 바로 당신의 가능성이다. - 새뮤엘 존슨

Día 2 — *Dos grandes errores*

다음 대화를 읽고 음성파일을 세 번 들으세요.

Entrevistador:	**Tome asiento**, por favor.
César:	*(gritando)* ¡Buenos días, señor!
Entrevistador:	¡Wow!… *(carraspeando con su **ceño fruncido**)* Ahora, dígame **qué lo califica para trabajar en nuestra compañía**.
César:	*(gritando)* Señor, soy una persona muy confiada.
Entrevistador:	¿Puede hablar en un tono más bajo por favor? **¡Yo no soy ningún sordo!**
César:	*(en voz baja)* Ay, ¡lo siento mucho! Y también tengo un muy buen sentido del humor. ¿Usted sabe por qué las vacas babean?… ¡Porque no saben escupir! *(riéndose a carcajadas)*
Entrevistador:	*(con cara seria)* Yo creo que **ya escuché lo suficiente**. Estaremos contactándolo. Gracias. *(Señalando la puerta)* ¡La salida es por allá!

Día 2 두 가지 중대한 실수

면접관: 자리에 앉으세요.
쎄사르: (큰 소리로) 안녕하세요, 면접관님!
면접관: 음...... (인상을 찌푸리고 헛기침을 하면서) 이제 우리 회사에서 일할 수 있는 어떤 자격이 본인에게 있는지 이야기해 보세요.
쎄사르: (소리치며) 면접관님, 전 자신감이 넘치는 사람입니다.
면접관: 거 좀 소리 좀 지르지 말래요? 저 귀머거리 아닙니다!
쎄사르: (작은 소리로) 아, 죄송합니다! 그리고 전 뛰어난 유머감각을 갖고 있어요.
　　　　소들이 왜 침을 흘리는지 아시나요? 침 뱉을 줄 몰라서요! (크게 웃는다)
면접관: (심각한 얼굴로) 충분히 들은 것 같군요. 전화 드리겠습니다. 고마워요. (문을 가리키며) 나가는 문은 저쪽입니다!

Nuevas EXPRESIONES

- **tomar asiento** 앉다

    tomar는 동사로 '쥐다, 붙잡다(grab, take)'의 뜻입니다. Tome는 '잡으세요'로 tomar의 3인칭 단수 긍정 명령형이고요. 이 tomar 뒤에 asiento(좌석, 자리)를 붙이면 '앉다'의 의미가 됩니다. 누군가에게 자리를 권할 때 Sientese 외에 Tome asiento 표현이 있다는 것도 기억해 주세요.

- **fruncir el ceño** 미간을 찌푸리다

    ceño는 '미간'의 뜻으로 fruncir el ceño는 '미간을 찌푸리다, 인상을 쓰다'의 뜻이 됩니다.
    - Ella frunció el ceño en señal de desaprobación. 그녀는 거절의 표시로 미간을 찌푸렸다.

- **qué lo califica para trabajar en nuestra compañía**

    우리 회사에서 일을 하기 위해 당신은 무슨 자격을 갖추고 있나요
    - ¿Qué lo califica para ser un buen líder? 당신은 좋은 리더가 되기 위해 무슨 자질을 갖추고 있죠?
    - ¿Qué lo califica para poder ser alcalde? 당신이 시장이 될 수 있는 무슨 자격을 갖추고 있죠?

- **Yo no soy ningún sordo** 저 귀머거리 아닙니다

    ningún은 '전혀 (아니다)'의 의미로 부정의 내용을 강조할 때 쓰입니다. 이 문장도 본인이 sordo(귀머거리)가 아님을 강조하기 위해 ningún을 썼습니다.
    - Yo no soy ningún tonto. 난 바보가 아니야.
    - Yo no soy ningún héroe. 난 영웅이 아니야.
    - No tengo ningún libro. 전 책이 전혀 없어요.
    - No tiene ningún problema. 당신에겐 문제가 전혀 없어요.

- **ya escuché lo suficiente**

    suficiente는 형용사로 '충분한'의 뜻입니다.
    - Tengo suficiente dinero para sobrevivir. 난 살아남기에 충분한 돈이 있어.

VOCABULARIO BÁSICO ▪ **grande** 커다란 ▪ **error** 실수 ▪ **gritar** 소리지르다 ▪ **carraspear** 헛기침을 하여 목을 가다듬다 ▪ **confiado(a)** 자신이 있는 ▪ **tono** 말투, 톤 ▪ **bajo(a)** 낮은 ▪ **lo siento** 죄송해요 ▪ **sentido del humor** 유머감각 ▪ **babear** 침을 흘리다 ▪ **escupir** 내뱉다 ▪ **reirse a carcajadas** 깔깔거리며 웃다 ▪ **cara seria** 심각한 얼굴 ▪ **señalar** 가리키다 ▪ **salida** 출구

suficiente 뒤에 나오는 명사를 lo를 활용해 다음과 같이 나타낼 수도 있습니다.

- Tengo **suficiente dinero** para sobrevivir. → Tengo **lo suficiente** para sobrevivir.
  난 살아남기에 충분한 돈이 있어.
- Tengo **suficiente dinero** para ser feliz. → Tengo **lo suficiente** para ser feliz.
  나는 행복해지기 위해 (필요한) 충분한 것들이 있어.
- He comido **suficiente comida**. → He comido **lo suficiente**. 난 밥을 충분히 먹었다.

다음 문장들을 참고해 보세요.

A: ¿Cuánta agua tomas? 물 얼마나 마셔?
B: Tomo **suficiente agua** para quitarme la sed. → **Lo suficiente** para quitarme la sed.
  갈증이 없어질 때까지 충분히 마셔.

Lo는 다음과 같이 다른 형용사와의 응용도 가능합니다.

- Le di **cosas inútiles** a mi amigo. → Le di **lo inútil** a mi amigo. 내 친구에게 쓸데 없는 물건을 줬다.
- **Lo importante** es amar. 사랑이 중요한 것이다.

각 문장을 듣고 따라 말하세요.

- Tome asiento, por favor.
- ¡Buenos días, señor!
- ¡Wow! Ahora, dígame qué lo califica para trabajar en nuestra compañía.
- Señor, soy una persona muy confiada.
- ¿Puede hablar en un tono más bajo por favor?
- ¡Yo no soy ningún sordo!
- Ay, ¡lo siento mucho!
- Y también tengo un muy buen sentido del humor.
- ¿Usted sabe por qué las vacas babean?... ¡Porque no saben escupir!
- Yo creo que ya escuché lo suficiente.
- Estaremos contactándolo. Gracias.
- ¡La salida es por allá!

PASO 3 우리말을 듣고 스페인어로 통역한 다음 스페인어로 쓰세요.

자리에 앉으세요.

안녕하세요, 면접관님!

음… 이제 우리 회사에서 일할 수 있는 어떤 자격이 본인에게 있는지 이야기해 보세요.

면접관님, 전 자신감이 넘치는 사람입니다.

거 좀 소리 좀 지르지 말래요? 저 귀머거리 아닙니다!

아, 죄송합니다!

그리고 전 뛰어난 유머감각을 갖고 있어요.

소들이 왜 침을 흘리는지 아시나요? 침 뱉을 줄 몰라서요!

충분히 들은 것 같군요.

전화 드리겠습니다. 고마워요. 나가는 문은 저쪽입니다!

> **No juzgues cada día por lo que cosechas, sino por las semillas que plantas.**
> *- Robert Louis Stevenson*
>
> 매일매일을 당신이 거둔 수확으로 판단하지 말고, 당신이 심은 씨앗으로 판단하라. – 로버트 루이스 스티븐슨

Día 3 *Malas noticias*

다음 대화를 읽고 음성파일을 세 번 들으세요.

듣기 체크 ○○○

(En casa de la tía Lucía)

Lucía: **¿Cómo te fue** en la entrevista?

César: Creo que **metí las patas**, tía. Soy un verdadero **fracaso**… Mi destino es vivir por siempre con mis papás, **quedarme soltero**, jugar videojuegos en el sótano y comer comida chatarra todos los días de mi vida.

Lucía: **¡No hables así**! Tú tienes un gran futuro por delante.

César: Yo hice como tú me **aconsejaste**, pero no funcionó. **Él me dijo que no hablara tan fuerte** y no le gustó para nada mi chiste.

Lucía: Ya entiendo… ¡Es que te sobreactuaste! Escúchame muy bien…

Día 3 나쁜 소식

(루시아 이모네 집)

루시아: 인터뷰는 어떻게 됐어?

쎄사르: 다 망쳐 버렸어요. 이모. 전 정말 구제불능인 것 같아요. 제 운명은 평생 부모님한테 얹혀 살면서 결혼도 못하고, 지하실에서 비디오게임만 하면서 매일 불량식품만 먹는 건가 봐요.

루시아: 그런 말 하지 마! 네 앞길은 아주 창창해!

쎄사르: 이모가 말해 준 대로 했는데 잘 안됐어요. 면접관님은 너무 크게 말하지 말라고 했고 제 유머를 전혀 좋아하지 않았어요.

루시아: 무슨 일인지 알겠다. 네가 너무 오버한 거야! 내 말 잘 들어 봐……

VOCABULARIO BÁSICO ▪ noticia (=nuevo) 뉴스 ▪ casa 집 ▪ destino 운명 ▪ por siempre 영원히 ▪ papás 부모님 ▪ videojuego 비디오게임 ▪ sótano 지하실 ▪ comer 먹다 ▪ comida chatarra (=comida basura) 불량식품 ▪ todos los días 매일 ▪ futuro 미래 ▪ por delante 앞에 ▪ como ~처럼, ~와 같이 ▪ funcionar 작동하다, 결과가 좋다 ▪ para nada 조금도, 전혀 ▪ chiste 유머, 농담 ▪ entender 이해하다 ▪ sobreactuar 과잉 연기를 하다, 오바하다(=영어의 overact) ▪ Escúchame 내 말 잘 들어

Nuevas EXPRESIONES

- **¿Cómo te fue (en algo)?** 너 ~ 어떻게 됐어?
    - ¿Cómo te fue en tu viaje? 여행은 어땠어?
    - ¿Cómo te fue en el trabajo? 직장에서 별 일 없었니?
    - ¿Cómo te ha ido en tus clases de español? 너 스페인어 수업 듣는 건 어때?

- **meter la(s) pata(s)** 일을 그르치다, 망치다

    '동물의 다리(pata)'를 '넣다(meter)'는 표현은 put one's foot in one's mouth라는 영어 표현과 비슷한 구조로 '실수하다'의 의미가 있습니다.
    - Para no meter la pata, deberías tener más cuidado con lo que dices.
      일을 망치지 않으려면 네가 말하는 것에 더 신경을 써야 해.

- **fracaso** 실패 ↔ **éxito** 성공

    본문의 soy un fracaso는 '나는 (인생의) 실패자야' 혹은 '나는 구제불능이야'의 뜻입니다.

- **〈quedar + 형용사〉** ~한 상태가 되다

    soltero는 형용사로 '독신의'입니다. quedar (또는 quedarse) 뒤에 형용사가 오면 estar와 비슷하게 '~한 상태가 되다, ~한 상태로 남다'의 뜻이 됩니다.
    - No me quedó claro lo que dijiste. 네가 말한 게 나는 이해가 안 돼. (이해가 안 되는 상태로 있어)
    - No quiero quedar mal con el cliente. 난 고객들과 안 좋게 되고 싶지 않아. (안 좋은 상태로 남고 싶지 않아)
    - Me quedé dormido en el bus. 나 버스에서 잠이 들어 버렸어. (잠이 든 상태로 남아 버렸어)
    - Mañana quedaremos libres de exámenes.
      내일 우리는 시험에서 벗어날 것이다. (자유의 상태로 남게 될 것이다)
    - Me quedé muy sorprendido después de escuchar esa noticia.
      그 소식을 들은 후 나는 매우 놀랐다. (놀란 상태로 남아 있었다)

- **¡No hables así!** 그렇게 말하지 마!

    hablar 동사의 부정 명령형으로 쓰였습니다. hablar 동사의 부정 명령형 변환은 다음과 같습니다.

	(nosotros) no hablemos
(tú) no hables	(vosotros) no habléis
(usted) no hable	(ustedes) no hablen

- **aconsejar** 조언하다

  consejo는 명사로 '충고, 조언'입니다. 이를 변형시켜 aconsejar 같은 동사로 만들 수 있습니다.
  - El doctor le **aconsejó** que tomara mucha agua. 의사는 그에게 물을 많이 마시라고 충고했다.

- **Él me dijo que no hablara tan fuerte** 그는 나한테 너무 세게 말하지 말라고 말했어요

  hablara는 '불완료 접속법(subjuntivo imperfecto)'입니다. No decir que의 구조에서는 뒤에 subjuntivo가 올 수 있습니다.
  - Digo que **es** fácil. 그건 쉽다고 말할 수 있어요. 긍정
    ↔ No digo que **sea** fácil. 그게 쉽다고 말할 수 없어요. 부정
  - Digo que **es** perfecto. 그건 완벽하다고 말할 수 있어요. 긍정
    ↔ No digo que **sea** perfecto. 그건 완벽하다고 말할 수 없어요. 부정

각 문장을 듣고 따라 말하세요.

- ¿Cómo te fue en la entrevista?
- Creo que metí las patas, tía.
- Soy un verdadero fracaso…
- Mi destino es vivir por siempre con mis papás, quedarme soltero, jugar videojuegos en el sótano y comer comida chatarra todos los días de mi vida.
- ¡No hables así!
- Tú tienes un gran futuro por delante.
- Yo hice como tú me aconsejaste, pero no funcionó.
- Él me dijo que no hablara tan fuerte y no le gustó para nada mi chiste.
- Ya entiendo…
- ¡Es que te sobreactuaste! Escúchame muy bien…

PASO 3 우리말을 듣고 스페인어로 통역한 다음 스페인어로 쓰세요.

인터뷰는 어떻게 됐어?

다 망쳐 버렸어요, 이모.

전 정말 구제불능인 것 같아요.

제 운명은 평생 부모님한테 얹혀 살면서 결혼도 못하고, 지하실에서 비디오게임만 하면서 매일 불량식품만 먹는 건가 봐요.

그런 말 하지 마!

네 앞길은 아주 창창해!

이모가 말해 준 대로 했는데 잘 안됐어요.

면접관님은 너무 크게 말하지 말라고 했고 제 유머를 전혀 좋아하지 않았어요.

무슨 일인지 알겠다.

네가 너무 오버한 거야! 내 말 잘 들어 봐……

> " Acepta la responsabilidad en tu vida. Se consciente de que serás tú quien te llevará a donde quieres ir, nadie más. - *Les Brown*
>
> 자기 인생에 대한 책임을 받아들여라. 당신이 원하는 곳으로 데려다 줄 사람은 어떤 누구도 아닌 바로 당신임을 알라. – 레스 브라운

Buenas noticias

다음 대화를 읽고 음성파일을 세 번 들으세요.

Lucía: Antes que nada, **sé** tú mismo. **Así como** los extrovertidos tienen muchas **cualidades**, los introvertidos como tú también las tienen.

César: ¿Verdad? ¡Yo siempre he creído que somos unos buenos para nada!

Lucía: No, ¡en lo absoluto! Ustedes saben escuchar a los demás, lo cual es muy importante para trabajar en equipo. También son meticulosos, y eso se necesita para hacer un trabajo bien hecho.

César: Ah, ¡tienes razón! Tengo mucho que ofrecer. *(su celular timbra)* Espera un momento. ¿Aló? ¿En serio? ¡Mil gracias! *(Saltando de alegría)* Tía, **¡me dieron el trabajo**! Con dos condiciones: no más chistes, ni más gritos.

Día 4 좋은 소식

루시아: 무엇보다 너 자신을 알아야 해. 외향적인 사람에게 많은 능력이 있듯이 내향적인 사람들도 그래.

쎄사르: 진짜요? 전 항상 우리 내향적인 사람들은 하등 쓸모도 없다고 생각했거든요!

루시아: 절대 그렇지 않아! 너처럼 내향적인 사람들은 사람 말을 잘 들어 줄 줄 아는데 팀으로 일하려면 그런 자질이 중요하단다. 뿐만 아니라 그들의 세심한 성격은 일을 완벽히 처리하는 데 필요한 자질이지.

쎄사르: 아, 그거 말 되네요. 저도 할 수 있는 게 많군요. (핸드폰이 울린다) 잠깐만요. 여보세요? 진짜요? 정말 감사합니다! (기뻐서 뛰며) 이모, 저 직장 구했어요! 두 가지 조건 하에서요. 농담하지 말 것, 그리고 소리지르지 말 것으로요.

VOCABULARIO BÁSICO ■ **buenas noticias** (= **buenas nuevas**) 좋은 소식 ■ **antes que nada** (≒ **primero que todo**) 무엇보다 먼저 ■ **los extrovertidos** 외향적인 사람들 (↔ **los introvertidos** 내향적인 사람들) ■ **bueno para nada** 쓸데없는 (=영어의 good for nothing) ■ **en lo absoluto** 틀림없이 ■ **saber** 알다 ■ **escuchar** 듣다 ■ **los demás** 다른 사람들 ■ **importante** 중요한 ■ **trabajar en equipo** 팀으로 일하다 ■ **meticuloso** 세심한, 꼼꼼한 ■ **necesitarse** 필요하다 ■ **tener razón** 옳다, 일리가 있다 ■ **tener** 갖다 ■ **ofrecer** 제공하다 ■ **timbrar** 소리가 울리다 ■ **¿En serio?** 정말요? ■ **¡Mil gracias!** (=**¡Muchas gracias!**) 정말 고맙습니다! ■ **saltar** 뛰다

Nuevas EXPRESIONES

- **sé** (~이) 되어라!

    se 위에 tilde가 붙은 sé는 saber(알다)의 1인칭 단수 현재형이기도 하고 ser(되다)의 명령형이기도 합니다. 본문에서는 맥락상 ser 동사의 명령형이 됩니다. 고로 sé tú mismo는 '너 자신이 되어라'의 의미가 됩니다. Ser 동사의 긍정 명령형 변환은 다음과 같습니다.

	(nosotros) seamos
(tú) sé	(vosotros) sed
(usted) sea	(ustedes) sean

- **así como** …과 마찬가지로, 또한

    así como …에서 단어의 순서를 바꿔 주면 ¿Cómo así?라는 표현이 됩니다. 말이 안 되는 상황에서 '어떻게 그럴 수 있어?'의 뜻으로 많이 쓰이니 참고해 주세요.

    A: Carlos esta muerto. 까를로스는 죽었어.   B: ¿Cómo así? 어떻게 그럴수가?!

- **cualidad vs calidad**

    두 단어 모두 라틴어에 뿌리를 두고 있어 '질(quality)'이란 뜻을 공유하지만 쓰임에 있어서는 차이가 있습니다. cualidad는 뭔가의 특징이나 특성의 질을 나타낼 때 쓰고요, calidad은 단순히 어떤 물건의 질이 좋고 나쁨을 나타낼 때 씁니다. 다음 문장을 통해 두 단어의 차이를 비교해 보세요.

    - Los carros son de buena **calidad**. 그 차들은 질이 참 좋아.
    - Estos pantalones tiene mala **calidad**. 이 바지들은 질이 참 나쁘네.
    - Éste es un producto de buena **calidad**. 이것은 질이 좋은 물건이다.
    - Mi secretaría tiene muchas **cualidades**. 내 비서는 좋은 자질을 갖고 있어.
    - La paciencia es una buena **cualidad**. 인내는 좋은 자질이다.
    - Eficiencia y confiabilidad son **cualidades** que hacen a nuestro servicio único.
      효율성과 신뢰성은 우리 서비스를 특별하게 만드는 특성이다.

- **¡me dieron el trabajo!** (나) 직장 구했다

    dieron은 dar(주다)의 3인칭 복수 직설법 과거형입니다. 회사 사람들이 나에게 일을 주었다는 의미로 me dieron el trabajo가 쓰였네요. 스페인어에서는 이 문장처럼 주어가 빠지는 현상이 빈번합니다. 주어가 없어도 문맥의 흐름과 동사 변환을 보고 주어를 추측할 수 있기 때문에 주어를 생략하고 씁니다.

    - <u>Nosotros</u> estuvimos en su casa. → Estuvimos en su casa. 우리는 그(녀)의 집에 있었다.
    - <u>Ellos</u> se fueron al cine. → Se fueron al cine. 그들은 영화관에 가 버렸다.

각 문장을 듣고 따라 말하세요.

- Antes que nada, sé tú mismo.
- Así como los extrovertidos tienen muchas cualidades, los introvertidos como tú también las tienen.
- ¿Verdad?
- ¡Yo siempre he creído que somos unos buenos para nada!
- No, ¡en lo absoluto!
- Ustedes saben escuchar a los demás, lo cual es muy importante para trabajar en equipo.
- También son meticulosos, y eso se necesita para hacer un trabajo bien hecho.
- Ah, ¡tienes razón!
- Tengo mucho que ofrecer.
- Espera un momento.
- ¿Aló?
- ¿En serio?
- ¡Mil gracias!
- Tía, ¡me dieron el trabajo!
- Con dos condiciones: no más chistes, ni más gritos.

PASO 3 우리말을 듣고 스페인어로 통역한 다음 스페인어로 쓰세요.

무엇보다 너 자신을 알아야 해.

외향적인 사람에게 많은 능력이 있듯이 내향적인 사람들도 그래.

진짜요? 전 항상 우리 내향적인 사람들은 하등 쓸모도 없다고 생각했거든요!

절대 그렇지 않아!

너처럼 내향적인 사람들은 사람 말을 잘 들어 줄 줄 아는데 팀으로 일하려면 그런 자질이 중요하단다.

뿐만 아니라 그들의 세심한 성격은 일을 완벽히 처리하는 데 필요한 자질이지.

아, 그거 말 되네요. 저도 할 수 있는 게 많군요.

잠깐만요. 여보세요? 진짜요? 정말 감사합니다!

이모, 저 직장 구했어요!

두 가지 조건 하에서요. 농담하지 말 것, 그리고 소리지르지 말 것으로요.

Diario de Cesar

다음 대화를 읽고 음성파일을 세 번 들으세요.

> El domingo hablé con mi tía Lucía acerca de mi entrevista del lunes. Ella me dio varios consejos prácticos. **Uno de ellos era** hablar con más confianza, pero en la entrevista, grité al entrevistador. El otro era mostrar un buen **sentido del humor**, pero conté un chiste tonto creando así un muy mal ambiente. Pensando que todo **había sido un fracaso**, me **desanimé** mucho. Sorprendentemente, me llamaron de la empresa y ¡me dieron el empleo! Lo único que tengo que hacer es controlar el volumen de mi voz y no contar más chistes cursis.

Día 5   쎄사르의 일기

일요일에 월요일에 있을 인터뷰에 대해 루시아 이모와 이야기했다. 이모는 내게 실용적인 조언을 몇 가지 해주셨다. 그 중 하나가 큰 소리로 자신 있게 이야기하는 것이었는데 실제 인터뷰에서는 면접관에게 소리를 질러 버렸다. 또 다른 하나는 유머 감각을 보여 주는 것이었는데 인터뷰에서는 바보 같은 농담을 해서 분위기를 망쳐 버렸다. 모든 게 실패했다고 생각하니 낙담이 되었다. 놀랍게도 회사에서 전화가 왔는데 면접에 합격했다는 것이다! 내가 앞으로 조심해야 할 것은 목소리의 성량을 잘 조절하는 것과 바보 같은 농담을 더 이상 하지 않는 것이다.

VOCABULARIO BÁSICO
- **acerca de algo** (=sobre algo) ~에 대해
- **entrevista** 인터뷰
- **vario** 여러 가지의
- **práctico(a)** 실용적인
- **confianza** 자신감, 확신
- **gritar** 소리치다
- **entrevistador** 면접관
- **mostrar** 보여주다
- **sentido del humor** 유머 감각
- **contar** 이야기하다
- **tonto(a)** 바보 같은
- **crear** 창작하다, 야기하다
- **ambiente** 분위기
- **sorprendentemente** 놀랍게도
- **llamar** 전화하다
- **empresa** 회사
- **dar** 주다
- **empleo** 직무, 일
- **único(a)** 유일한
- **tener que hacer algo** ~를 해야만 한다
- **controlar** 제어하다
- **volumen** 볼륨, 음량
- **voz** 목소리
- **cursis** 질 낮은, 싸구려의

Nuevas EXPRESIONES

- **Uno de ellos era...** 그것들 중 하나는 ~이었다

  영어의 One of them was...와 같은 구조입니다. Ellos 때문에 복수형 eran으로 써야 한다고 생각하시면 오산입니다. One of them의 구조에서 영어의 be동사가 them이 아닌 one에 수 일치를 하듯이, 뒤에 나오는 ser동사도 ellos가 아닌 uno와 수를 일치시키기 때문에 3인칭 단수로 쓰인 겁니다.

- **sentido del humor** 유머 감각

  sentido에는 여러 가지 의미가 있는데 그 중 하나가 바로 '감각'입니다. 영어의 sense와 그 모양과 의미가 비슷하니 참고해 주세요.

  여러가지 감각 표현

  - **sentido del gusto** 미각
  - **sentido de la proporción** 균형 감각
  - **sentido de la orientación** 방향 감각
  - **sentido de los negocios** 비즈니스 감각
  - **sentido común** 상식
  - **sentido práctico** 실용적 감각

- **algo es un fracaso** 뭔가가 실패하다

  fracaso(a)는 '실패'라는 뜻의 명사입니다. 다음 두 문장을 비교해 보세요.
  - Su empresa fracasó. 그의 사업은 실패했다.
  - Su empresa fue un fracaso. 그의 사업은 실패했다.

  첫 번째 문장은 동사 fracasar(실패하다)를 썼고 두 번째 문장은 명사 fracaso를 쓴 것입니다. 본문에서는 두 번째 문장처럼 fracaso가 명사로 쓰였습니다. 본문의 문장 Pensando que todo había sido un fracaso, me desanimé mucho에서 había sido un fracaso는 영어에서 be done의 대과거형인 had been done과 같은 형태입니다. 낙담한(desanimarse) 시점 이전에 '모든 것이 실패였구나'라는 생각이 들었기에 대과거형을 쓴 것입니다.

- **desanimarse** 실망하다, 낙담하다

  타동사 desanimar(실망시키다, 낙담시키다)에 se를 붙여 자동사로 만들었습니다. 다음 예들을 참고하세요.
  - duchar 샤워시키다 → ducharse 샤워하다
  - bañar 목욕해 주다 → bañarse 목욕하다
  - levantar 일으키다 → levantarse 일어나다
  - peinar 빗겨 주다 → peinarse 빗다

각 문장을 듣고 따라 말하세요.

- El domingo hablé con mi tía Lucía acerca de mi entrevista del lunes.
- Ella me dio varios consejos prácticos.
- Uno de ellos era hablar con más confianza, pero en la entrevista, grité al entrevistador.
- El otro era mostrar un buen sentido del humor, pero conté un chiste tonto creando así un muy mal ambiente.
- Pensando que todo había sido un fracaso, me desanimé mucho.
- Sorprendentemente, me llamaron de la empresa y ¡me dieron el empleo!
- Lo único que tengo que hacer es controlar el volumen de mi voz y no contar más chistes cursis.

PASO 3 우리말을 듣고 스페인어로 통역한 다음 스페인어로 쓰세요.

일요일에 월요일에 있을 인터뷰에 대해 루시아 이모와 이야기했다. 이모는 내게 실용적인 조언을 몇 가지 해주셨다. 그 중 하나가 큰 소리로 자신 있게 이야기하는 것이었는데 실제 인터뷰에서는 면접관에게 소리를 질러 버렸다. 또 다른 하나는 유머 감각을 보여 주는 것이었는데 인터뷰에서는 바보 같은 농담을 해서 분위기를 망쳐 버렸다! 모든 게 실패했다고 생각하니 낙담이 되었다. 놀랍게도 회사에서 전화가 왔는데 면접에 합격했다는 것이다! 내가 앞으로 조심해야 할 것은 목소리의 성량을 잘 조절하는 것과 바보 같은 농담을 더 이상 하지 않는 것이다.

PASO 4 주어진 표현을 활용해 여러분만의 스페인어 문장을 쓰세요.

❶ algo es un fracaso 활용

❷ desanimar와 desanimarse 활용

잠깐

인맥이 좀 있고 영어를 잘 구사할 수 있다면 콜롬비아에서 교사로 직업을 구하는 일이 그리 어렵지는 않습니다. 저도 도착한 지 몇 주 지나지 않아 제 친구를 통해서 한 학교를 소개받았으니깐요. 하지만 문제는 역시 수입입니다. 현지인들의 말에 의하면 4년제 명문대학을 나왔다고 해도 초봉이 한 달에 150만 페소(약 60만원)를 넘기기 쉽지 않다고 합니다. 제 동료 교사들 역시 한 달 꼬박 일해서 130만 페소(약 52만원)를 받고 생활하는 터라 삶이 그리 녹록하지는 않았습니다. 그래서인지 방과 후 개인과외를 하는 것은 기본이고, 좀 욕심이 있는 교사들은 직업을 서너 개씩 갖는 경우도 있었습니다. 이런 이곳 사람들에게 한국의 88만원(220만페소) 세대 문제를 이야기하면 그 돈을 버는데 어떻게 힘들 수가 있냐면서 놀랍니다. 그러다가 한국의 물가에 대해 소개하면 입을 다물지 못합니다. 그도 그럴 것이 콜롬비아와 비교해 보면 한국 물가는 정말 살인적이거든요. 콜롬비아의 물가는 한국과 비교해 상당히 저렴하기 때문에 현지인들은 적은 급여로도 생활을 영위할 수가 있습니다. 사진을 보며 저렴한 현지 물가에 대해 좀 더 이야기를 해 볼까요?

집의 경우 화장실이 딸린 방 한 칸에 약 55만 페소(22만원)입니다. 보통 외국인들이 구하는 집들은 가격이 더 비싼 편인데 현지인들은 비슷한 비용으로 조용한 외곽 지역에 있는 방 3개짜리 집을 구하기도 합니다. 집을 구할 때는 위치가 상당히 중요합니다. 우선, 보고타의 끔찍한 교통 체증을 매일 겪지 않으려면 내가 다닐 직장이나 학교에서 너무 멀지 않은 곳에 집을 구해야 합니다. 그리고 가장 중요한 건 역시 안전입니다. 치안이 불안한 곳의 집값은 매우 싸지만 그에 상응하는 대가를 치러야 하기 때문에 가격보다는 안전

쉬어가기

한 위치를 더 많이 고려해야 합니다.

한국에서는 거의 타지 않는 택시지만 보고타의 택시 값은 매우 저렴하여 자주 이용했습니다. 예를 들어 나시오날 대학 근처에서 센트로(cll19#7)까지 가는데 한국이었으면 7천원 이상은 나올 거리이지만 보고타에서는 2천원이면 충분합니다. 단, 현지 물가에 눈이 어두운 외국인들에게는 사기를 치는 경우도 있으므로 각별한 주의가 필요합니다.

콜롬비아의 가장 큰 매력 중 하나는 과일 종류가 매우 다양하고 가격이 엄청 싸다는 것입니다. 아래 사진에 있는 큰 파파야 반쪽이 약 3,500페소(1,400원)입니다. 이곳이 물가가 매우 비싼 까루쟈마트임을 고려해 보면 다른 곳에서는 이보다 더 저렴한 가격에 살 수 있습니다. 한번은 수확 시즌에 맞춰 설탕 망고(mango de azúcar) 11개를 한국 돈 600원에, 오렌지 10개를 400원에 산 적도 있습니다.

싼 음식 재료비와 값싼 노동력은 곧 식사 비용도 저렴하다는 의미입니다. 아무리 최고급 레스토랑의 값비싼 음식이라 해도 한국 돈으로 20,000원(50,000페소)을 넘기지 않습니다. 제가 매

일같이 먹던 기본 식단으로 구성한 사진의 음식들도 메인 요리, 수프, 과일 음료를 포함해서 단돈 6,000페소(약 2,400원)밖에 하지 않습니다. 이보다 조금 비싼 음식은 12,000페소 정도면 먹을 수 있는데 모두 영양을 충분히 고려한 건강한 음식들입니다. 어때요? 콜롬비아로 떠나고 싶다는 생각이 마구 들지 않나요?

CAPÍTULO 5

Cita Romántica

Cita Romántica
데이트

Día 1
Una vida aburrida
지루한 인생

Día 2
Cita a ciegas
소개팅

Día 3
"Tengo a alguien en mente"
"누군가 떠올랐어"

Día 4
"Te amo mucho"
"널 사랑해"

Día 5
Diario de Carolina
까롤리나의 일기

Día 1 — *Una vida aburrida*

다음 대화를 읽고 음성파일을 세 번 들으세요.  듣기 체크 ○○○

> **Carolina:** Diego, ¿qué hiciste el domingo?
>
> **Diego:** **Aburrido** todo el día. **Después de que** terminé con mi novia, no hago nada los fines de semana. **Me hace mucha falta tener una novia**.
>
> **Carolina:** ¡Tengo una idea! ¿Por qué no tienes una **cita a ciegas** con una amiga mía? ¡Creo que harían bonita pareja!
>
> **Diego:** ¿Pero es linda?
>
> **Carolina:** Ustedes los hombres son todos iguales. Pero sí. Ella es muy hermosa. Y **da la casualidad que** ahora está solita. Pero no vayas a **meter la pata** otra vez. Siempre dices lo que no deberías decir.
>
> **Diego:** Listo. Esta vez voy a procurar no decir 'te amo mucho' en nuestra primera cita.

Día 1 지루한 인생

까롤리나: 디에고, 일요일에 뭐했어?
디에고: 하루 종일 심심해 죽는 줄 알았어. 여친이랑 헤어진 이후로는 주말에 아무것도 안 해. 여자친구가 정말 필요해.
까롤리나: 좋은 생각이 있어! 너 내 친구랑 소개팅 하는 것 어때? 잘 어울릴 것 같아!
디에고: 그런데 예뻐?
까롤리나: 너네 남자들은 다 똑같아. 그런데 예쁘긴 해. 걔가 지금처럼 솔로인 경우는 거의 없어. 근데 너 또 일 망쳐 버리면 안 돼. 넌 항상 하지 말아야 할 말을 하잖아.
디에고: 알았어. 이번에는 첫 데이트부터 '당신을 사랑해요'라는 말 안 하도록 노력할게.

VOCABULARIO BÁSICO ■ **aburrido(a)** 지루한 ■ **todo el día** 하루 종일 ■ **terminar con alguien** ~와 헤어지다 ■ **los fines de semana** 주말 ■ **¿Por qué no haces algo?** ~하는 게 어때? (제안) ■ **mío(a)** 나의, 내 ■ **hacer buena pareja** 좋은 커플이 되다 ■ **lindo(a)** 예쁜 ■ **hombre** (성인) 남자, 인간 ■ **igual** 같은, 동일한 ■ **hermoso(a)** 아름다운 ■ **solito(a)** 혼자의 ■ **otra vez** 또 다시 ■ **siempre** 항상 ■ **no deber+infinitivo** ~해서는 안 된다 ■ **listo** 알겠어, 좋아 ■ **esta vez** 이번엔 ■ **procurar** ~하도록 시도하다 ■ **amar a alguien** ~를 사랑하다 ■ **primero(a)** 처음의 ■ **cita** 약속

Nuevas EXPRESIONES

- **aburrido** 따분한, 지루한

  원래는 estuve aburrido todo el día라고 해야 완벽한 문장이지만 본문처럼 estar 부분을 생략하고 간단히 aburrido todo el día라고 할 수도 있습니다.

- **después de que** ~한 후에

  〈después de que + 접속법(subjuntivo)〉은 '미래의 일 후에', 〈después de que + 직설법(indicativo)〉은 '과거의 일(이미 끝난 일) 후에'입니다. 다음 문장들을 보면서 감을 잡아 보세요.

  - Después de que lleguemos a casa, comeremos algo. 집에 도착하면 우린 뭐 좀 먹을 거야.
  - Después de que llegamos a casa, comimos algo. 집에 도착한 후 우린 뭐 좀 먹었어.

  첫 번째 문장은 아직 집에 도착하지 않았기 때문에 미래의 일 후를 나타내는 뜻으로 접속법이 쓰였습니다. 두 번째 문장에서 집에 도착한 일은 과거에 종료된 상황이기에 직설법 과거형이 쓰였습니다.

  - Después de que me dijo adiós, me eché a llorar.
    그가 나한테 잘 있으라고 말했을 때 눈물이 터졌어요. `직설법`
  - Después de que me despidieran, me echaría a llorar.
    그가 나한테 작별 인사하면 눈물이 터질 거예요. `접속법`
  - Después de que terminó el trabajo, se fue a casa. 그는 일이 끝난 후 집에 갔어요. `직설법`
  - Después de que termine el trabajo, me iré a casa. 난 일이 끝난 후 집에 갈 거야. `접속법`

  본문에서는 여자친구와 헤어진 일은 이미 과거에 끝난 일이므로 뒤에 오는 동사가 직설법 과거형으로 쓰였습니다.

- **hacer falta hacer algo** ~를 해야 한다

  직역하면 '~를 하는 것이 부족하다' 다시 말해 '~를 해야 한다'의 뜻이 됩니다. tengo que hacer algo, necesito hacer algo나 debo hacer algo와 비슷한 의미로 Me hace falta hacer algo의 구조를 쓸 수 있습니다.

  - Me hace falta hablar contigo. 너랑 얘기 좀 해야겠어.
  - Me hace falta hacer la tarea. 나 숙제해야 돼.

- **cita a ciegas** 소개팅

  ciego는 형용사로 '장님의'입니다. 영어와 마찬가지로 소개팅은 서로 얼굴을 모르고 만나는 만남인 만큼 '눈먼 약속', cita a ciegas로 불립니다.

- **da la casualidad de que** ~하는 게 흔한 일은 아니다, ~가 우연이다

  - Da la casualidad que no está de acuerdo contigo. 그(녀)가 너랑 의견이 다른 건 흔치 않아.
  - Dio la casualidad de que pasaba por allí en ese momento. 바로 그 순간 거기를 지나간 것은 우연이었다.

- **meter la(s) pata(s)** 일을 그르치다, 망치다

  '동물의 다리(pata)'를 '넣다(meter)'는 표현은 put one's foot in one's mouth라는 영어 표현과 비슷한 구조로 '실수하다, (일 등을) 망치다'의 의미를 갖습니다.

  - Para no meter la pata, deberías tener más cuidado con lo que dices. 일을 망치지 않으려면 네가 말하는 것에 있어 더 신경을 써야만 해.

각 문장을 듣고 따라 말하세요.

- Diego, ¿qué hiciste el domingo?
- Aburrido todo el día.
- Después de que terminé con mi novia, no hago nada los fines de semana.
- Me hace mucha falta tener una novia.
- ¡Tengo una idea!
- ¿Por qué no tienes una cita a ciegas con una amiga mía?
- ¡Creo que harían bonita pareja!
- ¿Pero es linda?
- Ustedes los hombres son todos iguales.
- Pero sí. Ella es muy hermosa. Y da la casualidad que ahora está solita.
- Pero no vayas a meter la pata otra vez.
- Siempre dices lo que no deberías decir.
- Listo. Esta vez voy a procurar no decir 'te amo mucho' en nuestra primera cita.

PASO 3 우리말을 듣고 스페인어로 통역한 다음 스페인어로 쓰세요.

디에고, 일요일에 뭐했어?

하루 종일 심심해 죽는 줄 알았어.

여친이랑 헤어진 이후로는 주말에 아무것도 안 해.

여자친구가 정말 필요해.

좋은 생각이 있어! 너 내 친구랑 소개팅 하는 것 어때?

잘 어울릴 것 같아!

그런데 예뻐?

너네 남자들은 다 똑같아.

그런데 예쁘긴 해. 걔가 지금처럼 솔로인 경우는 거의 없어.

근데 너 또 일 망쳐 버리면 안 돼. 넌 항상 하지 말아야 할 말을 하잖아.

알았어. 이번에는 첫 데이트부터 '당신을 사랑해요'라는 말 안 하도록 노력할게.

Cita a ciegas

다음 대화를 읽고 음성파일을 세 번 들으세요.

(Diego llega corriendo y sudando)

Diego: *(jadeando)* **Tú debes ser Amanda**, ¿verdad?

Amanda: *(en un tono un poco **áspero**)* Sí yo soy. ¿Cómo lo supiste?

Diego: Es que **te pareces mucho a mi ex-novia** con quien terminamos hace unos días. Ella era muy hermosa, ¡así como tú!

Amanda: *(sarcásticamente)* ¿**Se supone que** debo dar las gracias?

Diego: Claro, ¡es un elogio! ¡Eres más linda que la mitad de las personas en este restaurante!

Amanda: ¿Tú piensas antes de abrir la boca? ¡La mitad de estas personas son hombres! ¿Sabes qué? Creo que ya es hora de irme.

Diego: Pero no **te vayas**. ¡Yo te amo mucho!

Amanda: *(para sí misma)* Carolina, **¡no vuelvo** a confiar en ti!

Día 2   소개팅

(디에고가 땀을 흘리며 뛰어서 도착한다)

디에고: (숨을 몰아쉬며) 당신이 아만다겠군요?

아만다: (좀 언짢은 듯한 어조로) 네, 맞아요. 어떻게 알았죠?

디에고: 사실 며칠 전에 헤어진 제 여친을 닮으셨거든요. 헤어진 제 여친처럼 참 아름다우세요.

아만다: (비꼬는 목소리로) 제가 고마워해야 할 말인가요?

디에고: 당연하죠. 칭찬인데요! 여기 식당에 있는 사람 절반보다도 더 예쁜걸요!

아만다: 입을 열 때 생각은 하는 거예요? 여기 있는 사람들 절반은 남자잖아요! 아무래도 가 봐야 할 것 같군요.

디에고: 가지 마세요. 당신을 사랑해요!

아만다: (혼잣말로) 까롤리나, 널 다시 믿나 봐라!

Nuevas EXPRESIONES

- **Tú debes ser Amanda** 당신이 아만다겠군요.

  '넌 아만다여야만 해'의 의미가 아니에요. '당신이 아만다겠군요'의 의미로 영어의 You must be Amanda.와 같은 어감입니다.

- **áspero** 까칠까칠한, 불쾌한

  사물의 표면이 까칠까칠한 것을 뜻할 수도 있지만 말투나 어조가 거친 것을 뜻할 수도 있습니다.
  - El terreno es áspero. 그 땅은 거칠다.
  - Él lo dijo con un tono áspero. 그는 그 말을 불쾌한 톤으로 말했다.

- **parecerse (a alguien)** 누가 ~를 닮다

  parecer와 parecerse는 뜻은 비슷한데 쓰임이 다릅니다. parecer는 넓은 의미로 '뭔가 겉모습이 어떤 그룹과 닮았다'는 뜻이고 parecerse는 '(비교 대상이 명확) ~와 닮았다'는 뜻입니다.
  - Ese hombre parece famosa. 저 남자 유명한가 봐.
  - Ese hombre se parece a Tom Cruise. 저 남자 톰 크루즈 닮았다.

  첫 번째 문장은 넓은 의미에서 유명해 보인다는 의미이므로 parece가 쓰였습니다. 두 번째 문장에서는 톰 크루즈라는 명확한 비교 대상이 나오기 때문에 parecerse를 쓴 것입니다.
  - Ese jugador de fútbol se parece a tu hermano. 그 축구선수는 네 동생 닮았어. `특정인`
  - Mi hermano parece japonés. 내 동생은 일본 사람 닮았어. `특정 그룹`
  - Ellos se parecen. 그들은 서로 비슷하게 생겼어. `특정인`
  - Nos parecemos a nuestros padres. 우린 우리 부모님을 닮았어. `특정인`
  - Parezco una nena de 12, cuando tengo 15. 난 15살인데 12살 여자아이처럼 생겼어. `특정 그룹`

- **se supone que ...** ~인 것으로 여겨지다, ~하기로 되어 있다

  영어의 be supposed to를 생각해 보세요. Am I suppoed to work?란 문장은 '나 일해야 하는 걸로 여겨져?'

VOCABULARIO BÁSICO ■ **cita a ciegas** 소경들의 약속 즉, (남녀 간의) 소개팅 ■ **correr** 달리다 ■ **sudar** 땀을 흘리게 하다 ■ **jadear** 숨을 헐떡이다 ■ **tono** 어조, 말투 ■ **cómo** 어떻게 ■ **terminar con alguien** 헤어지다 ■ **¡así como tú!** 마치 당신과 같이 ■ **sarcásticamente** 빈정대는 투로 ■ **gracias** 감사 ■ **dar las gracias** 감사하다 ■ **elogio** 칭찬, 찬사 ■ **mitad** 절반 ■ **pensar** 생각하다 ■ **abrir** 열다 ■ **boca** 입 ■ **¿Sabes qué?** 그거 알아?, 아무래도 ■ **irse** 가버리다 ■ **ya es hora de irme** 벌써 가야 할 시간이야 ■ **confiar en alguien** 누군가를 믿다

즉, '나 일해야 돼?'의 뜻입니다. 본문의 문장 ¿Se supone que debo dar las gracias?도 그런 의미에서 '내가 고마워해야 돼?'의 뜻으로 봐 주시면 됩니다.

- **ir vs irse**

  ir에는 '가다(go)'의 의미가, irse에는 '떠나다(leave)'의 의미가 있습니다. irse의 부정 명령형인 no te vayas는 '가지 마, 떠나지 마'의 의미입니다.
  - Este tren **va** a Seúl. 이 기차는 서울로 가.
  - **Voy** a la tienda. 나는 상점에 가.
  - Tengo que **irme**. 나는 이제 떠나야 해.
  - ¿Por qué **te vas** tan temprano? 너 왜 이렇게 일찍 떠나?

- **volver a hacer algo** 다시 ~을 하다
  - Después de salir de la cárcel, **vuelven a** cometer nuevos delitos.
    그들은 감옥에서 나온 후 다시 새로운 범죄를 저지른다.
  - **Volví a** ver a Sophia después de quince años. 15년 후 나는 다시 소피아를 보았다.

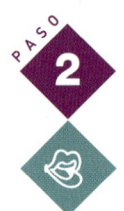

각 문장을 듣고 따라 말하세요.

- Tú debes ser Amanda, ¿verdad?
- Sí yo soy. ¿Cómo lo supiste?
- Es que te pareces mucho a mi ex-novia con quien terminamos hace unos días.
- Ella era muy hermosa, ¡así como tú!
- ¿Se supone que debo dar las gracias?
- Claro, ¡es un elogio!
- ¡Eres más linda que la mitad de las personas en este restaurante!
- ¿Tú piensas antes de abrir la boca?
- ¡La mitad de estas personas son hombres!
- ¿Sabes qué? Creo que ya es hora de irme.
- Pero no te vayas. ¡Yo te amo mucho!
- Carolina, ¡no vuelvo a confiar en ti!

따라 말하기 ○○○○○○○○○○   쉐도잉 ○○○○○○○○○○

PASO 3 우리말을 듣고 스페인어로 통역한 다음 스페인어로 쓰세요.

당신이 아만다겠군요?

네, 맞아요. 어떻게 알았죠?

사실 며칠 전에 헤어진 제 여친을 닮으셨거든요.

헤어진 제 여친처럼 참 아름다우세요.

제가 고마워해야 할 말인가요?

당연하죠. 칭찬인데요!

여기 식당에 있는 사람 절반보다도 더 예쁜걸요!

입을 열 때 생각은 하는 거예요?

여기 있는 사람들 절반은 남자잖아요!

아무래도 가 봐야 할 것 같군요.

가지 마세요. 당신을 사랑해요!

까롤리나, 널 다시 믿나 봐라!

> *Cree y actúa como si fuese imposible fracasar.* - *Charles F. Kettering*
> 실패가 불가능한 것처럼 믿고 행동하라. – 찰스 F. 케터링

"Tengo a alguien en mente"

다음 대화를 읽고 음성파일을 세 번 들으세요.

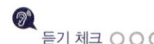

> Carolina: Diego, ¡mira lo que hiciste! **¡Has echado a perder** la oportunidad de tu vida!
>
> Diego: Ay sí… soy **un caso perdido**. Es que cuando la vi **me puse muy nervioso**. Ella es realmente divina.
>
> Carolina: ¿Y ahora qué hacemos? Parece que las citas a ciegas no funcionan para ti. **Sería mejor que salieras** con alguien que ya conozcas…
>
> Diego: No se me ocurre quién podría ser… A ver… A ver… Ah, ¿sabes quién se me ocurre?
>
> Carolina: No tengo ni la menor idea.
>
> Diego: Hay una chica que conozco **desde hace muchos años**. Mmm… ¡creo que voy a **pedirle que salgamos**!
>
> Carolina: ¡Me alegra mucho! ¡Pero **no cometas** el mismo error esta vez!

Día 3 "누군가 떠올랐어"

까롤리나: 디에고, 네가 무슨 짓을 한지 봐봐! 절호의 기회를 날려 버린 거라고!
디에고: 그러게…… 난 구제불능인가 봐. 사실 그녀를 처음 봤을 때 너무 긴장이 되는 거 있지. 정말 예쁘더라고.
까롤리나: 이제 어떡하지? 소개팅은 너한테 통하지 않는 것 같고. 이미 알고 있는 사람이랑 사귀어 보는 게 좋겠어……
디에고: 머릿속에 떠오르는 사람이 없네…… 음…… 아, 방금 누가 떠올랐는지 알아?
까롤리나: 전혀 모르겠는데?
디에고: 예전부터 알던 여자애가 있거든. 음…… 그 친구한테 데이트 신청해 볼 생각이야!
까롤리나: 정말 잘됐다! 그렇지만 저번 같은 실수를 반복하면 안 돼!

VOCABULARIO BÁSICO ■ tener algo en mente ~을 생각하고 있다 ■ mirar 보다 ■ la oportunidad de tu vida 네 인생의 기회 즉, 절호의 기회 ■ sí 맞아 ■ cuando …할 때 ■ realmente 정말로 ■ divino(a) 아름다운, 절세의 ■ ahora 지금, 이제 ■ parece que ... 아무래도 ~인 것 같다 ■ alguien 누군가 ■ ya 이미 ■ conocer 알다 ■ A ver ... 가만있자... ■ ocurrir 일이 발생하다, 갑자기 생각나다 ■ No tengo ni la menor idea. 전혀 모르겠다. ■ hay alguien 누군가가 있다 ■ alegrar 기쁘게 하다 ■ el mismo 같은 ■ error 실수

Nuevas EXPRESIONES

- **echar a perder** 실패하다, 망하게 하다
    - Si no aceptamos su ofrecimiento **echaremos a perder** la empresa.
    우리가 그의 제안을 받아들이지 않으면 회사가 망하게 될 거야.
    - No **eches a perder** la comida poniéndole mucho ají. 고추를 너무 많이 넣어서 음식을 망치지 마.

- **un caso perdido** 절망적인 사람
    맨날 안 좋은 행동만 하고 그 행동이 고쳐질 거라 기대할 수 없는 사람을 un caso perdido라고 부릅니다. 누가 간이 안 좋은데도 계속해서 술을 마신다면 Eres un caso perdido라고 할 수 있죠.

- **me puse muy nervioso** 너무 긴장이 되다
    〈volverse/ponerse + adjetivo(형용사)〉는 '~가 …해지다'인데, 쓰임이 약간 다르니 주의해야 해요. 스페인어 동사 ser와 estar는 영어의 be와 비슷한데, ser는 '변하지 않는 본질적인 특성'을 말할 때, estar는 '심리적이거나 신체적으로 변화하는 특성 또는 위치'를 말할 때 쓰입니다. ser와 궁합이 맞는 형용사는 〈volverse〉와, estar와 쓰이는 형용사는 〈ponerse〉와 조합이 되어야 합니다. nervioso(긴장한)는 변하는 상태라서 estar nervioso(a) 또는 ponerse nervioso(a)의 궁합이 되어야 하죠. Estoy nervioso(a). → Me puso nervioso(a)처럼요. 다음 예문들을 참고해 보세요.
    - Él **se puso muy contento** cuando le dijimos que podiamos ayudarlo.
    우리가 그것을 도와줄 수 있을 것이라 했을 때 그는 매우 기뻐했다.
    - Ella **se volvió rico** de la noche a la mañana. 그녀는 갑자기 부자가 되었다.

- **Sería mejor que salieras** ~하는 게 더 낫다
    〈Es mejor que + presente de subjuntivo (접속법 현재형)〉 '누가 ~하는 게 더 낫다'와 〈Sería mejor que + pretérito imperfecto de subjuntivo (접속법 불완료 과거형)〉 '누가 ~하는 게 더 나았겠다' 두 가지 구조가 있는데, 본문에서는 Sería mejor que의 구조이므로 접속법 불완료 과거형인 salieras가 뒤에 붙었습니다. 다음 문장을 보세요.
    - **Es mejor que hables** con tus padres. 네가 네 부모님과 말해 보는 게 좋겠어.
    - **Es mejor que vayas** al médico. 네가 의사 선생님을 보러 가는 게 좋겠어.
    - **Sería mejor que fueras** a la clínica. 네가 병원에 가는 게 더 좋았을 것 같아.
    - **Sería mejor que no corrieras** tanto. 네가 너무 뛰어다니지 않았으면 좋았을 거야.

- **desde hace (algún tiempo)** ~ 전부터
    desde hace는 영어 since처럼 '~부터'입니다. 'hasta (algún tiempo) ~까지'와 반대 개념입니다.
    - **desde hace** unos días 며칠 전부터
    - **desde hace** mucho tiempo 오래 전부터
    - **desde hace** 30 años 30년 전부터

- **pedir a alguien que + 접속법(subjuntivo)** ~에게 …하라고 부탁하다
  - Yo le pedí que orara por mis padres. 나는 그에게 우리 부모님을 위해 기도할 것을 부탁했다.
  - Cómo pedirle a una chica que sea tu novia. 여자에게 사귀자고 말하는 방법.

- **no cometas** 저지르지 마

  cometer(저지르다, 범하다)의 2인칭 단수 부정명령형입니다.

각 문장을 듣고 따라 말하세요.

- Diego, ¡mira lo que hiciste!
- ¡Has echado a perder la oportunidad de tu vida!
- Ay sí… soy un caso perdido.
- Es que cuando la vi me puse muy nervioso. Ella es realmente divina.
- ¿Y ahora qué hacemos?
- Parece que las citas a ciegas no funcionan para ti.
- Sería mejor que salieras con alguien que ya conozcas…
- No se me ocurre quién podría ser… A ver… A ver…
- Ah, ¿sabes quién se me ocurre?
- No tengo ni la menor idea.
- Hay una chica que conozco desde hace muchos años.
- Mmm… ¡creo que voy a pedirle que salgamos!
- ¡Me alegra mucho!
- ¡Pero no cometas el mismo error esta vez!

따라 말하기    쉐도잉

PASO 3 우리말을 듣고 스페인어로 통역한 다음 스페인어로 쓰세요.

디에고, 네가 무슨 짓을 한지 봐봐!

절호의 기회를 날려 버린 거라고!

그러게…… 난 구제불능인가 봐.

사실 그녀를 처음 봤을 때 너무 긴장이 되는 거 있지. 정말 예쁘더라고.

이제 어떡하지? 소개팅은 너한테 통하지 않는 것 같고.

이미 알고 있는 사람이랑 사귀어 보는 게 좋겠어……

머릿속에 떠오르는 사람이 없네…… 음……

아, 방금 누가 떠올랐는지 알아?

전혀 모르겠는데?

예전부터 알던 여자애가 있거든.

음…… 그 친구한테 데이트 신청해 볼 생각이야.

정말 잘됐다! 그렇지만 저번 같은 실수를 반복하면 안 돼!

❝ *Es imposible para un hombre aprender lo que cree que ya sabe. - Epíteto*
잘 안다는 교만에 빠지면 발전할 수가 없다. – 에피테토

Cita Romántica 125

"Te amo mucho"

다음 대화를 읽고 음성파일을 세 번 들으세요.

(Hablando por teléfono)

Diego: Carolina, ¿**quisieras conocer** a la chica de la que te hable **antier**?

Carolina: **¡Por supuesto que sí!** ¿Estás **ahí** con ella? Porque no quisiera **interrumpirlos**.

Diego: No te preocupes. ¿Podríamos ir a tu casa?

Carolina: Sí, no hay problema. Nos vemos pronto.

(El timbre suena. Carolina abre la puerta)

Carolina: *(Carolina ve a Diego con un espejo)* ¿Y dónde está tu chica?

Diego: Ella está aquí metida en este espejo. **¡Mírala!**

Carolina: *(mirándose al espejo y confundida)* ¿Era yo? ¿Cómo así? **¡Explícame!**

Diego: Desde que me dijiste que buscara a alguien que yo conociera, ya no te veo de la misma manera. ¿Quieres **salir conmigo**? ¡Te amo mucho!

Carolina: Es el mejor 'te amo mucho' que has dicho en toda tu vida. Y mi respuesta es ¡sí!

Día 4 "널 사랑해"

(전화로 대화 중)

디에고: 까롤리나, 내가 엊그제 언급했던 여자친구 한번 만나 볼래?

까롤리나: 당연하지! 너 지금 그녀랑 같이 있어? 방해하고 싶지는 않은데.

디에고: 걱정하지 마. 우리 지금 너네 집으로 가도 돼?

까롤리나: 물론이지. 금방 보자.

(초인종이 울린다. 까롤리나가 문을 연다)

까롤리나: (거울을 들고 서 있는 디에고를 본 까롤리나) 그 여자친구는 어디에 있어?

디에고: 그녀는 이 거울 안에 있어. 봐봐!

까롤리나: (거울을 보고 혼란스러워 하며) 나였어? 어떻게 된 거야? 설명 좀 해 줘!

디에고: 네가 이미 알고 있는 사람 중에 여자친구를 찾아보라고 한 이후로 네가 다르게 보이더라고. 나랑 사귀지 않을래? 사랑해!

까롤리나: 네가 여태까지 말한 '사랑해' 중에 가장 적합한데? 그리고 내 대답은 'OK'야!

Nuevas EXPRESIONES

- **¿quisieras hacer algo? vs ¿quieres hacer algo?**

  이 두 질문 모두 '너 ~하고 싶니?'의 뜻이지만 quisieras(직설법 과거형)는 Te gustaría hacer algo처럼 좀 더 부드럽고 정중하게 물을 때, quieres는 일반적으로 물을 때 쓰입니다.
  - ¿Quisieras ir al cine conmigo? 나랑 영화 보러 갈래? 공손한 어감
  - ¿Quieres ir al cine conmigo? 나랑 영화 보러 갈래? 일반적인 어감

- **antier** 그저께

  > 시간 부사 정리
  > - 오늘 hoy · 어제 ayer · 그저께 antier/anteayer · 엊그저께 hace dos o tres días
  > - 내일 mañana · 다음날 el día siguiente · 모레 pasado mañana
  > - 지난주 la semana pasada · 다음주 la próxima semana / la semana que viene
  > - 재작년 hace dos años · 작년 el año pasado · 내년 el próximo año / el año que viene

- **¡Por supuesto que sí! = ¡Claro que sí!** 물론이지!

  'Sí(그래)'보다 더욱 의미가 강조된 표현입니다.

- **interrumpir** (타동사) 중단하다, 방해하다
  - El accidente interrumpió el baile. 그 사고가 춤을 중단시켰다. (=사고로 춤이 중단되었다.)

- **ahí, allí** 저기에 < **allá** 저쪽에

  allá는 눈에 안 보일 수도 있는 더 먼 곳을 가리킬 때 쓰입니다. 보통 ahí와 allí는 같은 의미로 쓰일 수 있습니다.
  - El teléfono está ahí(allí). 전화기는 거기에 있어.
  - El accidente ocurrió allí(ahí). 사고는 거기에서 일어났다.
  - ¿Te gustaría vivir allá en Russia? 너 저기 러시아에서 살고 싶어?

> **VOCABULARIO BÁSICO** ■ hablar por teléfono 전화로 대화하다 ■ chica 소녀, 젊은 여자 ■ con ~와 함께 ■ preocuparse 걱정하다 ■ nos vemos 나중에 봐 ■ pronto(a) 금방 ■ timbre 초인종 ■ sonar 울리다, 소리 나다 ■ abrir 열다 ■ puerta 문 ■ ver a alguien 누구를 보다 ■ espejo 거울 ■ tu chica(=tu novia) 네 여자친구 ■ metido(a) 안에 ■ mirarse 자신의 모습을 보다 ■ confundido(a) 혼란스러운 ■ ¿Cómo así? 이게 어찌된 일이니? ■ desde que ~한 때부터 ■ manera 방식 ■ respuesta 대답

- **¡Mírala!** 그녀를 봐봐! / **¡Explícame!** 나한테 설명해 줘!

  mirar(보다)가 긍정명령문인 mira로 바뀌면서 la(그녀)를 뒤에 놓았습니다. mirar와 explicar의 긍정 명령형 변화는 각각 다음과 같습니다.

	(nosotros) miremos / (nosotros) expliquemos
(tú) mira / (tú) explica	(vosotros) mirad / (vosotros) explicad
(usted) mire / (usted) explique	(ustedes) miren / (ustedes) expliquen

- **salir con alguien** ~와 사귀다

  직역하면 '누군가와 떠나다'이지만 본래 의미는 '누군가와 사귀다'입니다.
  - Mi ex novia está **saliendo con** mi mejor amigo. 내 전 여친이 내 절친과 데이트를 하고 있다.
  - Ayer **salí con** una chica. 어제 여자애 한 명과 데이트를 했다.
  - 5 cosas que debes hacer cuando empiezas a **salir con** alguien. 누군가와 사귈 때 꼭 해야 할 5가지.

각 문장을 듣고 따라 말하세요.

- Carolina, ¿quisieras conocer a la chica de la que te hable antier?
- ¡Por supuesto que sí! ¿Estás ahí con ella?
- Porque no quisiera interrumpirlos.
- No te preocupes. ¿Podríamos ir a tu casa?
- Sí, no hay problema. Nos vemos pronto.
- ¿Y dónde está tu chica?
- Ella está aquí metida en este espejo. ¡Mírala!
- ¿Era yo? ¿Cómo así? ¡Explícame!
- Desde que me dijiste que buscara a alguien que yo conociera, ya no te veo de la misma manera.
- ¿Quieres salir conmigo? ¡Te amo mucho!
- Es el mejor 'te amo mucho' que has dicho en toda tu vida.
- Y mi respuesta es ¡sí!

PASO 3 우리말을 듣고 스페인어로 통역한 다음 스페인어로 쓰세요.

까롤리나, 내가 엊그제 언급했던 여자친구 한번 만나 볼래?

당연하지! 너 지금 그녀랑 같이 있어? 방해하고 싶지는 않은데.

걱정하지 마. 우리 지금 너네 집으로 가도 돼?

물론이지. 금방 보자.

그 여자친구는 어디에 있어?

그녀는 이 거울 안에 있어. 봐봐!

나였어? 어떻게 된 거야? 설명 좀 해 줘!

네가 이미 알고 있는 사람 중에 여자친구를 찾아보라고 한 이후로 네가 다르게 보이더라고.

나랑 사귀지 않을래? 사랑해!

네가 여태까지 말한 '사랑해' 중에 가장 적합한데?

그리고 내 대답은 'OK'야!

> *El futuro pertenece a aquellos que creen en la belleza de sus sueños.*
> *- Eleanor Roosevelt*
> 미래는 자기 꿈의 아름다움을 믿는 사람들의 것이다. - 일리노어 루즈벨트

Diario de Carolina

다음 대화를 읽고 음성파일을 세 번 들으세요.

Desde que mi amigo Diego terminó con su novia, ha estado muy deprimido, triste y aburrido. Yo le busqué una cita a ciegas con una amiga mía y él **la echó a perder** con su **famoso** 'yo te amo'. Luego le **sugerí** tener una cita con una chica **que** él **conociera**. A él le gustó la idea y me dijo que tenía a alguien en mente. **Yo no tenía ni la más remota idea** de que **se trataba de mí** hasta que llegó a mi casa con un espejo. Y así me **pidió que saliéramos** a una cita romántica. Por supuesto, **como de costumbre**, él me dijo: 'yo te amo mucho'. ¡La diferencia es que esta vez sí le funcionó!

Día 5   까롤리나의 일기

내 친구 디에고가 여친이랑 헤어진 이후 상당히 우울하고 슬프고 심심해 보였다. 내 친구랑 소개팅을 시켜 주었지만 디에고는 맨날 하는 '당신을 사랑해요'라는 말과 함께 기회를 날려 버렸다. 이후 그에게 이미 아는 사람이랑 약속을 잡으라고 제안했다. 그는 그 제안이 마음에 들었다며 자기 마음 속에 누군가가 있다고 했다. 그가 우리집에 거울을 들고 나타나기 전까지는 나에 대해서 이야기하는 줄은 상상도 못했다. 그렇게 그는 나에게 데이트를 신청했다. 이번에도 항상 그렇듯이 그는 '사랑해'라고 말했다. 전과 다른 점은 이번에는 그 말이 통했다는 것이다!

VOCABULARIO BÁSICO   ■ **desde que alguien hizo algo** ~가 …한 이후로   ■ **novia** 여자친구   ■ **deprimido(a)** 우울한   ■ **triste** 슬픈   ■ **aburrido(a)** 지겨운   ■ **buscar** 찾다, 구하다   ■ **él** 그   ■ **luego** 나중에   ■ **tener una cita con alguien** ~와 만나기로 하다   ■ **tener a alguien en mente** ~를 머릿속에 생각하다   ■ **así** 그렇게   ■ **cita romántica** 데이트   ■ **por supuesto** 물론   ■ **diferencia** 차이   ■ **esta vez** 이번

Nuevas EXPRESIONES

- **la echó a perder**

  여기서 la는 바로 앞에 나온 una cita a ciegas(소개팅)를 가리킵니다. 앞에 나온 말을 두 번 반복할 필요 없이 간단히 직접목적어 la를 써서 문장을 구성했습니다. echar a perder는 '실패하다, 망하게 하다'의 뜻입니다.

- **famoso** 유명한, 악명 높은

  이 형용사는 일반적으로는 '유명한'의 의미로 쓰이지만 종종 부정적인 의미인 '악명 높은'의 뜻으로도 쓰입니다. 보통 악명 높은 게 유명한 법이므로 이 두 의미를 잘 연결시켜 알아두세요.
  - Por fin conocí a la famosa novia de mi amigo. 드디어 악명 높은 내 친구의 여자친구를 만났다.

- **<sugerir que + subjuntivo> / <pedir que + subjuntivo>**

  이렇게 뒤에 subjuntivo가 올 수 있는 구조에서 앞에 나온 동사가 과거형으로 쓰이면 뒤의 subjuntivo는 subjuntivo imperfecto로 쓰이게 됩니다.
  - La profesora siempre me sugiere que pronuncie mejor las palabras.
    교수님께서는 항상 내게 문장 읽는 발음을 더욱 확실히 하라고 말씀하신다.
  - → La profesora me sugirió que pronunciara mejor las palabras.
    교수님께서는 내게 문장 읽는 발음을 더욱 확실히 하라고 말씀하셨다.

  첫 번째 문장에서는 동사가 현재형이라서 pronuncie (subjuntivo)로 쓰였지만 두 번째 문장에서는 동사가 sugirió(과거형)로 쓰이니 뒤 부분이 pronunciara (subjuntivo imperfecto)로 바뀌는 것을 알 수 있습니다. 본문에서 쓰인 구조 역시 이와 같은 종류입니다.

- **Yo no tenía ni la más remota idea** 아무 생각이 없었어

  이 문장은 전에 나왔던 No tener ni la menor idea와 같이 뜻이 강조된 표현입니다.

- **se trataba de mí**

  tratarse는 '~에 관한 것이다'의 뜻입니다.
  - ¿De qué se trata ese libro? 그 책은 무엇에 관해 다루고 있죠?
  - Este libro trata sobre la guerra civil. 이 책은 시민 전쟁에 관한 것이에요.

- **como de costumbre** 항상 그렇듯이

  costumbre는 '관습, 습관'의 뜻인데 앞에 como de가 오면 '항상 그렇듯이'의 의미가 됩니다.
  - Tenemos costumbre de cenar tarde en la noche. 우리는 밤 늦게 저녁을 먹는 습관이 있어.
  - Como de costumbre cenamos muy tarde. 항상 그렇듯이 저녁을 늦게 먹었어요.

각 문장을 듣고 따라 말하세요.

- Desde que mi amigo Diego terminó con su novia, ha estado muy deprimido, triste y aburrido.
- Yo le busqué una cita a ciegas con una amiga mía y él la echó a perder con su famoso 'yo te amo'.
- Luego le sugerí tener una cita con una chica que él conociera.
- A él le gustó la idea y me dijo que tenía a alguien en mente.
- Yo no tenía ni la más remota idea de que se trataba de mí hasta que llegó a mi casa con un espejo.
- Y así me pidió que saliéramos a una cita romántica.
- Por supuesto, como de costumbre, él me dijo: 'yo te amo mucho'.
- ¡La diferencia es que esta vez sí le funcionó!

PASO 3 우리말을 듣고 스페인어로 통역한 다음 스페인어로 쓰세요.

내 친구 디에고가 여친이랑 헤어진 이후 상당히 우울하고 슬프고 심심해 보였다. 내 친구랑 소개팅을 시켜 주었지만 디에고는 맨날 하는 '당신을 사랑해요'라는 말과 함께 기회를 날려 버렸다. 이후 그에게 이미 아는 사람이랑 약속을 잡으라고 제안했다. 그는 그 제안이 마음에 들었다며 자기 마음 속에 누군가가 있다고 했다. 그가 우리집에 거울을 들고 나타나기 전까지는 나에 대해서 이야기하는 줄은 상상도 못했다. 그렇게 그는 나에게 데이트를 신청했다. 이번에도 항상 그렇듯이 그는 '사랑해'라고 말했다. 전과 다른 점은 이번에는 그 말이 통했다는 것이다!

PASO 4 주어진 표현을 활용해 여러분만의 스페인어 문장을 쓰세요.

❶ sugerir que + subjuntivo / pedir que + subjuntivo 활용

❷ como de costumbre 활용

잠깐

여러분들은 콜롬비아 하면 어떤 이미지가 떠오르나요? 이번 장에서 다뤘던 로맨틱한 것과는 다른 이미지가 떠오를 겁니다. 처음 콜롬비아에 간다고 했을 때 주변 사람들이 가장 많이 했던 말이 '조심해라'였습니다. 할리우드 영화에서 묘사하는 콜롬비아는 항상 정글에서 마약과 관련해 전쟁하는 모습이었기에 우리들 머릿속에 그런 장면들이 깊숙이 각인되어 있는 것이겠지요. 하지만 이렇게 생각하던 대부분의 사람들도 막상 그곳에 가 보면 생각과는 사뭇 다른 분위기에 많이 놀라게 됩니다. 우선 우리나라의 이마트와 비슷한 Éxito 마트가 곳곳에 위치하고 있어 생활 편의 면에서 불편함이 없습니다. 또 도시 내에 큰 규모의 아름다운 공원들이 여기 저기에 있어서 운동을 하거나 산책하기에 좋습니다. 잘 가꿔진 정원과 빨간 벽돌로 지어진 아름다운 건물들은 보는 이로 하여금 나도 이런 곳에 한번 살아 보고 싶다는 생각마저 들게 합니다. 사람들이 일반적으로 갖고 있는 이미지와는 다른 콜롬비아 보고타의 진짜 모습을 소개해 드리겠습니다.

보고타에는 크고 작은 규모의 공원들이 많이 있습니다. 시몬 볼리바르 공원(Parque de Simon Bolivar)은 그 중 가장 큰 규모를 자랑합니다. 독립기념일과 같은 특별한 날에는 화려한 에어쇼를 볼 수도 있습니다. 그 옆에 있는 중간 규모의 Parque de Los Novios(연인들의 공원)는 제가 개인적으로 좋아하는 공원입니다. 먹을 거리를 싸 들고 가서 잔디에 앉아 있기만 해도 아름다운 전경과 새 지저귀는 소리에 기분이 좋아집니다. 머물던 집 근처 Parkway 공원에는 식당과 카페가 많이 있고, 길을 따라 한 가운데 조성된 녹지에는 커다란 나무가 많이 심어져 있어 걷기 좋습니다.

연인들의 공원에서 보트를 타는 커플

시몬 볼리바르 공원에서 개를 산책시키는 여성

쉬어가기

어딜 가도 큰 대형 쇼핑몰이 있어 옷이나 먹거리, 그리고 생활용품을 사는 데 불편함이 전혀 없습니다. 특히 이들 쇼핑몰은 우리나라의 백화점 같이 닫힌 구조가 아니라 중간이 뻥 뚫린 시원한 구조여서 이용객들이 좀 더 여유로운 쇼핑을 하게 해 줍니다.

보고타에는 지하철이 없는 대신 빨갛고 기다란 모양의 뜨란스밀레니오(Transmilenio)라는 교통수단이 있습니다. 길 중간에 전용도로가 있어 역과 역 사이를 운행하기 때문에 교통 흐름이 원활하지 않더라도 영향을 받지 않습니다. 뿐만 아니라 보고타 시의 이곳 저곳을 운행하여 지하철 못지않게 편리합니다. 다만 출퇴근 시간에는 사람이 많아 Transmilleno(lleno는 '꽉 찬'이란 형용사)라는 오명을 갖고 있기도 합니다.

길거리 곳곳에는 경찰들이 배치되어 있어 혹시나 일어날 수도 있는 범죄로부터 관광객들과 시민을 보호합니다. 길을 모를 때는 다른 사람보다 경찰한테 물어보는 것이 가장 신뢰할 만합니다. 개인적으로는 경찰에게 길을 물어봤다가 전혀 다른 곳으로 알려 줘서 낭패를 본 경험도 있지만요. 이렇게 경찰이 여기저기에 배치되어 있는 보고타는 '생각보다' 안전한 도시입니다. 그렇다고 핸드폰이나 카메라를 당당히 꺼내 놓고 다니면 비싼 교훈을 얻을 가능성이 높으니 항상 조심하는 게 상책입니다.

Avenida NQS에 위치한 Calima 쇼핑몰

쇼핑몰 안은 넓고 트여 있다

뜨란스밀레니오(Transmilenio) 버스

CAPÍTULO 6

El Futuro de Juan

El Futuro de Juan

후안의 미래

Día 1
Una buena noticia
좋은 소식

Día 2
Mi hijo no quiere estudiar
공부하기 싫어하는 우리 아들

Día 3
Abogado insatisfecho
행복하지 않은 변호사

Día 4
'Pro gamer', el nuevo ideal
새로운 꿈, '프로게이머'

Día 5
Diario del padre
아빠의 일기

Día 1 — *Una buena noticia*

PASO 1

다음 대화를 읽고 음성파일을 세 번 들으세요.

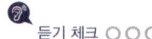 듣기 체크 ○○○

(El hijo llega a la casa corriendo)

Juan: ¡Mamá! ¡Tengo una buena noticia!

Madre: ¡Hola hijo! **¿Por qué tan contento?**

Juan: Es que estaba jugando fútbol y el **entrenador** me **pidió que me uniera** al equipo del colegio. ¡Voy a ser un gran jugador como Lionel Messi!

Madre: *(preocupada)* **¡Espera un momento! No creo que sea** una buena noticia. No tienes tiempo para estar jugando.

Juan: Mamá, ¡yo he decidido **convertirme en** un jugador profesional!

Madre: ¿Qué pasó con tu sueño de ser abogado como tu papá para ayudar a **la gente necesitada**?

Juan: Cambié de opinión. De ahora en adelante solo jugaré fútbol. **¡El fútbol es mi pasión!**

Día 1 좋은 소식

(아들이 뛰어서 집에 들어온다)
후안: 엄마! 좋은 소식이 있어요!
엄마: 안녕, 아들! 왜 이렇게 기분이 좋아?
후안: 사실 제가 축구를 하고 있었는데 코치님이 저보고 학교 팀에 들어오래요. 저 리오넬 메시처럼 훌륭한 축구선수가 될 거예요!
엄마: (걱정스럽게) 잠깐만! 그렇게 좋은 소식 같지는 않은데. 너 지금 축구하고 놀 시간 없어.
후안: 엄마, 저 프로 축구선수가 되기로 결심했다니까요!
엄마: 불쌍한 사람을 돕기 위해 아빠처럼 변호사가 되는 꿈은 어떻게 된 거야?
후안: 생각을 바꿨어요. 지금부터는 축구만 할 거예요. 축구가 제 꿈이에요!

VOCABULARIO BÁSICO ■ hijo 아들 ■ llegar a casa 집에 도착하다 ■ correr 뛰다 ■ jugar 놀다, 경기를 하다 ■ equipo 팀 ■ colegio 초중등학교 ■ jugador 선수 ■ como ~처럼 ■ preocupado(a) 걱정하는 ■ tiempo 시간 ■ decidir 결정하다 ■ sueño 잠, 꿈 ■ abogado(a) 변호사 ■ ayudar 도와주다 ■ cambiar 바꾸다 ■ opinión 의견 ■ De ahora en adelante 지금부터 앞으로

Nuevas EXPRESIONES

- **¿Por qué tan contento?** 왜 이렇게 기분이 좋아?

    완벽한 문장은 Por qué estas tan contento이지만 estar 동사를 빼고 이렇게 쓰는 경우도 있습니다.
    - ¿Por qué (estas) tan triste? 왜 이렇게 슬퍼해?
    - ¿Por qué (estas) tan cansado? 왜 이렇게 피곤해 해?
    - ¿Por qué (estas) tan enojada? 왜 이렇게 화가 났어?

- **entrenador** 감독, 코치

    연관된 단어로 entrenar(훈련하다, 트레이닝 시키다), entrenamiento(훈련, 트레이닝)를 알아두세요.

- **〈pedir que + 접속법(subjuntivo)〉** ~해 달라고 부탁하다

    pedir는 동사로 '부탁하다'이고, unirse (a)는 '~에 가입하다, 들어가다'입니다. pedir que 뒤에는 접속법(subjuntivo)이 올 수 있는데 pedir가 본문처럼 과거형으로 쓰일 때 뒤에 오는 접속법은 불완전과거(imperfecto) 형태로 옵니다. 다음 문장들을 보세요.
    - Te pido que vayas a la escuela. 학교 좀 가. 부탁할게. `접속법`
      → Te pedí que fueras a la escuela. 내가 너한테 학교에 가라고 부탁했었잖아. `불완전 과거`
    - Pido que (ellos) coman afuera. 난 걔네들한테 밖에서 먹어 달라고 부탁해. `접속법`
    - Ayer le pedí a mi hermano que hiciera una copia de las llaves de la casa.
      어제 내 동생한테 집 열쇠 좀 복사해 놓으라고 부탁해 놨어. `불완전 과거`

- **¡Espera un momento!** 잠깐만 기다려!

    espera는 esperar(기다리다) 동사의 긍정 명령형으로, 동사 변환은 다음과 같습니다.

	(nosotros) esperemos
(tú) espera	(vosotros) esperad
(usted) espere	(ustedes) esperen

- **〈No creo que + 접속법(subjuntivo)〉** ~일 것 같지 않다

    creer que 뒤에는 indicativo가 오는데, no creer que 뒤에는 대부분의 경우 subjuntivo가 옵니다.
    - Creo que va a llover. 비가 올 것 같아. ↔ No creo que vaya a llover. 비가 안 올 것 같아.
    - Creo que es ella. 그건 그녀일 것 같아. ↔ No creo que sea ella. 그건 그녀가 아닐 것 같아.
    - Creo que voy a la fiesta. 난 확실히 파티에 갈 거야.
      ↔ No creo que vaya a la fiesta. 난 파티에 안 갈 것 같아.

- **convertir en algo** ~으로 바뀌다, ~가 되다

  영어에서는 turn into, convert into와 같이 into가 붙는데 스페인어에서는 뒤에 en이 옵니다.

- **la gente necesitada** 도움이 필요한 사람들

  necesitado(a)는 '가난한, 빈곤한, 도움이 필요한'의 뜻으로, pobre(가난한)와 동의어입니다.
  - la familia **necesitada** 빈곤한 가정
  - los **necesitados** 가난한 사람들

- **¡El fútbol es mi pasión!** 전 축구가 너무 좋아요!

  pasión은 '열정'이란 기본 의미 외에 다음과 같이 좀 더 넓은 범위에서 활용되기도 합니다.
  - Él **tiene pasión** por ella. 그는 그녀를 열정적으로 사랑해요. `사랑`
  - Mi hijo es mi **pasión**. 제 아들을 너무 사랑해요.
  - Le gusta el cine **con pasión**. 그는 영화를 매우 좋아해요. `좋아함`
  - Mi trabajo es mi **pasión**. 저는 제 일이 너무 좋아요.
  - Ella **tiene pasión por** los animales. 그녀는 동물에 관심이 많아요. `관심`
  - Su **pasión es** pintar al óleo. 유화를 그리는 것에 대해 관심이 많아요. `관심`

각 문장을 듣고 따라 말하세요.

- ¡Mamá! ¡Tengo una buena noticia!
- ¡Hola hijo! ¿Por qué tan contento?
- Es que estaba jugando fútbol y el entrenador me pidió que me uniera al equipo del colegio.
- ¡Voy a ser un gran jugador como Lionel Messi!
- ¡Espera un momento! No creo que sea una buena noticia.
- No tienes tiempo para estar jugando.
- Mamá, ¡yo he decidido convertirme en un jugador profesional!
- ¿Qué pasó con tu sueño de ser abogado como tu papá para ayudar a la gente necesitada?
- Cambié de opinión.
- De ahora en adelante solo jugaré fútbol.
- ¡El fútbol es mi pasión!

PASO 3 우리말을 듣고 스페인어로 통역한 다음 스페인어로 쓰세요.

엄마! 좋은 소식이 있어요!

안녕, 아들! 왜 이렇게 기분이 좋아?

사실 제가 축구를 하고 있었는데 코치님이 저보고 학교 팀에 들어오래요.

저 리오넬 메시처럼 훌륭한 축구선수가 될 거예요!

잠깐만! 그렇게 좋은 소식 같지는 않은데.

너 지금 축구하고 놀 시간 없어.

엄마, 저 프로 축구선수가 되기로 결심했다니까요!

불쌍한 사람을 돕기 위해 아빠처럼 변호사가 되는 꿈은 어떻게 된 거야?

생각을 바꿨어요. 지금부터는 축구만 할 거예요.

축구가 제 꿈이에요!

❝ *El éxito consiste en ir de fracaso en fracaso sin pérdida de entusiasmo.*
- Winston Churchill   성공이란 열정을 잃지 않고 실패에서 또 다른 실패로 가는 것으로 구성되어 있다. – 윈스턴 처칠

Mi hijo no quiere estudiar

다음 대화를 읽고 음성파일을 세 번 들으세요.

(El padre llega a casa)

Padre: Hola cariño. ¿Cómo estás? ¿Dónde está Juan?

Madre: *(suspirando)* Está jugando fútbol en el parque. Estoy muy preocupada. Juan me dijo que **ya no** quiere ser abogado **sino** futbolista.

Padre: ¡Eso sí que es **un gran problema**! Voy al parque a hablar con él. **No te angusties**.

Madre: **¡Qué bueno** es tener un esposo **tan lindo como tú**! **¡Qué alivio!**

(El padre va al parque, habla con Juan y regresan juntos)

Padre: *(a la esposa)* Tengo que contarte algo mi amor. La vida es tan corta… Yo creo que Juan debería **hacer lo que su corazón le dicte**.

Madre: ¿**Ya** cambiaste de opinión? *(suspirando)* Ahora tengo dos problemas… Un hijo que no quiere estudiar y un abogado que se deja convencer fácilmente por un niño.

Día 2 공부하기 싫어하는 우리 아들

(아빠가 집에 도착한다)

아빠: 여보 나 왔어. 오늘 어땠어? 후안은 어디에 있지?

엄마: (한숨을 내쉬며) 공원에서 축구하고 있어요. 걱정돼 죽겠어요. 후안이 자기는 이제 더 이상 변호사가 되고 싶지 않고 축구선수가 될 거라고 그러더라고요.

아빠: 그거 문제가 심각한데. 내가 지금 공원에 가서 직접 얘기해 볼게. 너무 걱정하지 마.

엄마: 당신같이 좋은 남편이 있어서 얼마나 다행이야! 맘이 놓여!

(아빠가 공원에 가서 후안과 이야기한 후 함께 집으로 돌아온다)

아빠: (아내에게) 나, 당신한테 할 말이 있어. 인생 참 짧잖아. 후안도 자기가 하고 싶은 걸 해야 한다고 생각해.

엄마: 그새 생각이 바뀌었어요? (한숨을 내쉬며) 이제 골칫거리가 두 개로 늘었네…… 공부하기 싫어하는 아들에 애한테 쉽게 넘어가 생각이 바뀌는 변호사로.

> **Nuevas EXPRESIONES**

- **alguien quiere hacer algo** 누가 ~하고 싶어하다

    querer(원하다) 뒤에 동사원형을 붙여 주는 구조입니다. 다음 문장들을 보세요.
    - ¿Qué **quieres comer** hoy? 오늘 뭐 먹고 싶어?
    - **Quiero ser** piloto. 난 파일럿이 되고 싶어.
    - Ella **quiere viajar** a Argentina. 그녀는 아르헨티나에 방문하고 싶어해.

- **ya** 이제는, 지금은
    - El hombre era muy rico, pero **ya** es muy pobre. 그 남자는 전에 매우 부유했지만 이제는 찢어지게 가난하다.
    - **Ya** no viven aquí. 그들은 이제 여기 살지 않는다.

- **no ... sino ...** (~이 아니고) …이다, ~를 제외하고
    - Esto **no** es café **sino** té. 이것은 커피가 아니고 차다.
    - **No** me digas 'adiós', **sino** 'hasta pronto'. 나한테 '잘 가'라고 하지 말고 '또 보자'라고 해.
    - Mi familia **no** es rica **sino** pobre. 우리 가족은 부유하지 않고 가난해.

- **un gran problema** 큰 문제

    problema는 a로 끝나지만 남성명사이므로 un problema가 되는 걸 꼭 기억하세요.

- **no te angusties = no te preocupes** 걱정하지 마

    동사 angustiarse(번민하다, 걱정하다)를 부정 명령형으로 썼습니다. No te preocupes를 주로 쓰지만 no te angusties로도 쓸 수 있다는 점 참고해 주세요.

- **¡Qué bueno!** 정말 좋다! / **¡Qué alivio!** 정말 안심이 돼!

    이렇게 Qué 뒤에 명사나 형용사를 놓으면 '얼마나 ~한지'의 감탄 표현이 됩니다.
    - ¡**Qué** sorpresa! 이게 웬일이야! (놀람)
    - ¡**Qué** buena idea! 너무 좋은 생각이야!
    - ¡**Qué** vergüenza! 너무 부끄럽다!
    - ¡**Qué** bonito(a)! 너무 예쁘다!
    - ¡**Qué** alegría! 너무 좋다! (기쁨)

VOCABULARIO BÁSICO ▪ **padre** 아빠 ▪ **cariño** 여보 ▪ **suspirar** 한숨을 내쉬다 ▪ **parque** 공원 ▪ **preocupado(a)** 걱정하는 ▪ **hablar** 말하다 ▪ **esposo** 남편 ▪ **regresar** 되돌아가다 ▪ **juntos** 함께 ▪ **contar** 말하다 ▪ **vida** 인생 ▪ **corto(a)** 짧은 ▪ **dictar** 지시하다, 명하다 ▪ **dejarle hacer algo** 누가 …하게 하다 ▪ **convencerse** (무엇을) 확신하다

- **tan lindo como tú** 당신만큼 좋은

  〈tan + 형용사 + como + 명사〉는 '~만큼 …한'의 구조입니다.
  - Ella es **tan** hermosa **como** su hermana. 그녀는 자기 동생만큼이나 아름답다.

- **hacer lo que su corazón le dicte**

  Lo que는 스페인어에서 많이 쓰이는 구조입니다. 원래 문장은 'Juan debería hacerlo(후안은 그걸 해야 해)'인데 그것(lo)이 뭔지 더 자세하게 말하기 위해 que 뒤에 자세한 내용을 썼습니다. 그래서 전체 문장을 직역하면 다음과 같습니다.
  - Juan debería hacerlo (후안은 그걸 해야 해) que su corazón le dicte (그의 마음이 그에게 명하는 걸)

- **Ya** 벌써

  전에 나왔던 ya와 다르게 여기서의 ya는 '벌써(=already)'의 의미입니다.
  - ¿**Ya** has terminado? 벌써 끝났어?
  - **Ya** lo hice. 이미 그것을 다 했어요.

각 문장을 듣고 따라 말하세요.

- Hola cariño. ¿Cómo estás? ¿Dónde está Juan?
- Está jugando fútbol en el parque.
- Estoy muy preocupada.
- Juan me dijo que ya no quiere ser abogado sino futbolista.
- ¡Eso sí que es un gran problema!
- Voy al parque a hablar con él. No te angusties.
- ¡Qué bueno es tener un esposo tan lindo como tú! ¡Qué alivio!
- Tengo que contarte algo mi amor. La vida es tan corta…
- Yo creo que Juan debería hacer lo que su corazón le dicte.
- ¿Ya cambiaste de opinión?
- Ahora tengo dos problemas…
- Un hijo que no quiere estudiar y un abogado que se deja convencer fácilmente por un niño.

PASO 3 우리말을 듣고 스페인어로 통역한 다음 스페인어로 쓰세요.

여보 나 왔어. 오늘 어땠어? 후안은 어디에 있지?

공원에서 축구하고 있어요. 걱정돼 죽겠어요.

후안이 자기는 이제 더 이상 변호사가 되고 싶지 않고 축구선수가 될 거라고 그러더라고요.

그거 문제가 심각한데.

내가 지금 공원에 가서 직접 얘기해 볼게.

너무 걱정하지 마.

당신같이 좋은 남편이 있어서 얼마나 다행이야! 맘이 놓여!

나, 당신한테 할 말이 있어. 인생 참 짧잖아.

후안도 자기가 하고 싶은 걸 해야 한다고 생각해.

그새 생각이 바뀌었어요? 이제 골칫거리가 두 개로 늘었네……

공부하기 싫어하는 아들에 애한테 쉽게 넘어가 생각이 바뀌는 변호사로.

> *Si haces lo que siempre has hecho, siempre conseguirás lo que siempre has tenido.*
> *- Anthony Robbins*
> 항상 해 오던 일만 한다면 매번 같은 결과만 얻을 뿐이다. – 안토니 로빈스

Día 3 — *Abogado insatisfecho*

PASO 1

다음 대화를 읽고 음성파일을 세 번 들으세요.

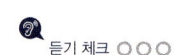

(***Los padres*** están hablando **acerca de** Juan)

Padre: ¿Por qué estás **tan** enojada?

Madre: ¡Por culpa tuya! Tú **tenías que ayudarme** a convencer a Juan pero te dejaste convencer por él. ¿Qué te pasó?

Padre: **¡Él se veía tan contento** jugando! Sabes muy bien que yo quería ser director de cine. Mis padres no me lo permitieron y ahora soy un abogado insatisfecho.

Madre: Pero es que miles de jóvenes quieren ser futbolista profesionales y solo unos pocos lo logran. **¡Su futuro está en alto riesgo!**

Padre: Mmm... **Tienes toda la razón**. *(firmemente)* No te preocupes. ¡Voy ya mismo a hablar con él!

Madre: *(con duda)* Espero que no te dejes convencer otra vez, ¡abogado!

Día 3 행복하지 않은 변호사

(부모님이 후안에 대해서 이야기하고 있다)

아빠: 왜 그렇게 화가 났어?

엄마: 당신 때문이잖아요! 애를 설득해서 날 도와줘야 할 판에 애한테 넘어가요? 도대체 무슨 일이에요?

아빠: 후안이 축구를 하는 모습이 너무 행복해 보이더라고! 내가 항상 영화 감독이 되고 싶어 했던 사실, 당신도 잘 알잖아. 그렇지만 부모님 반대로 지금은 내가 변호사가 되었지만 행복하지 않다고.

엄마: 하지만 프로 축구선수가 되고 싶은 아이들 수천 명 중에서 몇 명만 성공한다고요. 후안의 미래가 지금 심각한 위기에 처해 있어요!

아빠: 음...... 그거 말 되네. (단호하게) 걱정하지 마. 지금 당장 후안하고 다시 얘기해 볼게!

엄마: (의심의 눈초리를 보내며) 이번에는 애한테 설득 안 당하길 바랍니다, 변호사님!

VOCABULARIO BÁSICO
- enojado(a) 화난
- por ... … 때문에
- culpa 잘못, 실수
- convencer a alguien ~를 설득시키다
- ¿Qué pasa? 무슨 일이야
- saber 알다
- director de cine 영화 감독
- permitir 허락하다
- insatisfecho(a) 만족하지 못한
- mil 1000의, 수많은
- joven 젊은이
- poco(a) 조금의, 적은
- lograr 달성하다, 성취하다
- firmemente 확고하게
- duda 의심
- 〈esperar que+접속법(subjuntivo)〉 ~을 기대하다
- otra vez 또 다시

Nuevas EXPRESIONES

- **insatisfecho** 불만의, 만족하지 못한 ↔ **satisfecho** 만족한, 기뻐하는

  영어와 같이 스페인어에서도 in-은 부정의 의미를 갖습니다. 다음 형용사들을 보세요.

  - **in**sensible 무감각한, 마비된 ↔ sensible 분별 있는, 지각 있는
  - **in**animado 의식을 잃은, 생기가 없는 ↔ animado 원기 왕성한, 활기찬
  - **in**activo 비활동적인, 활발하지 않은 ↔ activo 활발한, 활동적인
  - **in**quieto 불안한, 걱정스러운 ↔ quieto 침착한, 움직이지 않는
  - **in**epto 부적격한 ↔ apto 적절한, 어울리는
  - **in**visible 눈에 안 보이는 ↔ visible 눈에 보이는
  - **in**mortal 불멸의 ↔ mortal 반드시 죽는

- **padres** 부모님

  padre를 복수로 하면 부모님이 됩니다.

  > **가족에 관한 표현**
  >
  > - **padre** 아버지 · **madre** 어머니 · **esposo(=marido)** 남편 · **esposa** 아내
  > - **hijo** 아들 · **hija** 딸 · **hermano** 형, 오빠, 남동생 · **hermana** 누나, 언니, 여동생
  > - **abuelo** 할아버지 · **abuela** 할머니 · **tio** 삼촌 · **tia** 이모 · **primo(a)** 사촌 · **sobrino(a)** 조카

- **acerca de = sobre** ~에 관해

  acercar 자체로는 '접근시키다, 근접시키다'란 뜻의 타동사입니다. sobre와 비교해 acerca de는 좀 더 딱딱한 표현이고 sobre는 구어체적인 표현입니다. 물론 둘 다 많이 쓰입니다.

- **tan** 너무, 그렇게 (강조의 의미)

  - Estaba **tan** nervioso. 나 너무 긴장했었어.
  - No es algo **tan** importante. 그거 그렇게까지 중요한 거 아니야.
  - ¿Por qué te fuiste **tan** pronto? 너 왜 그렇게 빨리 가 버렸어?

- **tener que hacer algo** ~을 해야 하다

  〈hay que (hacer algo)〉와 비슷한데 조금 다릅니다. 〈tener que hacer algo〉는 '누군가가 ~해야 하다'로 행위의 주체가 명시되지만 〈hay que hacer algo〉는 그 일을 해야 할 주체가 누구인지 명확하지 않습니다.

  - ¡**Tienes que** ir temprano al Mercado por el tráfico! 너 교통체증 때문에 장 보러 일찍 가야 해.
  - ¡**Hay que** ir temprano al Mercado por el tráfico! 사람들은 교통체증 때문에 장 보러 일찍 가야 해!
  - **Tengo que** hacer las tareas para mañana. 나 내일 아침까지 숙제를 해야 해.
  - **Hay que** hacer las tareas para mañana. 숙제는 내일까지 되어 있어야 해.

- **¡Él se veía tan contento!** 그는 매우 만족스러워 보였어!

  ver는 '보다'의 뜻인데 verse와 같은 se형에서는 '(~처럼) 보이다'의 의미로 쓰일 수 있습니다.
  - Patricia **se ve** muy contenta. 빠뜨리시아는 매우 만족해 보여.
  - **Te ves** bonita. 너 예뻐 보여. (옷이 잘 어울려.)
  - **Se ve** muy triste. 그(녀)는 매우 슬퍼 보여.
  - Ahora **se ve** muy diferente. 이제 그(녀)는 매우 달라 보여.

- **¡Su futuro está en alto riesgo!** 그의 미래가 큰 위험에 처했어!

  'estar en riesgo (위험에 처하다)'의 구조가 쓰였습니다. 다음 문장을 참고해 주세요.
  - Los fumadores **están en alto riesgo** de contraer cáncer. 흡연자들은 암에 걸릴 위험이 매우 높아.

- **tener razón** 맞다 (= be right)

  본문에서는 tener와 razón사이에 toda la를 넣어 줌으로써 강조의 의미가 되었습니다.
  - Él **tiene razón**. 그의 말이 맞아. → Él tiene **toda la** razón. 그의 말이 정말 맞아.

각 문장을 듣고 따라 말하세요.

- ¿Por qué estás tan enojada?
- ¡Por culpa tuya!
- Tú tenías que ayudarme a convencer a Juan pero te dejaste convencer por él.
- ¿Qué te pasó?
- ¡Él se veía tan contento jugando!
- Sabes muy bien que yo quería ser director de cine.
- Mis padres no me lo permitieron y ahora soy un abogado insatisfecho.
- Pero es que miles de jóvenes quieren ser futbolista profesionales y solo unos pocos lo logran.
- ¡Su futuro está en alto riesgo!
- Mmm... Tienes toda la razón.
- No te preocupes. ¡Voy ya mismo a hablar con él!
- Espero que no te dejes convencer otra vez, ¡abogado!

PASO 3 우리말을 듣고 스페인어로 통역한 다음 스페인어로 쓰세요.

왜 그렇게 화가 났어?

당신 때문이잖아요!

애를 설득해서 날 도와줘야 할 판에 애한테 넘어가요? 도대체 무슨 일이에요?

후안이 축구를 하는 모습이 너무 행복해 보이더라고!

내가 항상 영화 감독이 되고 싶어 했던 사실, 당신도 잘 알잖아.

그렇지만 부모님 반대로 지금은 내가 변호사가 되었지만 행복하지 않다고.

하지만 프로 축구선수가 되고 싶은 아이들 수천 명 중에서 몇 명만 성공한다고요.

후안의 미래가 지금 심각한 위기에 처해 있어요!

음…… 그거 말 되네. 걱정하지 마. 지금 당장 후안하고 다시 얘기해 볼게!

이번에는 애한테 설득 안 당하길 바랍니다, 변호사님!

> *Cuando una puerta se cierra, otra se abre; pero a menudo nos lamentamos tanto sobre la puerta cerrada que no vemos la que se ha abierto para nosotros.*
> *- Alexander Graham Bell*
>
> 한쪽 문이 닫히면 또 다른 문이 열린다. 그러나 우리는 너무 자주 닫힌 문만 슬픈 눈으로 바라보며 새롭게 열린 문을 보지 못한다.
> – 알렉산더 그래엄 벨

Día 4 — 'Pro gamer', el nuevo ideal

PASO 1

다음 대화를 읽고 음성파일을 세 번 들으세요.

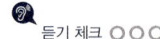

Padre:	*(abriendo la puerta)* ¿Estás dormido?
Juan:	No papá. ¡Estoy imaginándome cómo será mi vida jugando con el Barcelona!
Padre:	Hijo, tenemos que **poner los pies sobre la tierra**. No muchos jugadores logran **llegar al** nivel profesional. Y **no quiero que arruines tu vida**.
Juan:	¿De qué estás hablando? ¡Tú dijiste que me ibas a apoyar!
Padre:	Sí hijo, pero pensándolo bien, tu futuro está en riesgo. ¿Qué harías si no lo logras?
Juan:	No sé… **Algo se me ocurrirá**.
Padre:	Tenemos que pensar en otra opción. **¿Qué otra cosa te apasiona?**
Juan:	*(pensando)* Mmm… ¡Ah ya sé! ¡Un 'Pro gamer'! Gracias papá. De ahora en adelante solo voy a jugar video juegos. ¡Te amo mucho!
Padre:	*(murmurando)* Ay, ¿qué he hecho? **¡Tu mamá me va a matar!**

Día 4 새로운 꿈, '프로게이머'

아빠: (방문을 열며) 자니?
후안: 안 자요, 아빠. 바르셀로나 팀에서 뛰는 제 삶이 어떨지 상상해 보고 있어요!
아빠: 아들아, 우리 좀 현실적이 되어야 할 필요가 있어. 수많은 축구선수들이 프로가 되는 것에 실패한단다. 아빤 네 인생이 그렇게 망가지는 게 싫어.
후안: 아빠, 무슨 말씀하시는 거예요? 저 도와주신다면서요!
아빠: 그래, 아들. 그런데 잘 생각해 보니까 네 미래가 너무 위험하더라고. 만약 프로선수가 안 되면 뭘 할지 생각해 봤어?
후안: 몰라요…… 그때 가서 뭔가 떠오르겠죠.
아빠: 우리 다른 가능성도 생각해 보자꾸나. 네가 관심 있는 게 또 뭐가 있을까?
후안: (생각하면서) 음…… 아, 알겠다! 프로게이머요! 아빠, 고마워요. 지금부터는 계속 비디오게임만 할 거예요. 아빠 사랑해요!
아빠: (중얼거리며) 아, 내가 무슨 짓을 한 거지? 네 엄마가 날 가만두지 않을 거야!

150　CAPÍTULO **6**

Nuevas EXPRESIONES

- **poner los pies sobre la tierra** 현실적이다

직역을 하면 '발을 땅에 대다'의 뜻이에요. 공중에 붕붕 떠다니는 것과 비교했을 때 발을 땅에 디디고 있다는 것은 현실에 머무르는 것을 의미하죠? 그래서 '현실적이다'의 뜻으로 쓰이는 겁니다.

- **llegar a algún lugar** 목적을 달성하다

원래는 '~에 도착하다'의 뜻이지만 어떤 목적을 달성했을 때도 쓸 수 있습니다.

- **no quiero que arruines tu vida** 네 인생을 망치지 않았으면 좋겠어

이 문장에서는 arruinar(파괴하다)의 접속법(subjuntivo) arruines가 쓰였습니다. 이렇게 querer que나 no querer que의 구조를 쓸 경우 뒤에 subjuntivo를 씁니다.
  - Mis padres quieren que nosotros comamos comida más sana.
    우리 부모님께서는 우리가 더 건강한 음식을 먹기 바라셔.
  - Quiero que mis estudiantes aprendan mejor. 내 학생들이 더 잘 이해했으면 좋겠어.
  - Quiero que tú me digas la verdad. 네가 나한테 진실을 말했으면 좋겠어.

- **Algo se me ocurrirá** 뭔가 제게 떠오르겠죠

ocurrirse는 '(아이디어가) 떠오르다'입니다.
  - Se me ocurrió una buena idea. 좋은 생각이 제게 떠올랐어요.
  - No se me ocurre nada. 아무 생각도 나지 않아.
  - Se me ocurren tres posibilidades. 내게 세 가지 경우의 수가 떠올랐다.

- **¿Qué te apasiona?** 넌 뭘 하고 싶니?

직역하면 '무엇이 너를 열중하게 하니?'이지만 실제 의미는 '넌 무엇에 열정이 있니?'입니다. ¿Qué te gusta?도 이것과 비슷한 구조입니다. '무엇이 널 즐겁게 하니?'이지만 실제 의미는 '넌 무엇을 좋아하니?'이기 때문입니다.
  - ¿Cómo puedo saber qué me apasiona? 제가 무엇에 열정이 있는지 어떻게 알 수 있나요?

VOCABULARIO BÁSICO ■ **nuevo(a)** 새로운 ■ **ideal** 이상 ■ **dormido(a)** 잠이 든 ■ **imaginarse** 상상하다 ■ **tener que hace algo** ~을 해야만 하다 ■ **lograr hacer algo** 힘들게 ~을 해내다 ■ **nivel** 레벨, 수준 ■ **¿De qué estás hablando?** 무슨 말을 하는 거예요? ■ **apoyar** 지원하다 ■ **pensándolo bien ...** 잘 생각해 보니 ... ■ **futuro** 미래 ■ **riesgo** 위험 ■ **lograr** 달성하다, 성취하다 ■ **pensar en algo** ~에 대해 생각하다 ■ **ya** 이미, 이제는 ■ **de ahora en adelante** 지금부터, 앞으로는 ■ **murmurar** 중얼중얼하다

El Futuro de Juan

- **¡Tu mamá me va a matar!** 네 엄마가 날 죽일 거야!

  여기서의 matar는 실제로 죽이는 게 아니라, 큰 문제가 있음을 표현한 것입니다. Los zapatos me están matando의 문장을 예로 들면, 역시나 신발이 나를 실제로 죽이는 게 아니지요. 신발에 길이 안 들어 나에게 고통을 준다는 것을 동사 matar로 표현한 것일 뿐입니다.

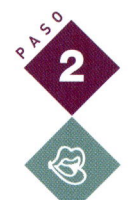

각 문장을 듣고 따라 말하세요.

- ¿Estás dormido?
- No papá.
- ¡Estoy imaginándome cómo será mi vida jugando con el Barcelona!
- Hijo, tenemos que poner los pies sobre la tierra.
- No muchos jugadores logran llegar al nivel profesional.
- Y no quiero que arruines tu vida.
- ¿De qué estás hablando? ¡Tú dijiste que me ibas a apoyar!
- Sí hijo, pero pensándolo bien, tu futuro está en riesgo.
- ¿Qué harías si no lo logras?
- No sé… Algo se me ocurrirá.
- Tenemos que pensar en otra opción.
- ¿Qué otra cosa te apasiona?
- Mmm… ¡Ah ya sé! ¡Un 'Pro gamer'! Gracias papá.
- De ahora en adelante solo voy a jugar video juegos. ¡Te amo mucho!
- Ay, ¿qué he hecho? ¡Tu mamá me va a matar!

PASO 3 우리말을 듣고 스페인어로 통역한 다음 스페인어로 쓰세요.

자니?

안 자요, 아빠. 바르셀로나 팀에서 뛰는 제 삶이 어떨지 상상해 보고 있어요!

아들아, 우리 좀 현실적이 되어야 할 필요가 있어.

수많은 축구선수들이 프로가 되는 것에 실패한단다.

아빤 네 인생이 그렇게 망가지는 게 싫어.

아빠, 무슨 말씀하시는 거예요? 저 도와주신다면서요!

그래, 아들. 그런데 잘 생각해 보니까 네 미래가 너무 위험하더라고.

만약 프로선수가 안 되면 뭘 할지 생각해 봤어?

몰라요…… 그때 가서 뭔가 떠오르겠죠.

우리 다른 가능성도 생각해 보자꾸나. 네가 관심 있는 게 또 뭐가 있을까?

음…… 아, 알겠다! 프로게이머요! 아빠, 고마워요.

지금부터는 계속 비디오게임만 할 거예요. 아빠 사랑해요!

아, 내가 무슨 짓을 한 거지? 네 엄마가 날 가만두지 않을 거야!

> *Un viaje de mil kilómetros comienza con un simple paso. - Lao Tzu*
> 천리 길도 한 걸음에서부터 시작된다. – 노자

El Futuro de Juan

Diario del padre

다음 대화를 읽고 음성파일을 세 번 들으세요.

Hoy mi hijo estaba muy feliz porque su entrenador lo **invitó a jugar** en su equipo de fútbol. Decidió que iba a ser un jugador profesional. Hablé con él para hacerlo **cambiar de parecer** pero no pude lograrlo. Lo comprendí porque cuando yo era niño, también tuve un sueño frustrado. Mi esposa estaba muy enojada conmigo, así que lo intenté de nuevo. **Después de mucho hablar** con Juan, finalmente pude hacerlo cambiar de decisión. **El problema** es que ahora él quiere ser un 'Pro gamer'. A mi esposa no le va a gustar **para nada** la idea. ¡**Soy hombre muerto**!

Día 5 아빠의 일기

오늘 학교 축구팀 코치에게 영입 제안을 받은 일로 인해 후안은 매우 기뻐했다. 그 애는 프로선수가 되어야겠다고 결심했다. 생각을 바꿔 보기 위해 아들과 이야기해 봤지만 쉽지 않았다. 한편으론 아들이 이해가 되기도 했는데 나 역시 꿈이 좌절되는 경험을 해봤기 때문이다. 아내가 나한테 매우 화가 났기 때문에 다시 한번 후안과 대화를 시도해 보기로 했다. 많은 대화 끝에 드디어 그 애의 결심을 바꿔 놓는 데 성공했다. 문제는 아들이 이제는 프로게이머가 되고 싶어 한다는 것이다. 아내가 그 생각을 마음에 들어할 리가 없다. 난 이제 큰일났다!

VOCABULARIO BÁSICO ▪feliz 행복한 ▪entrenador 코치 ▪equipo de fútbol 축구팀 ▪comprender (=entender) 이해하다 ▪niño 어린아이 ▪sueño 꿈 ▪frustrado 좌절한, 실패한 ▪esposa 아내 ▪enojado(a) 화난 ▪conmigo 나와 함께 ▪así que 그래서 ▪intentar 시도하다 ▪de nuevo (=nuevamente) 다시, 재차 ▪finalmente 마침내

Nuevas EXPRESIONES

- **invitar a alguien a hacer algo** 누가 ~을 하도록 초대하다

    Invitar a alguien a algo는 '누구를 ~에 초대하다'의 의미인데, 뒤에 동사원형을 붙이면 '누가 ~을 하도록 초대하다'의 뜻이 됩니다.
    - Quiero invitar a mi primo a mi boda. 내 사촌을 내 결혼식에 초대하고 싶어.
    - Quiero invitarlo a mi boda. 나는 그를 내 결혼식에 초대하고 싶어. (*a mi primo는 lo로 변환 가능)
    - Invité a mi amigo a almorzar. 나는 내 친구를 점심 먹게 초대했다.
    - Lo Invité a almorzar. 나는 그를 점심 먹게 초대했다. (*a mi primo는 lo로 변환 가능)

- **cambiar de parecer** 의견을 바꾸다

    보통 parecer는 동사로 '보이다, 나타나다'란 의미로 많이 쓰이지만 여기서는 '의견, 생각'이란 뜻의 명사로 쓰였습니다.

- **Después de mucho hablar...** 많은 대화 후에...
    - Después de mucho pensar... 많은 생각 후에...
    - Después de mucho sufrir... 많은 고통 후에...

- **el problema** 문제

    problema는 -a로 끝나지만 남성명사입니다. 그래서 앞에 el을 붙여 주었습니다.

- **para nada** 절대로, 결코 (…이 아니다)
    - Él no sirve para nada. 그는 아무짝에도 쓸모가 없다.
    - A: ¿Te molesta que ponga música mientras trabajas? 음악을 틀면 너 일하는 데 방해가 될까?
      B: No, para nada. 아니, 전혀.

- **¡Soy hombre muerto!** 난 큰일났다!

    여기에서 본인을 'hombre muerto(죽은 남자)'라고 말하며 안 좋은 상황을 표현하였습니다. 한국말로도 급박한 상황에서 '난 이제 죽었다'라고 하는 것과 비슷한 맥락입니다.

El Futuro de Juan

각 문장을 듣고 따라 말하세요.

- Hoy mi hijo estaba muy feliz porque su entrenador lo invitó a jugar en su equipo de fútbol.
- Decidió que iba a ser un jugador profesional.
- Hablé con él para hacerlo cambiar de parecer pero no pude lograrlo.
- Lo comprendí porque cuando yo era niño, también tuve un sueño frustrado.
- Mi esposa estaba muy enojada conmigo, así que lo intenté de nuevo.
- Después de mucho hablar con Juan, finalmente pude hacerlo cambiar de decisión.
- El problema es que ahora él quiere ser un 'Pro gamer'.
- A mi esposa no le va a gustar para nada la idea.
- ¡Soy hombre muerto!

우리말을 듣고 스페인어로 통역한 다음 스페인어로 쓰세요.

오늘 학교 축구팀 코치에게 영입 제안을 받은 일로 인해 후안은 매우 기뻐했다. 그 애는 프로 선수가 되어야겠다고 결심했다. 생각을 바꿔 보기 위해 아들과 이야기해 봤지만 쉽지 않았다. 한편으론 아들이 이해가 되기도 했는데 나 역시 꿈이 좌절되는 경험을 해봤기 때문이다. 아내가 나한테 매우 화가 났기 때문에 다시 한번 후안과 대화를 시도해 보기로 했다. 많은 대화 끝에 드디어 그 애의 결심을 바꿔 놓는 데 성공했다. 문제는 아들이 이제는 프로게이머가 되고 싶어 한다는 것이다. 아내가 그 생각을 마음에 들어할 리가 없다. 난 이제 큰일났다!

주어진 표현을 활용해 여러분만의 스페인어 문장을 쓰세요.

❶ invitar a alguien a hacer algo 활용

❷ Después de mucho ... 활용

잠깐

시골에서 열린 Blanca 할머니의 결혼식에 초대받았다

사람들이 밝아 어딜 가든지 새로운 친구를 사귀는 게 그리 어렵지 않다

여러분들은 왜 스페인어를 공부하시나요? 스페인어를 공부하는 데는 다양한 이유가 있겠지만 어떠한 이유든 간에 스페인어를 공부하기로 한 건 참 잘한 결정입니다. 오늘날 전 세계에서 약 4억 5,200만의 인구가 스페인어를 모국어로 사용하고 있습니다. 이는 중국어 다음으로 많은 숫자입니다. 또 스페인어는 UN의 여섯 개 공식 언어 중 하나이며 전 세계 모든 언어 중 가장 빠른 속도로 확산되고 있습니다. (위키백과 참고) 이렇게 중요한, 그리고 날마다 더 중요해지는 언어인 스페인어를 잘 구사하게 된다면 얼마나 좋을까요. 오늘은 스페인어를 잘하는 것이 우리에게 구체적으로 어떻게 도움이 되는지 같이 이야기해 보겠습니다.

쇼핑을 즐기는 보고타 사람들

1. 진정한 문화 체험을 할 수 있게 해 주는 스페인어

전 세계 약 20개국이, 특히 중남미의 경우 브라질을 제외한 모든 나라에서 스페인어가 쓰입니다. 스페인어를 할 줄 안다면 이들 지역을 여행할 때 인증샷 하나 찍고 지나가는 수박 겉핥기 식의 여행과는 비교도 할 수 없는 현지인들의 생활을 가까이서 보고 직접 문화를 체험하는 깊이 있는 여행을 할 수 있습니다. 남미 사람들 대부분이 친절하고 외국인들에게 호의적입니다. 여러분들이 스페인어만 할 수 있다면 그들이 먼저 스스럼없이 여러분들께 다가올 것입니다.

쉬어가기

뉴욕의 브루클린 다리

2. 취업할 때 큰 메리트가 되는 스페인어

중남미 경제가 오랜 침체 끝에 상승세로 돌아섬에 따라 구매력 또한 크게 성장하고 있습니다. 하지만 기술 부족으로 소비자들의 모든 필요를 자체적으로 채워 주지 못하기 때문에 우수한 기술력을 지닌 국내 기업들에게 중남미는 매력적인 시장입니다. 이와 더불어 적극적인 FTA와 한류열풍의 덕을 보며 이들 나라에 성공적으로 뿌리를 내리는 한국 기업이 늘어나고 있어 스페인어를 할 줄 아는 사람은 구직 시 상당한 이점을 갖게 됩니다. 앞으로 스페인어권 국가와의 교류는 더 활발해질 것이기에 스페인어를 유창하게 구사하는 사람에게는 더 많은 기회의 문이 열릴 것입니다.

뉴욕 시내를 돌아다니다 보면 스페인어를 심심찮게 들을 수 있다

3. 수요는 늘고 있지만 공급이 부족한 스페인어

스페인어는 중남미뿐 아니라 미국에서도 그 중요성이 날로 더해가는 언어입니다. 이미 미국 내 히스패닉 수가 5,000만 명을 넘어서고 있어 그들이 경제와 정치에 미치는 영향력이 상당하다고 할 수 있습니다. 특히 이들은 돈을 모으지 않고 소비하는 성향이 높아 (위키피디아: 세전 소득의 93%를 소비) 이들을 잡기 위해 스페인어로 제작되는 광고도 늘고 있다고 합니다. 이렇게 히스패닉 파워가 지구촌 곳곳에서 날마다 막강해지고 있는 이때, 우리나라에는 스페인어를 구사하는 사람의 수가 그 수요에 비해 아직도 적습니다. 많은 사람들이 하는 중국어, 일본어보다 아직 구사자가 많지 않은 스페인어를 배운다면 수출 의존도가 높은 우리나라의 특성상 취업에서 남들과는 다른 특별한 우위를 선점하게 될 것입니다.

CAPÍTULO 7

Marcela La Chismosa

Marcela La Chismosa

남을 험담하기 좋아하는 마르셀라

Día 1
En el restaurante
식당에서

Día 2
Historias distorsionadas
곡해된 이야기

Día 3
Amistad casi rota
거의 깨질 뻔한 친구 관계

Día 4
¡La chismosa es descubierta!
밝혀진 험담의 진실!

Día 5
Diario de Laura
라우라의 일기

Día 1 — *En el restaurante*

다음 대화를 읽고 음성파일을 세 번 들으세요.

(En un restaurante los tres amigos están charlando)

Mesero: Buenas tardes. **¿Les gustaría ordenar** ahora?

David: Sí, dame un **ajiaco**, por favor.

Laura: Yo quiero una **sobrebarriga en salsa**.

Marcela: Y a mí dame una **bandeja paisa**.

Mesero: **Con mucho gusto**. Vuelvo pronto.

Marcela: **¡Mírenle** la cola! Camina como un pato. ¿Y sí le escucharon la voz? ¡Parecía tartamudo! ¡Yo creo que Laura lo dejó **matado**! ¿Cómo te parece ese **patito**?

David: *(ja ja ja)* ¡Muy gracioso!

Laura: Pues pensándolo bien, no está tan mal.

Marcela: **Ten** mucho cuidado porque ese tiene cara de ser un mujeriego.

Laura: ¿Y por qué lo dices?

Marcela: *(mmm)* **¡Uno nunca sabe!**

Día 1 식당에서

(레스토랑에서 친구들 세 명이 이야기를 나누고 있다)

종업원: 안녕하세요. 뭐 주문하시겠어요?
다비드: 네, 전 아히아꼬 하나 주세요.
라우라: 저는 소브레바리가 엔 살사요.
마르셀라: 저는 반데하 빠이사 하나 주세요.
종업원: 네 알겠습니다. 금방 갖다 드릴게요.
마르셀라: 저 종업원 엉덩이 좀 봐! 오리처럼 걷네. 그리고 말하는 것 들었어? 말더듬이 같던데! 라우라한테 홀딱 반했나 봐. 저 오리 어떻게 생각해?
다비드: (하하하) 진짜 웃기다!
라우라: 잘 생각해 보니까 그리 나쁘진 않은데.
마르셀라: 조심해. 저 사람 얼굴 보면 딱 바람둥이 같이 생겼어.
라우라: 왜 그렇게 말하는 건데?
마르셀라: (음) 그냥 그럴 수도 있다고!

Nuevas EXPRESIONES

- **¿Te gustaría hacer algo?** 너 (뭐) 하고싶니?

  gustar 동사의 condicional인 gustaría를 쓴 구조가 querer hacer algo보다 더 정중한 표현입니다.

  - ¿Quieres comer algo? → **¿Te gustaría** comer algo? (정중) 너 뭐 먹고 싶니?
  - ¿Qué quieres hacer? → ¿Qué **te gustaría** hacer? (정중) 너 뭐 하고 싶니?
  - Quiero ir al cine contigo. → **Me gustaría** ir al cine contigo. (정중) 나 너랑 영화 보러 가고 싶어.

- **ordenar (= pedir)** 주문하다

  일반적으로 음식을 주문할 때는 동사 pedir를 씁니다. 하지만 최근에는 ordenar도 '주문하다'의 의미로 빈번하게 쓰입니다. 지역에 따라 ordenar나 pedir 둘 중 하나를 더 선호하는 경향이 있을 수 있으므로 같이 익혀 두면 좋습니다.

  - Estamos listos para pedir. = Estamos listos para ordenar. 우리 주문할 준비 됐어요.
  - ¿Qué quiere ordenar? = ¿Qué quiere pedir? 무엇을 주문하시겠어요?

- **Ajiaco/ Sobrebarriga en Salsa/ Bandeja Paisa**

  Ajiaco는 닭과 옥수수, 각종 채소로 만든 콜롬비아의 대표적인 수프입니다. Sobrebarriga en Salsa는 구운 소고기 옆구리 살 위에 토마토 양념을 얹은 요리고요, Bandeja Paisa는 콜롬비아 메데진 지역에서 나온 각종 고기와 밥, 양념이 어우러진 음식입니다.

- **con mucho gusto** 기꺼이 하겠습니다 / 그렇게 하겠습니다

  전체 맥락에서 con mucho gusto앞에 'lo haré(그것을 할 것이다)'가 생략되어 있다고 보면 됩니다. 스페인어에서는 누군가에게 부탁을 받을 때 이렇게 con mucho gusto로 간단히 대답합니다.

  - A: Pasame la sal, por favor. 소금 좀 건네 줘.
    B: (Lo haré) **con mucho gusto**. 그러지.

- **¡Mírenle!** 저 사람 좀 봐 봐!

  mirar(보다)의 긍정 명령형인데 Marcela가 친구들에게 말한 것이므로 복수형으로 쓰였습니다.

VOCABULARIO BÁSICO
- **charlar** 이야기하다　■ **Buenas tardes** 안녕하세요 (오후 인사)　■ **dar** 주다
- **por favor** 부탁합니다　■ **cola** 엉덩이　■ **caminar** 걷다　■ **pato** 오리　■ **escuchar** 듣다　■ **voz** 목소리
- **parecer** 보이다　■ **tartamudo** 말더듬이　■ **gracioso** 재미있는　■ **pensándolo bien** 잘 생각해 보니
- **malo(a)** 나쁜 (남성 단수 명사 앞에서 mal이 됨)　■ **cuidado** 주의, 조심　■ **ese → ese hombre** 저 남자
- **mujeriego** (여자를 좋아하는) 호색가

- **matar** 죽이다 / 놀라게 하다 (= sorprender)

    본문에서는 '라우라가 (예쁜 외모로) 그를 놀라게 했어'의 의미로 쓰인 걸로 이해하면 됩니다.

    · ¿Se van a casar? ¡Me has matado! 걔들 결혼한대? 진짜 놀랄 일이다!

- **patito** (작은) 오리

    pato(오리)의 disminutivo(축소형)입니다. 이건 어떤 사람이나 사물에 대해 작고 귀엽게 말할 때 쓰입니다. 특히 남미에서 비격식적으로 많이 쓰입니다. 다음의 단어들을 참고해 주세요.

    hermano → hermanito (형제)   conejo → conejito (토끼)   negro → negrito (검은)
    suave → suavecito (부드러운)   esponjoso → esponjadito (폭신폭신한)

- **Ten** 가져라

    tener의 긍정 명령형입니다. 두 친구한테 이야기하는 상황이므로 복수로 쓰였습니다.

- **¡Uno nunca sabe!** 그건 아무도 모르는 거지.

    직역하면 '한 사람은 결코 모른다'이지만 실제 의미는 '그건 아무도 모르는 거지'입니다.

    · Uno nunca sabe lo que puede pasar. 무슨 일이 일어날 수 있는지 아무도 알 수 없다.

각 문장을 듣고 따라 말하세요.

- Buenas tardes. ¿Les gustaría ordenar ahora?
- Sí, dame un ajiaco, por favor.
- Yo quiero una sobrebarriga en salsa.
- Y a mí dame una bandeja paisa.
- Con mucho gusto. Vuelvo pronto.
- ¡Mírenle la cola! Camina como un pato. ¿Y sí le escucharon la voz?
- ¡Parecía tartamudo! ¡Yo creo que Laura lo dejó matado!
- ¿Cómo te parece ese patito?
- ¡Muy gracioso!
- Pues pensándolo bien, no está tan mal.
- Ten mucho cuidado porque ese tiene cara de ser un mujeriego.
- ¿Y por qué lo dices?
- ¡Uno nunca sabe!

PASO 3 우리말을 듣고 스페인어로 통역한 다음 스페인어로 쓰세요.

안녕하세요. 뭐 주문하시겠어요?

네, 전 아히아꼬 하나 주세요.

저는 소브레바리가 엔 살사요.

저는 반데하 빠이사 하나 주세요.

네 알겠습니다. 금방 갖다 드릴게요.

저 종업원 엉덩이 좀 봐! 오리처럼 걷네. 그리고 말하는 것 들었어?

말더듬이 같던데! 라우라한테 홀딱 반했나 봐! 저 오리 어떻게 생각해?

진짜 웃기다!

잘 생각해 보니까 그리 나쁘진 않은데.

조심해. 저 사람 얼굴 보면 딱 바람둥이같이 생겼어.

왜 그렇게 말하는 건데?

그냥 그럴 수도 있다고!

" *La perseverancia es fallar 19 veces y tener éxito la vigésima.* - *Julie Andrews*
인내란 19번 실패하고 20번째 성공하는 것이다. - 줄리 앤드류스

Día 2 — *Historias distorsionadas*

다음 대화를 읽고 음성파일을 세 번 들으세요.

(Marcela habla con David en un parque)

David: ¿Qué es eso tan importante que me tenías que contar?

Marcela: ¡Imagínate que Laura **está enamorada de** ese mujeriego! Ella no sabe **en lo que se está metiendo**.

David: ¿De verdad? ¡Pensé que ella sólo estaba bromeando! **No quiero que le pase nada malo**… ¡Qué cosa tan horrible!

(Marcela habla con Laura por celular)

Marcela: ¡Mira! Te estoy llamando porque hay algo que **debes saber**. ¡David dijo que tú eras una cosa horrible!

Laura: ¿Cómo así? **No puedo creer que él hable mal de mí**. ¡**Estoy muy decepcionada de David**! Gracias por **ayudarme a abrir los ojos**.

Día 2 곡해된 이야기

(마르셀라가 공원에서 다비드와 이야기한다)

다비드: 나한테 꼭 얘기해야 한다는 중요한 얘기가 도대체 뭐야?

마르셀라: 라우라가 그 바람둥이한테 홀딱 빠졌다니까! 라우라는 지금 자기가 스스로를 어떤 상황으로 몰아넣고 있는지 상상도 못할 거야.

다비드: 진짜야? 난 라우라가 장난으로 하는 말인 줄 알았는데! 라우라한테 안 좋은 일이 생기는 건 원치 않아. 진짜 끔찍하다!

(마르셀라가 라우라와 전화로 이야기한다)

마르셀라: 봐봐! 네가 꼭 알아야 할 일이 있어서 전화하는 거야. 다비드가 너보고 진짜 끔찍하다고 했어!

라우라: 어떻게 그럴 수가 있지?! 걔가 나한테 그랬다는 게 믿기지가 않아. 다비드한테 정말 실망이야! 내가 모르는 걸 알게 해 줘서 고마워.

VOCABULARIO BÁSICO ■ **historia** 이야기 ■ **distorsionado(a)** 비뚤어진, 곡해된 ■ **hablar con alguien** 누구와 이야기하다 ■ **tan importante** 그렇게 중요한 ■ **tener que hacer algo (=deber hacer algo)** ~을 해야 하다 ■ **imaginar** 상상하다, 생각하다 ■ **mujeriego** 바람둥이 ■ **¿De verdad?** 정말이야? ■ **bromear** 농담하다 ■ **cosa** 것, 일 ■ **hablar con alguien por celular** ~와 전화로 이야기하다 ■ **hay** 있다 ■ **horrible** 끔찍한 ■ **¿Cómo así?** 어떻게 그럴수가 있니? ■ **Gracias por hacer algo** ~해 줘서 고마워

Nuevas EXPRESIONES

- **estar enamorado(a) de alguien** ~와 사랑에 빠지다

  'enamorado(사랑에 빠진)' 뒤에는 de가 옵니다. 다음은 사랑에 빠졌을 때 쓰는 대표적인 문장들입니다.

  - Estoy loco(a) por ti. 나 너한테 빠졌어.
  - Te quiero mucho. 나 너 좋아해.
  - Estoy enamorado(a) de ti. 나 너랑 사랑에 빠졌어.
  - Me gustas mucho. 나 네가 너무 좋아.
  - Me caes bien. 네 첫인상이 마음에 들어.

- **meterse en algo** (무엇에) 개입하다, 사이에 끼어들다

  meter는 '놓다(put)'의 동사인데 이를 se형으로 쓰면 '~에 개입하다'의 의미가 됩니다.

  - Ella no sabe en lo que se esta metiendo.
    그녀는 자기가 어떤 일에 개입하고 있는지 몰라요. → 그녀는 자기가 얼마나 위험한 일에 개입하고 있는지 몰라요.
  - Ella no sabe con quien se esta metiendo.
    그녀는 자기가 어떤 사람과 얽히고 있는지 몰라요. → 그녀는 자기가 얼마나 위험한 사람과 얽히고 있는지 몰라요.

- **No quiero que le pase nada malo** 안 좋은 일이 생기는 건 원하지 않아.

  No quiero que 뒤에 pasar 동사가 접속법(subjuntivo) 형태로 붙었습니다. 이렇게 querer que나 no querer que 뒤에는 접속법이 올 수 있습니다.

  - Mi hermano quiere que nosotros comamos commida más sana.
    내 동생은 우리가 더 건강한 음식을 먹기를 원해.
  - No quiero que la gente malgaste el agua. 사람들이 물 낭비를 안 하면 좋겠어.

- **《No creo que + 접속법(subjuntivo)》** ~가 믿기지가 않다

  creer que 뒤에는 indicativo가 붙지만 no creer que 뒤에는 대부분의 경우 subjuntivo가 붙습니다.

  - Creo que va a llover. 비가 올 것 같아. ↔ No creo que vaya a llover. 비가 안 올 것 같아.
  - Creo que es ella. 그건 그녀일 것 같아. ↔ No creo que sea ella. 그건 그녀가 아닐 것 같아.
  - Creo que voy a la fiesta. 난 확실히 파티에 갈 거야. ↔ No creo que vaya a la fiesta.
    난 파티에 가지 않을 것 같아.

- **hablar mal (de alguien)** (누군가에 대해) 나쁘게 이야기하다

  - ¿Por qué no deberías hablar mal de nadie? 왜 남의 험담을 하지 말아야 하는가?
  - Ten mucho cuidado con Mery porque ella habla mal de sus compañeros.
    메리 조심해. 그녀는 자기 동료에 대해 험담하거든.
  - 3 razones por las que nunca debes hablar mal de tu esposo.
    당신 남편에 대해 절대 나쁘게 말하지 말아야 할 세 가지 이유.

Marcela La Chismosa

- **¡Estoy muy decepcionada de David!** 다비드한테 정말 실망이야!

    decepcionado(a)는 '실망한'으로 estar decepcionado(a) de alguien은 '~에게 실망하다'입니다.
    - Estoy muy decepcionado de Daniel. 나 다니엘에게 매우 실망했어.
    - ¡Estoy muy decepcionada de ti! 나 너한테 정말 실망했어!

- **ayudar a alguien a hacer algo** ~가 …하도록 도와주다
    - Tengo que ayudar a mi abuela a bajar del autobús. 우리 할머니가 버스에서 내리게 도와드려야 해.
    - ¿Puedes ayudar a tu mamá a preparar la cena? 네 엄마 저녁 만드는 것 좀 도와줄래?

- **abrir los ojos** 모르던 것을 알게 되다

    원래 '눈을 뜨다'의 뜻이지만 전에 못 보던 것을 보게 된다는 맥락에서 '모르던 바를 알게 되다'의 의미도 됩니다.

각 문장을 듣고 따라 말하세요.

- ¿Qué es eso tan importante que me tenías que contar?
- ¡Imagínate que Laura está enamorada de ese mujeriego!
- Ella no sabe en lo que se está metiendo.
- ¿De verdad? ¡Pensé que ella sólo estaba bromeando!
- No quiero que le pase nada malo…
- ¡Qué cosa tan horrible!
- ¡Mira! Te estoy llamando porque hay algo que debes saber.
- ¡David dijo que tú eras una cosa horrible!
- ¿Cómo así? No puedo creer que él hable mal de mí.
- ¡Estoy muy decepcionada de David!
- Gracias por ayudarme a abrir los ojos.

PASO 3 우리말을 듣고 스페인어로 통역한 다음 스페인어로 쓰세요.

나한테 꼭 얘기해야 한다는 중요한 얘기가 도대체 뭐야?

라우라가 그 바람둥이한테 홀딱 빠졌다니까!

라우라는 지금 자기가 스스로를 어떤 상황으로 몰아넣고 있는지 상상도 못할 거야.

진짜야? 난 라우라가 장난으로 하는 말인 줄 알았는데!

라우라한테 안 좋은 일이 생기는 건 원치 않아.

진짜 끔찍하다!

봐봐! 네가 꼭 알아야 할 일이 있어서 전화하는 거야.

다비드가 너보고 진짜 끔찍하다고 했어!

어떻게 그럴 수가 있지?! 걔가 나한테 그랬다는 게 믿기지가 않아.

다비드한테 정말 실망이야!

내가 모르는 걸 알게 해 줘서 고마워.

> "Hay muchas, muchas más cosas delante que las que hemos dejado atrás.
> - *C.S. Lewis*
> 우리 앞에는 우리가 지나온 그 어떤 것들보다 훨씬 더 멋진 일들이 기다리고 있다. - C.S. 루이스

Día 3 — *Amistad casi rota*

PASO 1

다음 대화를 읽고 음성파일을 세 번 들으세요.

듣기 체크 ○○○

David: ¡Laura! ¿Qué estás haciendo? ¡Tú no puedes involucrarte con **ese tipo**!

Laura: **¿De qué estás hablando?**

David: Del mesero mujeriego del restaurante. Marcela me dijo que tú estabas saliendo con él.

Laura: ¿Marcela dijo eso? **¡Qué raro!** ¡No es cierto! Pero ahora ya entiendo por qué dices que soy una cosa horrible.

David: **¿Qué dices?**

Laura: Marcela me contó toda la historia y me dijo que tú habías dicho que yo era una cosa horrible.

David: ¡No lo puedo creer! Eso es **pura mentira**. Ah, espera un momento… Yo sí dije eso, pero no acerca de ti, sino de la situación. ¡Marcela es una **chismosa**!

Día 3 *거의 깨질 뻔한 친구 관계*

다비드: 라우라! 뭐 하는 거야? 너 그런 사람하고 얽히면 안 돼!

라우라: 무슨 소리 하는 거야?

다비드: 그 레스토랑 종업원 말이야. 마르셀라가 네가 그 사람 만난다고 나한테 다 이야기했어.

라우라: 마르셀라가 그랬다구? 참 이상하네! 그거 사실 아니야! 어찌됐건 네가 나한테 왜 아주 끔찍하다고 했는지 이제 이해가 된다.

다비드: 뭐라구?

라우라: 마르셀라가 나한테 다 이야기했거든! 네가 나보고 아주 끔찍한 사람이라고 했다고 말이야.

다비드: 믿기지가 않는다! 그것 완전 거짓말이야. 어, 잠깐만…… 내가 그런 말을 하긴 했는데 너에 대해서 한 게 아니라 그 상황에 대해서 이야기한 거야. 마르셀라, 완전 험담꾼이구나!

VOCABULARIO BÁSICO ■ amistad 우정 ■ casi 거의 ■ involucrarse (무엇에) 관계하고 있다 ■ mesero 종업원 ■ salir con alguien ~와 데이트를 하다 ■ entender 이해하다 ■ ¡No lo puedo creer! 그걸 믿을 수가 없다! ■ eso 그것 ■ espera un momento 잠깐만 (기다려) ■ acerca de … (=sobre …) ~에 대해 ■ no ~ sino … ~이 아니고 …이다

Nuevas EXPRESIONES

- **roto(a)** 깨진

    amistad casi rota에서 amistad는 여성명사이므로 형용사도 성수를 맞춰 rota로 써 주었습니다. 스페인어에서 형용사의 성수는 항상 앞에 오는 명사의 성수와 일치시킵니다.

    - La manzana es roja. 그 사과는 빨갛다.
    - El plátano es amarillo. 그 쁠라따노(바나나류 과일)는 노랗다.
    - La casa es bonita. 그 집은 예쁘다.

    > 성수를 갖고 있지 않은 스페인어 형용사
    >
    > La camisa es grande. 그 셔츠는 크다.
    > El libro es azul. 그 책은 파랗다.
    > Ella es pobre. 그녀는 가난하다.

- **ese tipo** 저런 놈/부류

    누군가를 경멸하는 듯한 어감으로 표현할 때 tipo라고 씁니다. 앞의 ese는 그 느낌을 더욱 강조하죠. 이 둘을 합쳐 ese tipo라고 하면 '저런 놈/저런 부류'의 의미로 이해하면 됩니다.

    - No me gusta ese tipo. 난 저런 부류는 싫어.
    - Es un tipo despreciable. 그(녀)는 비열한 인간이에요.

    tipo는 일반적으로 부정적인 의미를 갖지만 다음 문장처럼 뒤에 좋은 의미의 형용사를 붙이면 긍정적인 의미로 쓰일 수도 있습니다.

    - Es un tipo simpático. 그(녀)는 호감이 가는 부류야.
    - Miguel es un tipo muy idóneo. 미겔은 굉장히 적합한 사람이다.

- **¿De qué estás hablando?** 무슨 소리를 하는 거야?

    De qué는 '무엇으로/무엇에 관해'의 뜻으로 질문할 때 종종 쓰입니다.

    - ¿De qué te ríes? 너 뭐 때문에 웃어?
    - ¿De qué se trata? (=¿Cuál es el asunto?) 무슨 일이야?
    - ¿De qué está hecho el suelo? 그 바닥은 뭐로 만들어져 있지?

- **¡Qué raro!** 진짜 이상하다! / **¿Qué dices?** (그게) 무슨 말이야?

    Qué로 시작되는 비슷해 보이는 표현이지만 실제로는 큰 차이가 있습니다. ¡Qué raro!는 '¡Qué interesante! (진짜 흥미롭다!)'와 같이 qué 뒤에 형용사가 온 감탄문이고, ¿Qué dices?는 '¿Qué haces? (뭐해?)'와 같이 qué 뒤에 동사가 오는 일반적인 구조입니다. Qué가 쓰인 다음 감탄문들을 확인해 주세요.

- ¡Qué bonito(a)! 너무 예쁘다!   • ¡Qué vergüenza! 너무 부끄럽다!   • ¡Qué gracioso(a)! 진짜 웃기다!

- **pura mentira** 완전 거짓말

    puro(a)는 형용사로 '순수한'의 뜻이지만 본문과 같은 맥락에서는 '순전한'의 뜻으로 뒤에 오는 명사를 강조하는 의미가 됩니다. 다음 예를 참고해 주세요.
    - por casualidad 우연의 일치로 → por **pura** casualidad 순전한 우연의 일치로

- **chismoso(a)** 험담하기 좋아하는 사람
    - ¿Tu esposo es un **chismoso**? 댁의 남편은 험담을 좋아해요?

각 문장을 듣고 따라 말하세요.

- ¡Laura! ¿Qué estás haciendo?
- ¡Tú no puedes involucrarte con ese tipo!
- ¿De qué estás hablando?
- Del mesero mujeriego del restaurante.
- Marcela me dijo que tú estabas saliendo con él.
- ¿Marcela dijo eso? ¡Qué raro! ¡No es cierto!
- Pero ahora ya entiendo por qué dices que soy una cosa horrible.
- ¿Qué dices?
- Marcela me contó toda la historia y me dijo que tú habías dicho que yo era una cosa horrible.
- ¡No lo puedo creer! Eso es pura mentira.
- Ah, espera un momento...
- Yo sí dije eso, pero no acerca de ti, sino de la situación.
- ¡Marcela es una chismosa!

PASO 3 우리말을 듣고 스페인어로 통역한 다음 스페인어로 쓰세요.

라우라! 뭐 하는 거야? 너 그런 사람하고 얽히면 안 돼!

무슨 소리 하는 거야?

그 레스토랑 종업원 말이야.

마르셀라가 네가 그 사람 만난다고 나한테 다 이야기했어.

마르셀라가 그랬다구? 참 이상하네! 그거 사실 아니야!

어찌됐건 네가 나한테 왜 아주 끔찍하다고 했는지 이제 이해가 된다.

뭐라구?

마르셀라가 나한테 다 이야기했거든! 네가 나보고 아주 끔찍한 사람이라고 했다고 말이야.

믿기지가 않는다! 그것 완전 거짓말이야. 어, 잠깐만……

내가 그런 말을 하긴 했는데 너에 대해서 한 게 아니라 그 상황에 대해서 이야기한 거야.

마르셀라, 완전 험담꾼이구나!

" *La forma más segura de no fracasar es determinarse a tener éxito.*
- Richard Brinsley Sheridan
실패하지 않는 가장 확실한 방법은 성공하기로 결심하는 것이다. – 리차드 브린슬리 쉐리던

¡La chismosa es descubierta!

다음 대화를 읽고 음성파일을 세 번 들으세요.

(David y Laura **se acercan a Marcela**)

Marcela: *(con **tono** un poco preocupado)* ¡Hola amigos! ¿Qué tal?

Laura: ¡Qué chismosa eres! ¡Yo no estoy enamorada del mesero!

David: Yo **tampoco** dije que Laura era una cosa horrible, ¿qué te está pasando?

Marcela: Yo… Yo… Ay, no sé qué decir…

Laura: Tú tienes un problema grave. Nos metiste en chismes. ¡Casi **acabas con** nuestra amistad!

David: No eres realmente nuestra amiga. ¡Qué lástima!

Marcela: ¡Perdónenme! Lo siento mucho, no lo **volveré a hacer**… ¡Yo los quiero mucho!

David: *(mirando a Laura)* Laura, ¿qué opinas?

Laura: Pues, démosle otra oportunidad. Después de todo, ella es muy agradable.

Marcela: Muchas gracias *(con felicidad)*… ¡Yo pago la cuenta del almuerzo! A propósito, ¿saben lo que hizo Ernesto?

Laura y David: ¡Marcela!

Día 4 *밝혀진 험담의 진실!*
(다비드와 라우라가 마르셀라에게 가까이 다가간다)
마르셀라: (걱정스런 목소리로) 안녕, 친구들! 어떻게 지내?
라우라: 너 진짜 험담 잘하더라! 나 그 종업원한테 홀딱 반한 적 없거든!
다비드: 그리고 나도 라우라한테 끔찍한 사람이라고 한 적 없어. 도대체 왜 그런 거야?
마르셀라: 그게… 그게… 아, 무슨 말을 해야 할지 모르겠다…
라우라: 너 정말 심각한 문제를 갖고 있어. 우리한테 험담해서 친구 관계를 거의 위기에 빠뜨렸잖아!
다비드: 넌 이제 우리 친구가 아니야. 진짜 안됐다!
마르셀라: 용서해 줘! 진짜 미안해. 다시는 안 그럴게… 나 너희 정말 좋아한단 말이야!
다비드: (라우라를 쳐다보며) 라우라, 어떻게 생각해?
라우라: 새로운 기회를 한번 줘 보면 어떨까? 어찌됐건 마르셀라는 유쾌하잖아.
마르셀라: 진짜 고마워! (기뻐하며) 점심은 내가 살게! 그건 그렇고, 너희들 에르네스또가 무슨 짓 했는 줄 알아?
라우라와 다비드: 마르셀라!

Nuevas EXPRESIONES

- **descubierto(a)** 발견된, 발각된

  cubierto(a)는 형용사로 '(무엇으로) 덮인'의 뜻입니다. 이 앞에 des-를 붙이면 '(덮여서 보이지 않던 사실 따위가) 발견된'과 같이 cubierto(a)와 반대되는 의미를 갖게 됩니다. des-가 앞에 붙어 반대 의미가 되는 다음 단어들을 참고해 보세요.

  - obediente 순종하는 ↔ **des**obediente 불순종하는
  - cargar (짐을) 싣다 ↔ **des**cargar (짐을) 내리다
  - hacer 만들다 ↔ **des**hacer 분해하다
  - ahogo 걱정, 근심 ↔ **des**ahogo 해방감
  - orden 질서 ↔ **des**orden 무질서
  - cuidar 보살피다 ↔ **des**cuidar 소홀히 하다

- **acercarse a alguien** ~에게 가까이 다가가다
  - Me **acerqué a** un hombre y le pregunté la hora. 나는 한 남자에게 다가가서 시간을 물었다.
  - Marcela **se acercó a** su hermano. 마르셀라는 자기 동생에게 가까이 다가갔다.

- **tono** (목소리의) 톤
  - un **tono** duro 엄한 어조
  - un **tono** bajo 낮은 톤
  - un **tono** suave 부드러운 어조
  - un **tono** alto 높은 어조

- **tampoco** …도 (… 아니다)

  tampoco는 'también (…도, 역시, 또한)'과 반대되는 개념입니다. 부정문에 동의할 때 tampoco를 씁니다.

  - A: ¿Qué haces? 뭐 해?
    B: Nada. 아무것도 안 해.
    A: Yo **tampoco**. 나도 (아무것도 안 해).

  이 예문에서 nada가 쓰인 부정문에 대한 동의로 también이 아닌 tampoco를 썼습니다. 다음 예문은 반대의 경우로 상대방의 긍정적인 대답에 동의하는 것이기에 también이 쓰였습니다.

VOCABULARIO BÁSICO ▪ **preocupado(a)** 걱정하는 ▪ **¿Qué tal?** 어떻게 지내? ▪ **estar enamorado(a) de alguien** ~와 사랑에 빠지다 ▪ **meter en algo** (사람을 장소나 상황에) 놓다 ▪ **grave** 중대한, 심각한 ▪ **chisme** 험담 ▪ **casi** 거의 ▪ **amistad** 우정 ▪ **lástima** 유감스러움, 동정 ▪ **¡Qué lástima!** 참 불쌍하구나! ▪ **perdonar a alguien** ~를 용서하다 ▪ **mirar a alguien** ~를 보다 ▪ **pues** 음, 글쎄(영어의 well과 같은 뜻) ▪ **oportunidad** 기회 ▪ **después de todo** 어쨌든, 결국 ▪ **agradable** 다정한, 상냥한 ▪ **cuenta** 계산서 ▪ **almuerzo** 점심 ▪ **a propósito** (이야기를 처음 꺼낼 때) 그건 그렇고

- A: ¿Tú cantas bien? 너 노래 잘하니?
  B: Sí, claro. 그럼.
  A: Yo también canto bien. 나도 노래 잘하는데.

- **acabar con algo** ~을 끝내다, 그만두게 하다
  - La carta que me mandaste acabó con mi esperanza de verte.
    네가 내게 보낸 편지는 내가 너를 볼 수 있다는 희망을 없애 버렸다.
  - Google quiere acabar con las contraseñas. 구글이 비밀번호를 없애고 싶어한다.

- **volver a hacer algo** 다시 ~을 하다
  - Después de salir de la cárcel, vuelven a cometer nuevos delitos.
    그들은 감옥에서 나온 후 다시 새로운 범죄를 저지른다.

각 문장을 듣고 따라 말하세요.

- ¡Hola amigos! ¿Qué tal?
- ¡Qué chismosa eres! ¡Yo no estoy enamorada del mesero!
- Yo tampoco dije que Laura era una cosa horrible, ¿qué te está pasando?
- Yo... Yo... Ay, no sé qué decir...
- Tú tienes un problema grave.
- Nos metiste en chismes. ¡Casi acabas con nuestra amistad!
- No eres realmente nuestra amiga. ¡Qué lástima!
- ¡Perdónenme! Lo siento mucho, no lo volveré a hacer...
- ¡Yo los quiero mucho!
- Laura, ¿qué opinas?
- Pues, démosle otra oportunidad. Después de todo, ella es muy agradable.
- Muchas gracias. ¡Yo pago la cuenta del almuerzo!
- A propósito, ¿saben lo que hizo Ernesto?
- ¡Marcela!

PASO 3 우리말을 듣고 스페인어로 통역한 다음 스페인어로 쓰세요.

안녕, 친구들! 어떻게 지내?

너 진짜 험담 잘하더라! 나 그 종업원한테 홀딱 반한 적 없거든!

그리고 나도 라우라한테 끔찍한 사람이라고 한 적 없어. 도대체 왜 그런 거야?

그게... 그게... 아, 무슨 말을 해야 할지 모르겠다...

너 정말 심각한 문제를 갖고 있어.

우리한테 험담해서 친구 관계를 거의 위기에 빠뜨렸잖아!

넌 이제 우리 친구가 아니야. 진짜 안됐다!

용서해 줘! 진짜 미안해. 다시는 안 그럴게... 나 너희 정말 좋아한단 말이야!

라우라, 어떻게 생각해?

새로운 기회를 한번 줘 보면 어떨까? 어찌됐건 마르셀라는 유쾌하잖아.

진짜 고마워! 점심은 내가 살게!

그건 그렇고, 너희들 에르네스또가 무슨 짓 했는 줄 알아?

마르셀라!

Diario de Laura

다음 대화를 읽고 음성파일을 세 번 들으세요.

Fue un día difícil. No sabía que **a Marcela le gustaba** tanto el chisme. Estábamos en el restaurante y comenzó a hablar mal del mesero. Luego, ella **inventó** que yo estaba enamorada de él. También dijo que David me había tratado de 'cosa horrible'. Por culpa de ella, casi se acaba mi amistad con él. Estábamos tan enojados que fuimos a confrontarla. Ella **se disculpó** y prometió no volver a hacerlo. Sorprendentemente, un minuto después, ¡**comenzó a chismosear** acerca de Ernesto!

Día 5 *라우라의 일기*

오늘은 참 힘든 하루를 보냈다. 마르셀라가 뒷담화를 그렇게까지 좋아하는 줄 몰랐다. 우리가 식당에 있을 때 마르셀라는 종업원에 대해 험담하기 시작했다. 이후 그녀는 내가 그 종업원과 사랑에 빠졌다는 말을 지어냈다. 뿐만 아니라 다비드가 나에게 나쁜 말을 했다고 거짓말을 했다. 그녀의 잘못으로 우리 둘의 친구 관계가 거의 깨질 뻔했다. 너무 화가 나서 우리는 마르셀라를 대면하러 갔다. 그녀는 미안하다는 말과 함께 다시는 안 그러겠다고 약속했다. 놀랍게도 마르셀라는 얼마 지나지 않아 에르네스토에 대해 험담하기 시작했다!

VOCABULARIO BÁSICO   ▪ **tanto** 그렇게 많이   ▪ **luego** 후에   ▪ **estar enamorado(a) de alguien** ~와 사랑에 빠지다   ▪ **tratar** 취급하다   ▪ **por culpa de alguien** ~의 잘못으로   ▪ **acabarse** 끝나다   ▪ **confrontar** (곤란 등에) 정면에서 부딪히다   ▪ **prometer** 약속하다   ▪ **volver a hacer algo** 전에 했던 ~을 반복하다   ▪ **sorprendentemente** 놀랍게도   ▪ **después** (시간) 후에   ▪ **acerca de...** (=sobre...) ~에 대해

Nuevas EXPRESIONES

- **a alguien le gusta algo** 누가 ~를 좋아하다

단순히 '누가 ~을 좋아하다'로 생각하다가는 헷갈릴 수 있으므로 원어의 느낌 그대로 정리해 보겠습니다. 다음 문장을 보세요.

- A mi me gusta el helado. 아이스크림이 나를 즐겁게 해. → 나는 아이스크림을 좋아해.
- A los gatos les gusta el pescado. 물고기는 고양이들을 즐겁게 해. → 고양이들은 물고기를 좋아해.
- ¿Te gustan los chocolates? 초콜릿들이 너를 즐겁게 하니? → 넌 초콜릿을 좋아하니?
- A ellos les gustan los libros. 책들은 그들을 즐겁게 해. → 그들은 책을 좋아해.

첫 번째 문장에서 a mi를 생략하고 me gusta el helado라고 해도 상관 없습니다. helado가 나를 즐겁게 (gusta) 하는 주체입니다. 두 번째 문장에서의 los gatos는 les와 동일합니다. 간접목적어인 les만 써서 les gusta el pescado라고 하면 문장이 불분명해지기 때문에 a los gatos를 앞에 붙여 간접목적어가 누구를 가리키는지 확실하게 명시합니다. pescado(물고기)가 그들(los gatos)을 즐겁게 하는 주체입니다. 세 번째 문장에서 A ti는 te gustan 앞에 붙일 수도 있지만 생략될 수도 있습니다. 통상적으로 3인칭 문장을 제외하고 a mi / a ti / a nosotros 부분은 생략합니다. 상대방을 즐겁게 하는 초콜릿이 단수가 아닌 복수(chocolates)이므로 gustar 동사도 복수형인 gustan으로 써 주었습니다. 네 번째 문장에서 les는 ellos이고 libros가 복수이기 때문에 gustan이 쓰였습니다. 다음 문장을 보세요.

- Me gustas. 넌 나를 기쁘게 해. → 난 네가 좋아.
- Ya no te gusto. 내가 너를 더 이상 기쁘게 하지 않네. → 넌 내가 싫어진 거야.

첫 번째 문장은 상대방한테 고백할 때, 두 번째 문장은 상대방이 나를 싫어하게 되었을 때 쓸 수 있는 문장입니다.

- **inventar** 발명하다, 날조하다, 조작하다

없는 물건이나 기술을 만들어 내는 것을 '발명한다'고 하죠? 비슷한 맥락으로 없던 일을 있었던 것처럼 날조하는 걸 이 inventar 동사를 써서 표현한다는 사실을 기억하세요.

- **disculparse** (무엇에 대해) 사죄하다
  - Ella se disculpó de sus errores. 그녀는 본인의 실수에 대해 사죄했다.

- **comenzar a hacer algo** ~하기를 시작하다
  - Pueden comenzar a comer. 당신들 먹기 시작해도 돼.
  - Los invitados ya han comenzado a llegar. 손님들이 벌써 도착하기 시작했다.

각 문장을 듣고 따라 말하세요.

- Fue un día difícil.
- No sabía que a Marcela le gustaba tanto el chisme.
- Estábamos en el restaurante y comenzó a hablar mal del mesero.
- Luego, ella inventó que yo estaba enamorada de él.
- También dijo que David me había tratado de 'cosa horrible'.
- Por culpa de ella, casi se acaba mi amistad con él.
- Estábamos tan enojados que fuimos a confrontarla.
- Ella se disculpó y prometió no volver a hacerlo.
- Sorprendentemente, un minuto después, ¡comenzó a chismosear acerca de Ernesto!

PASO 3 우리말을 듣고 스페인어로 통역한 다음 스페인어로 쓰세요.

오늘은 참 힘든 하루를 보냈다. 마르셀라가 뒷담화를 그렇게까지 좋아하는 줄 몰랐다. 우리가 식당에 있을 때 마르셀라는 종업원에 대해 험담하기 시작했다. 이후 그녀는 내가 그 종업원과 사랑에 빠졌다는 말을 지어냈다. 뿐만 아니라 다비드가 나에게 나쁜 말을 했다고 거짓말을 했다. 그녀의 잘못으로 우리 둘의 친구 관계가 거의 깨질 뻔했다. 너무 화가 나서 우리는 마르셀라를 대면하러 갔다. 그녀는 미안하다는 말과 함께 다시는 안 그러겠다고 약속했다. 놀랍게도 마르셀라는 얼마 지나지 않아 에르네스토에 대해 험담하기 시작했다!

PASO 4 주어진 표현을 활용해 여러분만의 스페인어 문장을 쓰세요.

❶ a alguien le gusta algo 활용

❷ comenzar a hacer algo 활용

〞 잠깐

한국말에는 스페인어에 없는 모음이 많아서 우리 한국 이름을 그대로 소개하면 원어민들은 잘 못 알아들을 수 밖에 없습니다. 그래서 스페인어 원어민을 만나기 전에 가장 먼저 해야 하는 것은 스페인어 이름을 정하는 것입니다. 여러분들은 스페인어 이름하면 어떤 이름이 떠오르나요? 산체스? 윌프레도? 돈 키호테? 이렇게 촌스러운(?) 이름으로 작명했다가는 두고두고 후회할 수 있습니다. 좀 더 세련된 이름을 갖고 싶은데 참고할 자료가 없다고요? 걱정하지 마세요. 이번에는 각 나라별로 2015년도에 아이들 이름으로 어떤 것을 선호했는지 알려 드리겠습니다. 최신 트렌드인 만큼 여러분이 원하는 이름을 찾을 수도 있을 테니 눈을 크게 뜨고 찾아보시길 바랍니다.

1. 멕시코

- 남 Alejandro / Eduardo / Miguel Ángel / Diego / Jorge / Francisco Javier / Rodrigo / Sebastián / Leonardo / Mateo
- 여 Ximena / Valeria / Gabriela / María Fernanda / Valentina / Sofía / Daniela / Guadalupe / Renata / Victoria

2. 스페인

- 남 Hugo / Daniel / Pablo / Alejandro / Álvaro / Adrián / David / Javier / Lucas / Nicolás
- 여 Lucía / Paula / Daniela / Martina / Carla / Sara / Sofía / Valeria / Alba / Claudia

3. 아르헨티나

- 남 Lucas / Juan Manuel / Santino / Matías / Luis Alberto / Miguel Ángel / Nicolás / Ian / Jorge / Juan Pablo
- 여 Sofía / María Laura / Mia / Valentina / Alma / María Victoria / Martina / Camila / Catalina / Zoe

쉬어가기

4. 콜롬비아

> 남 Juan David / Santiago / Andrés Felipe / Nicolás / Juan Diego / Juan Esteban / Alexander / Samuel / Carlos Andrés / Daniel
> 여 Valentina / Paula Andrea / Sofía / Mariana / Ana María / Sandra Milena / Carolina / Natalia / María Alejandra / Isabella

5. 페루

> 남 Luis / Alberto / Edgar / Martín / Alejandro / Jorge / Daniel / William / Víctor / David
> 여 Elizabeth / Rosa / Carmen / María / Patricia / Daniela / Adriana / Luz / Pilar / Paula

이번 장에서 거침없는 뒷담화를 보여준 '마르셀라'의 이름은 '젊은 전사'라는 뜻을 갖고 있는데요. 그녀가 했던 행동들이 이름의 뜻과 묘하게 일치하는 것 같습니다. 이름을 지을 때는 어감이 예쁜지 안 예쁜지도 따져 봐야겠지만 그보다 더 중요한 것은 이름이 가진 의미일 것입니다. 앞에서 정리한 이름들 중 인기 있는 몇몇 이름을 선정해서 그 뜻을 간단히 소개하면 다음과 같습니다.

Daniel: 히브리 문화에서 유래한 남자이름으로 '신의 정의'란 뜻을 갖고 있습니다. 부드러우면서도 강한 느낌을 주는 이름으로 스페인어권을 포함한 여러 나라에서 쓰이는 이름입니다.

Alejandro: 그리스 문화에서 유래된 남자이름으로 '사람을 지키는 자'란 뜻이 있습니다. 스페인어 문화권에서 널리 쓰이는 이름입니다. 끝의 o를 a로 바꿔 여자이름으로 쓰기도 합니다.

Nicolás: 그리스 문화에 기반을 둔 이름으로 '승리하는 사람들'이란 의미의 nikolatos에서 나온 남자이름입니다. 성 니콜라스라는 유명한 성인이 있어서인지 가톨릭 신앙에 기반을 둔 스페인어권에서 많이 쓰이는 이름입니다.

Sofía: '지혜'라는 뜻을 가진 그리스어에서 나온 여자이름입니다. 좋은 뜻을 가진 만큼 여러 나라에서 많이 쓰이는데 미국에서는 Sophia와 같이 ph로 쓰는 경향이 있습니다.

Valentina: '건강, 힘'을 나타내는 라틴어 'valens'에서 나온 여자이름입니다. 어감상 제가 개인적으로 좋아하는 이름입니다.

Paula: 'petite'라는 라틴어에서 온 이름으로 '작은'이란 뜻입니다. 오래된 이름임에도 작고 귀여운 이미지 때문인지 아직도 많이 쓰입니다.

CAPÍTULO

8

Viaje Diario al Trabajo

Viaje Diario al Trabajo
쉽지 않은 통근 길

Día **1**
Una llamada de Valentina
발렌티나의 전화

Día **2**
Experiencias desagradables en el bus
버스에서 겪는 고충

Día **3**
Un engaño chistoso
웃긴 속임수

Día **4**
Una idea genial
기가 막힌 아이디어

Día **5**
Diario de Andrés
안드레스의 일기

Una llamada de Valentina

다음 대화를 읽고 음성파일을 세 번 들으세요.

(El teléfono está timbrando)

Andrés: **¿Aló? ¿Con quién hablo?**

Valentina: ¡Hola! Hablas con Valentina. ¿Cómo te ha ido? **Te he estado pensando.**

Andrés: **¡Qué milagro que me llames!** Pues yo bien, pero un poco cansado de estar viajando todos los días al trabajo. Me gasto como **dos horas de ida y dos de vuelta. Estoy muy aburrido con eso.**

Valentina: ¿De verdad? Mi trabajo en cambio **queda** a dos cuadras de mi casa. Y aun así, casi siempre llego tarde.

Andrés: **¡Es el colmo! ¡Cuánto daría yo por estar en tu lugar!**

Día 1 발렌티나의 전화
(전화기가 울린다)
안드레스: 여보세요? 누구세요?
발렌티나: 안녕! 나 발렌티나야. 어떻게 지내? 너에 대해 생각하고 있었는데.
안드레스: 네가 전화를 다하다니 믿을 수가 없네! 뭐 난 잘 지내. 만날 출퇴근하느라 고생하는 것 빼고 말이야. 출근할 때 두 시간, 퇴근할 때 두 시간을 쓴다니까. 만날 그 고생하는 것도 지겹다 이제.
발렌티나: 진짜? 내 직장은 우리 집에서 두 블록 거리인데. 그런데도 만날 늦어.
안드레스: 말도 안돼! 내가 너 같은 상황이라면 얼마나 좋을까!

VOCABULARIO BÁSICO ■ **llamada** 전화 ■ **timbrar** 소리가 울리다 ■ **¿Cómo te ha ido?** (=¿Cómo estás?) 어떻게 지내? ■ **pues** (말문을 꺼낼 때 쓰는 의미 없는 표현) 음 ■ **un poco** 조금 ■ **cansado(a)** 피곤한, 지친 ■ **viajar** 여행하다 ■ **todos los días** 매일 ■ **trabajo** 직업, 직장 ■ **gastar** 쓰다 ■ **como** 대략, 거의 ■ **en cambio** 반면에, 반대로 ■ **aun así** 그렇기는 하지만, 그럼에도 불구하고 ■ **llegar tarde** 늦게 도착하다

> **Nuevas EXPRESIONES**

- **¿Aló?** (전화 통화 시) 여보세요?

    주로 남미에서 전화 받을 때 쓰이는 표현인데, 간단히 ¿Sí? 하면서 받기도 합니다. 멕시코에서는 ¿Bueno?, 스페인에서는 ¿Dígame?를 쓰기도 합니다. 전화 받을 때 다짜고짜 'Dígame (말해 봐요)'라고 하는 게 무례한 것 같지만 일반적으로 널리 쓰이는 표현이므로 부담 없이 쓰면 됩니다.

    > **멕시코에서는 ¿Bueno? 하면서 전화를 받는 이유**
    >
    > 오래 전 멕시코에 전화기가 처음 도입되었을 때 통화 음질이 좋지 않았습니다. 그래서 항상 교환원은 통화의 음질이 좋은지 안 좋은지 판단하고서 전화 연결을 시켜 주었습니다. 이때 통화 음질이 괜찮다고 쓰이던 'Bueno (좋아)'가 시간이 지나 '여보세요'의 의미를 갖게 된 것이죠.

- **¿Con quién hablo?** (전화 통화 시) 누구세요?

    같은 의미로 ¿Quién es?라고 쓸 수도 있습니다. 이 질문에 대한 대답은 〈Soy + (본인 이름)〉 또는 〈Hablas con+(본인 이름)〉으로 하면 됩니다.

- **Te he estado pensando** 너에 대해서 생각하고 있었어

    he estado haciendo algo는 '내가 ~을 해 오고 있어'로 영어의 I have been doing ~과 같습니다.
    - ¿Qué has estado haciendo? (지금까지) 뭐하고 있었어?
    - He estado practicando mi español. (지금까지) 스페인어 연습하고 있었어.

- **¡Qué milagro que me llames!** 놀랍게도 네가 나한테 전화를 다하는구나!

    milagro는 '기적'입니다. 앞에 Qué를 붙이면 '대단한 기적이다'와 같은 감탄문이 만들어집니다. 오랫만에 친구를 만난 반가움을 이 표현을 써서 다음과 같이 말할 수 있습니다.
    - ¡Qué milagro verte aquí! 여기서 널 다 보다니!

- **ida y vuelta** 왕복 여행

    ida는 '떠남'이고 vuelta는 '귀환'입니다. 이 둘을 합치면 '왕복 (여행)(= round trip)'이란 뜻이 됩니다.
    - Quiero comprar un ticket de ida y vuelta. 왕복 티켓으로 하나 사고 싶어요.

- **aburrido(a)** 지루한, 진저리나는

    aburrido에는 '지루한' 외에 '진저리나도록 싫은'의 뜻도 있습니다. 여기서는 후자의 뜻입니다.
    - Estoy aburrido de mi trabajo, pero no tengo ahorros, ¿qué hago?
      전 제 일이 진저리나게 싫은데 저축한 돈은 없어요. 뭘 해야 하죠?

- **quedar** 있다, 남다, …에 있다, 위치하다

    일반적으로는 '남다'의 의미로 쓰이지만 '~에 있다'와 같이 위치를 나타낼 때도 많이 쓰입니다.
    - Sólo le **quedan** $2 para comprar el regalo. 그한테는 선물 살 돈이 2달러 밖에 없어. (남다)
    - Mi casa **queda** muy cerca de la estación. 우리 집은 역에서 가까워. (위치하다)

- **Es el colmo!** 그거 너무한다!, 믿을 수 없어!

    colmo는 '(철철 넘칠 만큼) 수북이 올림'의 뜻을 지닌 명사입니다. Es el colmo는 직역하면 '그것이 한계에 달했다'로 '그거 너무한다'의 의미가 됩니다.

- **Cuánto daría yo por estar en tu lugar** 너와 같은 상황이 될 수 있다면 난 뭐든지 할 텐데.

    직역하면 '너와 같은 위치에 있기 위해 내가 얼마나 많은 것을 줄까'이지만, 의역하면 위의 뜻이 됩니다.
    - ¿**Cuánto daría yo por** tenerte aquí conmigo? 당신을 나와 함께 있게 할 수 있다면 난 뭐든지 할 텐데.
    - **Cuanto daría por** verte. 널 볼 수 있다면 뭐든 할 텐데.

각 문장을 듣고 따라 말하세요.

- ¿Aló? ¿Con quién hablo?
- ¡Hola! Hablas con Valentina.
- ¿Cómo te ha ido? Te he estado pensando.
- ¡Qué milagro que me llames!
- Pues yo bien, pero un poco cansado de estar viajando todos los días al trabajo.
- Me gasto como dos horas de ida y dos de vuelta.
- Estoy muy aburrido con eso.
- ¿De verdad? Mi trabajo en cambio queda a dos cuadras de mi casa.
- Y aun así, casi siempre llego tarde.
- ¡Es el colmo!
- ¡Cuánto daría yo por estar en tu lugar!

 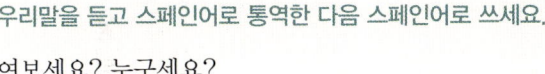

여보세요? 누구세요?

안녕! 나 발렌티나야.

어떻게 지내? 너에 대해 생각하고 있었는데.

네가 전화를 다하다니 믿을 수가 없네!

뭐 난 잘 지내. 만날 출퇴근하느라 고생하는 것 빼고 말이야.

출근할 때 두 시간, 퇴근할 때 두 시간을 쓴다니까.

만날 그 고생하는 것도 지겹다 이제.

진짜? 내 직장은 우리 집에서 두 블록 거리인데.

그런데도 만날 늦어.

말도 안돼! 내가 너 같은 상황이라면 얼마나 좋을까!

❝ El arte de ser sabio es el arte de saber qué dejar pasar por alto. - *William James*
현명해지는 기술은 무엇을 무엇을 묵과해야 하는가를 아는 것이다. - 윌리엄 제임스

Día 2 — *Experiencias desagradables en el bus*

PASO 1

다음 대화를 읽고 음성파일을 세 번 들으세요.

듣기 체크 ○○○

Andrés: Me pasan cosas muy desagradables casi todos los días. Esta mañana, por ejemplo, alguien **se tiró un pedo** en el bus. **¡Olía asqueroso!** Quería salir corriendo, pero no me podía bajar del bus porque estaba muy tarde.

Valentina: **Tú estás muy de malas**.

Andrés: El otro día **me tocó correr** para alcanzar el bus y cuando me subí estaba jadeando así *(heh heh)*. Había una muchacha **delante mío** quien pensó que yo era un pervertido que la estaba **morboseando**. Entonces, **se dio vuelta** y me cacheteó como 4 veces.

Valentina: **¡Ay, pobrecito!**

Día 2 버스에서 겪는 고충

안드레스: 버스를 타면 매일같이 안 좋은 일을 겪게 돼. 예를 들면, 오늘 아침에 누군가 방귀를 끼는 거야. 냄새가 정말 지독했어! 밖으로 뛰쳐나가고 싶었는데 늦을까 봐 그러지도 못했어.

발렌티나: 정말 운도 지지리 없구나.

안드레스: 일전에 버스를 잡기 위해 뛰어가야 했어. 버스에 올랐을 때 이렇게 (헉헉대며) 숨을 몰아쉬고 있었지. 내 앞에 젊은 여자 하나가 있었는데 내가 본인한테 나쁜 짓 하는 변태인 줄 알았나 봐. 뒤를 돌아보더니 내 뺨을 무려 네 대나 때리는 것 있지.

발렌티나: 아, 불쌍해!

VOCABULARIO BÁSICO ■ **experiencia** 경험 ■ **desagradable** (↔agradable) 불쾌한 ■ **pasar** (일이나 사건이) 생기다, 발생하다 ■ **casi todos los días** 거의 만날 ■ **por ejemplo** 예를 들면 ■ **salir** 떠나다, 나오다 ■ **corriendo** 허둥지둥 ■ **no podía hacer algo** ~을 할 수 없었다 ■ **tarde** 늦은 ■ **el otro día** 최근에 (일전에) ■ **alcanzar** 도달하다, 따라잡다 ■ **jadear** 숨을 헐떡거리다 ■ **así** 이렇게 ■ **muchacho(a)** 소년, 소녀, 젊은 사람 ■ **pervertido** 변태 ■ **cachetear** 손바닥으로 얼굴을 때리다

> **Nuevas EXPRESIONES**

- **tirarse un pedo** 방귀를 뀌다

    tirar는 '던지다'의 뜻을 가진 동사입니다. tirarse un pedo는 '방귀를 던지다', 다시 말해 '방귀를 뀌다'의 의미가 됩니다.

    - Alguien se tiró un pedo en el ascensor. 누군가가 엘리베이터에서 방귀를 뀌었어.

- **¡Olía asqueroso!** 냄새가 지독했어!

    oler는 동사로 '냄새가 나다'입니다. 동사가 불규칙하게 변화하니 주의해 주세요. asqueroso는 형용사로 '구역질이 나는'의 뜻입니다.

    - Este plato huele bien. 이 요리는 향이 좋군요.
    - Este pescado huele mal. 이 물고기는 냄새가 나쁘네요.
    - ¡Este pescado huele asqueroso! 이 물고기는 냄새가 지독하네요!

- **estar de malas** 기분이 안 좋다, 운도 지지리 없다

    콜롬비아를 포함한 몇몇 나라에서는 이 표현을 운이 나쁘다는 의미로 사용합니다. 일반적으로는 '기분이 안 좋다'의 의미로 쓰지요. 본문에서는 '운이 나쁘다'의 의미로 쓰였습니다. 좀 더 평범한 표현으로는 ¡Qué mala suerte!가 있습니다.

    - ¿Estás de malas? Estos siete alimentos te ayudarán a ponerte de buen humor.
      기분이 안 좋으세요? 다음 7가지 음식이 당신 기분을 좋아지게 할 거예요.

- **(a alguien) le toca hacer algo** 누군가가 무엇을 해야만 한다

    tener que hacer algo와 같은 의미의 표현입니다.

    - Te toca ir a la biblioteca. → [Tú] tienes que ir a la biblioteca. 너 도서관에 가야만 해.
    - A ellos les toca vivir en la ciudad. → [Ellos] tienen que vivir en la ciudad.
      그들은 도시에서 살아야만 해.
    - Nos toca salir rapido. → [Nosotros] tenemos que salir rápido. 우리는 빨리 떠나야 해.

- **delante mío** 내 앞에

    스페인어 국가 중 아르헨티나를 포함한 많은 나라에서 delante mío를 쓰지만 문법적으로 좀 더 정확한 표현은 delante de mí입니다. 따라서 이 두 표현을 같이 봐 두면 좋습니다.

- **morbosear** 위 아래로 훑다

  명사 morbo는 '흥분'의 뜻인데 이 단어는 '어떤 사람을 성적인 시각으로 위 아래 쭉 훑어보다'의 뜻이 될 수 있습니다. 비슷하게 생긴 동사로 manosear가 있는데 '만지다, 주무르다'의 뜻입니다.

- **darse (la) vuelta** 뒤돌아보다

  darse vuelta는 voltear와 같이 '뒤돌아보다'의 의미가 있습니다. darse una vuelta와 같이 una가 붙는 경우 '한 바퀴 돌다, 산책하다'의 뜻이 되기도 합니다.

  - Quiero dar una vuelta en la bicicleta. 자전거 타고 한 바퀴 돌고 싶어. (산책하다)
  - Si te das (la) vuelta verás una maravillosa playa. 뒤돌아보면 아름다운 해변을 볼 수 있을 거야. (뒤돌아보다)

- **¡Ay, pobrecito!** 아, 불쌍하기도 하지!

  pobre는 형용사로 '불쌍한'의 뜻입니다. 이를 pobrecito(a)로 바꾼 후 감탄문을 만들면 상대방의 불쌍한 처지를 동정하는 표현이 됩니다.

각 문장을 듣고 따라 말하세요.

- Me pasan cosas muy desagradables casi todos los días.
- Esta mañana, por ejemplo, alguien se tiró un pedo en el bus.
- ¡Olía asqueroso!
- Quería salir corriendo, pero no me podía bajar del bus porque estaba muy tarde.
- Tú estás muy de malas.
- El otro día me tocó correr para alcanzar el bus y cuando me subí estaba jadeando así (heh heh).
- Había una muchacha delante mío quien pensó que yo era un pervertido que la estaba morboseando.
- Entonces, se dio vuelta y me cacheteó como 4 veces.
- ¡Ay, pobrecito!

우리말을 듣고 스페인어로 통역한 다음 스페인어로 쓰세요.

버스를 타면 매일같이 안 좋은 일을 겪게 돼.

예를 들면, 오늘 아침에 누군가 방귀를 끼는 거야.

냄새가 정말 지독했어!

밖으로 뛰쳐나가고 싶었는데 늦을까 봐 그러지도 못했어.

정말 운도 지지리 없구나.

일전에 버스를 잡기 위해 뛰어가야 했어. 버스에 올랐을 때 이렇게 숨을 몰아쉬고 있었지.

내 앞에 젊은 여자 하나가 있었는데 내가 본인한테 나쁜 짓 하는 변태인 줄 알았나 봐.

뒤를 돌아보더니 내 뺨을 무려 네 대나 때리는 것 있지.

아, 불쌍해!

> Nunca eres demasiado viejo para tener una nueva meta o para tener un nuevo sueño. - *C.S. Lewis*
> 새로운 목표를 갖고 새로운 꿈을 꾸는 일에는 나이가 중요치 않다. - C.S. 루이스

Un engaño chistoso

다음 대화를 읽고 음성파일을 세 번 들으세요.

Valentina: ¿Y qué pasó después de las cachetadas?

Andrés: Pues **todo el mundo creyó** que era verdad. Entonces, me tuve que bajar y **coger** el siguiente bus. Por supuesto, llegué tarde ese día.

Valentina: Cuando yo trabajaba lejos, también tenía experiencias similares. ¿Puedes creerlo? Casi siempre tenía que irme de pie. Y cuando **lograba sentarme**, siempre tenía que **cederle mi puesto a algún anciano**. Un día, **de pura rabia**, me coloque una almohada en la barriga para hacerles creer que estaba embarazada y así poderme ir sentada.

Andrés: ¡Qué chistoso eso!

Valentina: Finalmente, encontré una solución que realmente me **sirvió**.

Día 3 웃긴 속임수

발렌티나: 그래서 뺨 맞고 나서 어떻게 됐어?

안드레스: 그게, 모든 사람들이 그 주장이 사실이라고 생각하는 거야. 그래서 내려서 다음 버스를 타야 했어. 당연히 그날 회사에 늦게 도착했고.

발렌티나: 집에서 멀리 있는 회사를 다닐 때 나도 역시 비슷한 경험을 했어. 거의 맨날 서서 다녔다고 하면 믿을 수 있겠니? 어쩌다가 자리에 앉기라도 하면 꼭 나이 드신 분께 자리를 양보하게 되더라고. 하루는 너무 짜증이 나서 사람들한테 임신부처럼 보여서 앉아 가려고 배에다 베개를 넣고 탔었어.

안드레스: 그거 진짜 웃기다!

발렌티나: 그러다가 드디어 좋은 해결책을 찾아냈어.

VOCABULARIO BÁSICO ■ **engaño** 사기, 속임수 ■ **chistoso(a)** 우스운, 재미나는 ■ **después de ...** ~한 후에 ■ **cachetada** 뺨 때림, 따귀 ■ **verdad** 사실 ■ **entonces** 그리고 나서, 그 다음에 ■ **bajar** 내리다 ■ **el siguiente bus** 다음 버스 ■ **por supuesto** 물론, 당연히 ■ **lejos** 멀리 ■ **similar** 비슷한 ■ **ir de pie** 서서 가다 (참고 ir a pie 걸어 가다) ■ **colocar** 놓다, 배치하다 ■ **almohada** 베개 ■ **barriga** 배 ■ **embarazada** 임신한 ■ **finalmente** 마침내, 결국 ■ **encontrar algo** ~을 찾다 ■ **solución** 해결책

Nuevas EXPRESIONES

- **todo el mundo** 모든 사람들

  직역하면 '세상 모두'이지만 실제로는 '모든 사람들'로 의역할 수 있습니다.

  - Todo el mundo me dice que tengo que hacer ejercicio. 모두들 내게 운동을 해야 한다고 말해.
  - Todo el mundo dice que él está cambiado. 모두들 그가 바뀌었다고 이야기한다.
  - Lo sabe todo el mundo. 그건 모든 사람이 다 알고 있어.

- **creer** 믿다

  creer는 불규칙 동사로 직설법 과거형의 변환은 다음과 같습니다.

(yo) creí	(nosotros) creímos
(tú) creíste	(vosotros) creísteis
(él) creyó	(ustedes) creyeron

- **coger** 잡다, (탈것에) 오르다

  아르헨티나를 포함한 몇몇 남미 국가에서 coger란 단어는 성적인 의미를 갖기에 터부시되고 있습니다. 이런 나라에서는 coger 대신 tomar 단어를 쓰는 게 좋습니다. 하지만 스페인을 포함한 다른 나라에서는 coger를 아무런 거리낌 없이 씁니다.

  - Vamos a coger el autobús. = Vamos a tomar el autobús. 우리는 버스를 탈 것이다.

- **lograr hacer algo** 힘들게 ~을 해내다

  - El náufrago logró llegar a tierra firme. 그 조난자는 육지에 (고생 끝에) 도착할 수 있었다.
  - No muchos jugadores logran llegar al nivel profesional. 많은 축구선수들이 프로가 되는 것에 실패한다.

- **cederle mi puesto a algún anciano** 내 자리를 어떤 노인에게 양보하다

  ceder는 동사로 '(누군가에게) 양보하다', puesto는 명사로 '장소, 자리'의 뜻입니다. anciano는 '노인'의 뜻이 있지요. 이 문장 구조와 같이 le(그에게)를 간접 목적어로 쓰고 뒤에 a alguien으로 le가 누구인지 자세하게 말하는 이런 형태는 스페인어에서 매우 흔한 구조입니다. 다음 문장들을 참고해 보세요.

  - Le tengo miedo a Miguel. 나는 그에게 두려움이 있어 미겔에게. → 나는 미겔이 무서워.
  - El mesero le dice al dueño del bar. 종업원은 그에게 말한다 바의 주인에게. → 종업원은 바의 주인에게 말한다.
  - No sabía que a Marcela le gustaba tanto el chisme. 마르셀라에게 그런 줄 몰랐다 그녀에게 뒷담화가 그렇게까지 기쁨을 주는지. → 마르셀라가 뒷담화를 그렇게까지 좋아하는지 몰랐다.
  - Yo le mentí a Laura. 나는 그녀에게 거짓말했다 라우라한테. → 나는 라우라한테 거짓말했다.

- **de pura rabia** 순전히 화가 나서

  여기서의 de는 '… 때문에, …로'와 같이 원인을 나타내는 역할을 합니다.
  - Ella no podía moverse de miedo. 그녀는 두려움으로 움직일 수가 없었다. → 그녀는 두려워서 움직일 수가 없었다.
  - Ellos saltaron de alegría. 그들은 기쁨으로 뛰었다. → 그들은 기뻐서 뛰었다.
  - Él lloró de risa. 그는 웃다가 눈물이 났다. → 그는 (하도) 웃느라 눈물이 났다.

- **servir** 봉사하다, 도움이 되다
  - Este libro sirve mucho para estudiar español. 이 책은 스페인어를 공부하는 데 큰 도움이 된다.

각 문장을 듣고 따라 말하세요.

- ¿Y qué pasó después de las cachetadas?
- Pues todo el mundo creyó que era verdad.
- Entonces, me tuve que bajar y coger el siguiente bus.
- Por supuesto, llegué tarde ese día.
- Cuando yo trabajaba lejos, también tenía experiencias similares.
- ¿Puedes creerlo? Casi siempre tenía que irme de pie.
- Y cuando lograba sentarme, siempre tenía que cederle mi puesto a algún anciano.
- Un día, de pura rabia, me coloque una almohada en la barriga para hacerles creer que estaba embarazada y así poderme ir sentada.
- ¡Qué chistoso eso!
- Finalmente, encontré una solución que realmente me sirvió.

PASO 3 우리말을 듣고 스페인어로 통역한 다음 스페인어로 쓰세요.

그래서 뺨 맞고 나서 어떻게 됐어?

그게, 모든 사람들이 그 주장이 사실이라고 생각하는 거야.

그래서 내려서 다음 버스를 타야 했어.

당연히 그날 회사에 늦게 도착했고.

집에서 멀리 있는 회사를 다닐 때 나도 역시 비슷한 경험을 했어.

거의 만날 서서 다녔다고 하면 믿을 수 있겠니?

어쩌다가 자리에 앉기라도 하면 꼭 나이 드신 분께 자리를 양보하게 되더라고.

하루는 너무 짜증이 나서 사람들한테 임신부처럼 보여서 앉아 가려고 배에다 베개를 넣고 탔었어.

그거 진짜 웃기다!

그러다가 드디어 좋은 해결책을 찾아냈어.

> **Toma riesgos: si aciertas, serás feliz; si fallas, serás más sabio.** - *Anónimo*
> 위험을 감수해라. 성공하면 기쁠 것이고 실패해도 지혜를 얻을 것이다. – 무명 씨

Una idea genial

다음 대화를 읽고 음성파일을 세 번 들으세요.

Andrés: ¿Qué solución?
Valentina: Yo decidí que debía **aprovechar** todo ese tiempo libre para estudiar algo. **Y se me ocurrió** la brillante idea de estudiar inglés. Desde ahí, **dejó de estresarme** el estar en un bus todos los días. Tú sabes, **el tiempo vuela** cuando uno está ocupado en algo que le gusta. ¿Cómo te parece esa idea?
Andrés: ¡Me parece una idea genial! **La comenzaré a practicar desde mañana**.
Valentina: ¡Claro! **De ese modo,** podrías conseguir otro **trabajo mejor remunerado** y más cerca de tu casa. Así tampoco tendrías que aguantar más peleas, ni **madrugadas** ni… pedos.

Día 4   기가 막힌 아이디어
안드레스: 무슨 해결책인데?
발렌티나: 출퇴근에 쓰이는 모든 남는 시간을 공부하는 데 쓰기로 결심했어. 거기에 영어를 공부해야겠다는 기막힌 생각이 떠올랐지. 그때부터 매일 버스 타는 걸로 더 이상 스트레스를 안 받게 되더라. 너도 알다시피 좋아하는 걸 열심히 할 때만큼은 시간이 빨리 지나가잖아. 이 아이디어 어때?
안드레스: 정말 좋은 생각이다! 내일부터 나도 그렇게 할게.
발렌티나: 그래! 그렇게 해서 월급도 더 높고 집에서 가까운 일을 구할 수 있을 거야. 또 더 이상 말다툼이나 일찍 일어나는 것, 방귀를 경험하지 않아도 돼.

VOCABULARIO BÁSICO   ■ genial 천재적인, 기발한   ■ deber hacer algo (=tener que hacer algo) ~를 해야 한다   ■ tiempo libre 자유시간   ■ estudiar 공부하다   ■ brillante 훌륭한, 빛나는   ■ desde ahí 그때부터   ■ estresarse 스트레스를 받다   ■ ocupado(a) 바쁜   ■ conseguir trabajo 직장을 구하다   ■ cerca 가까운 곳의   ■ tampoco ~도 아니다   ■ aguantar 견디다, 인내하다   ■ pelea 싸움   ■ pedo 방귀

Nuevas EXPRESIONES

- **aprovechar** 이용하다

  aprovechar에는 '~을 최대한 활용하다'의 뜻 외에 '~을 이용해 먹다'의 뜻도 있습니다.

  - Yo aproveché el descanso para tomarme un café.
    나는 커피 한잔을 하기 위해 휴식 시간을 이용했다. (최대한 활용하다)
  - Todos se aprovechan de mí. 모두들 다 나를 이용해 먹기만 해. (이용해 먹다)

- **se me ocurrió algo** ~이 내게 떠올랐다

  한국어, 영어와 마찬가지로 스페인어에서도 '뭔가가 떠올랐다'는 말은 '어떤 생각이 머릿속에 떠오르다'의 의미로 쓰입니다. 다음 예문들을 참고하세요.

  - No se me ocurrió la palabra adecuada. 적합한 말이 떠오르지 않았다.
  - Se me ocurrió una buena idea. 좋은 생각이 떠올랐다.

- **dejar de hacer algo** ~하는 것을 중단하다

  - Por fin dejó de llorar. 그(녀)는 드디어 우는 걸 멈췄다.
  - ¡Déja de jugar! 그만 놀아!
  - No puedo dejar de comer comida chatarra. 불량식품을 도무지 끊을 수가 없어.

- **el tiempo vuela** 시간은 지체 없이 흐른다 (=time flies)

  - El tiempo vuela cuando hablo contigo. 너와 이야기할 때면 시간이 빠르게 흐른다.
  - El tiempo vuela cuando miro la televisión. 텔레비전을 볼 때면 시간이 빠르게 지나간다.

- **La comenzaré a practicar desde mañana.** 내일부터 그렇게 할게

  직접목적어가 la와 같이 여성형으로 쓰인 이유는 la가 전 문장의 idea를 받기 때문입니다. comenzar a hacer algo는 '~하기 시작하다'의 뜻을 가진 구조입니다.

  - La nieve comenzó a caer. 눈이 내리기 시작했다.
  - Pueden comenzar a comer. 당신들 먹기 시작해도 돼요.
  - Ella comenzó a chismosear acerca de Ernesto. 그녀는 에르네스또에 대해 험담하기 시작했다.

- **de ese modo** 그런 방법으로, 그와 같이

  이것과 비슷한 표현으로 de esa manera와 de esa forma가 있습니다.

  - De ese modo no habrá ningún problema. 그와 같이 더 이상 문제는 없을 것입니다.

- **remunerar** 보수를 주다

  보수를 주는 곳은 직장인데요, 월급과 관련해 사람들이 많이 말하는 표현은 다음과 같습니다.

- trabajo bien **remunerado** 월급이 좋은 직장
- trabajo mal **remunerado** 월급이 나쁜 직장
- trabajo **remunerado** 유급 직장
- trabajo no **remunerado** 무급 직장

● **madrugada** 일찍 일어나기

- Siempre me levanto de madrugada. 난 항상 일찍 일어난다.

이 외에 동사형 'madrugar(일찍 일어나다)'도 같이 알아두세요.

- Mañana tengo que madrugar. 내일은 일찍 일어나야 해.
- Hoy madrugué a las 4 de la mañana. 오늘 새벽 4시에 일어났어.

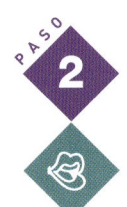

각 문장을 듣고 따라 말하세요.

- ¿Qué solución?
- Yo decidí que debía aprovechar todo ese tiempo libre para estudiar algo.
- Y se me ocurrió la brillante idea de estudiar inglés.
- Desde ahí, dejó de estresarme el estar en un bus todos los días.
- Tú sabes, el tiempo vuela cuando uno está ocupado en algo que le gusta.
- ¿Cómo te parece esa idea?
- ¡Me parece una idea genial!
- La comenzaré a practicar desde mañana.
- ¡Claro! De ese modo, podrías conseguir otro trabajo mejor remunerado y más cerca de tu casa.
- Así tampoco tendrías que aguantar más peleas, ni madrugadas ni… pedos.

PASO 3 우리말을 듣고 스페인어로 통역한 다음 스페인어로 쓰세요.

무슨 해결책인데?

출퇴근에 쓰이는 모든 남는 시간을 공부하는 데 쓰기로 결심했어.

거기에 영어를 공부해야겠다는 기막힌 생각이 떠올랐지.

그때부터 매일 버스 타는 걸로 더 이상 스트레스를 안 받게 되더라.

너도 알다시피 좋아하는 걸 열심히 할 때만큼은 시간이 빨리 지나가잖아.

이 아이디어 어때?

정말 좋은 생각이다!

내일부터 나도 그렇게 할게.

그래! 그렇게 해서 월급도 더 높고 집에서 가까운 일을 구할 수 있을 거야.

또 더 이상 말다툼이나 일찍 일어나는 것, 방귀를 경험하지 않아도 돼.

> *La diferencia entre ordinario y extraordinario es un pequeño extra. - Anónimo*
> 평범과 비범은 extra라는 단어 하나의 차이이다. – 무명 씨

Día 5 *Diario de Andrés*

다음 대화를 읽고 음성파일을 세 번 들으세요.

Hoy tuve una charla con Valentina. **Le conté** todos los **inconvenientes** que tengo mientras me transporto al trabajo. Ella hizo lo mismo conmigo. **Me contó** su experiencia con la almohada y me pareció muy **cómico**. **A la vez**, me **reconforta** saber que no soy el único que tiene este tipo de problemas. También ella me dio un gran consejo para aprovechar mi tiempo en el bus. Voy a estudiar inglés desde **mañana mismo** para conseguir un mejor trabajo que me quede más cerca.

Día 5 안드레스의 일기

오늘 발렌티나와 이야기를 나눴다. 그녀에게 출근을 하면서 겪게 되는 모든 불편함을 이야기해 주었다. 그녀도 자신이 겪었던 경험들을 이야기했다. 특히 베개와 관련된 이야기를 해 주었을 때는 재미있었다. 동시에 이런 문제들을 겪는 게 나 혼자가 아니라는 생각에 위로가 되었다. 발렌티나는 또 버스에서 어떻게 하면 시간을 잘 쓸 수 있는지에 대해서도 이야기해 주었다. 내일부터 당장 영어 공부를 할 것이다. 그래서 꼭 집 근처에 있는 더 나은 직장을 알아볼 것이다.

VOCABULARIO BÁSICO
- **tener una charla con alguien** ~와 잡담을 나누다
- **mientras...** …하는 동안, …하는 사이에
- **transportar** 운송하다, 운반하다
- **lo mismo / la misma** 같은 것
- **almohada** 베개
- **cómico** 웃기는
- **único** 유일한 사람
- **un gran consejo** 훌륭한 충고
- **aprovechar** 유익하게 사용하다
- **quedar más cerca** 가까이 위치하다

Nuevas EXPRESIONES

- **Le conté** 내가 그(녀)에게 이야기했다 / **Me contó** 그(녀)가 나에게 이야기했다

  Le conté 앞에 주어 yo가 생략되어 있습니다. Me contó 앞에는 ella가 생략되었습니다. 스페인어에서는 주어를 생략하더라도 동사 변화형을 보면 인칭과 단수/복수 여부를 알 수 있기 때문에 이렇게 주어를 생략하는 경우가 많습니다.

  - Nosotros estuvimos en su casa. → **Estuvimos** en su casa. 우리는 그(녀)의 집에 있었다.
  - Ellos se fueron al cine. → **Se fueron** al cine. 그들은 영화관에 가 버렸다.

- **inconveniente** 단점

  영어의 inconvenient와 같이 '불편한'이란 형용사도 되지만 명사형으로는 '문제, 단점'의 뜻을 갖고 있습니다. desventaja(단점)와 동의어입니다. 반대말인 conveniente는 '편리한, 적절한' 같은 형용사로만 쓰입니다. ventajas e inconvenientes나 ventajas y desventajas 같은 표현이 많이 쓰이니 참고해 주세요.

  - Ese método tiene más **inconvenientes** que ventajas. 그 방법은 장점보다는 단점이 더 많다.
  - Casas de madera: ventajas e **inconvenientes** 나무로 지은 집: 장점과 단점

- **a la vez** 동시에

  al mismo tiempo도 같은 의미로 묶어서 알아두세요.

  - Soy organizada y caótica **a la vez**. 저는 체계적이기도 하면서 (동시에) 무질서하기도 해요.

- **reconfortar** 기운이 솟게 하다

  신체적으로 기운이 솟게 하는 게 아니라 격려나 용기를 얻어 기운이 솟는 것을 뜻합니다.

  - Mis padres me **reconfortaron** cuando estuve triste. 내가 슬플 때 우리 부모님께서는 나를 격려하셨다.

- **mañana mismo** 내일 당장

  mismo는 단어 뒤에 붙어 '당장, 바로'의 의미를 추가합니다.

  - ya **mismo** / ahora **mismo** 바로 지금
  - ese **mismo** día 바로 그 날
  - hoy **mismo** 바로 오늘

각 문장을 듣고 따라 말하세요.

- Hoy tuve una charla con Valentina.
- Le conté todos los inconvenientes que tengo mientras me transporto al trabajo.
- Ella hizo lo mismo conmigo.
- Me contó su experiencia con la almohada y me pareció muy cómico.
- A la vez, me reconforta saber que no soy el único que tiene este tipo de problemas.
- También ella me dio un gran consejo para aprovechar mi tiempo en el bus.
- Voy a estudiar inglés desde mañana mismo para conseguir un mejor trabajo que me quede más cerca.

따라 말하기 ○○○○○○○○○○   쉐도잉 ○○○○○○○○○○

PASO 3 우리말을 듣고 스페인어로 통역한 다음 스페인어로 쓰세요.

오늘 발렌티나와 이야기를 나눴다. 그녀에게 출근을 하면서 겪게 되는 모든 불편함을 이야기해 주었다. 그녀도 자신이 겪었던 경험들을 이야기했다. 특히 베개와 관련된 이야기를 해 주었을 때는 재미있었다. 동시에 이런 문제들을 겪는 게 나 혼자가 아니라는 생각에 위로가 되었다. 발렌티나는 또 버스에서 어떻게 하면 시간을 잘 쓸 수 있는지에 대해서도 이야기해 주었다. 내일부터 당장 영어 공부를 할 것이다. 그래서 꼭 집 근처에 있는 더 나은 직장을 알아볼 것이다.

PASO 4 주어진 표현을 활용해 여러분만의 스페인어 문장을 쓰세요.

❶ Le conté / Me contó 활용	❷ a la vez 활용

 잠깐

새벽 6시면 벌써 도로가 막히기 시작한다

　　꽉 막힌 도로, 사람들로 북적대는 지하철과 버스 안, 그리고 닭장 안에 갇힌 듯이 출퇴근하는 사람들……. 인구 밀도가 높은 대도시라면 피할 수 없는 현상입니다. 인구 700만의 보고타 역시 이 문제로부터 자유롭지 못한데요, 수개월 동안 학교에 출퇴근하면서 보고타의 극심한 러시아워를 몸소 체험할 수 있었습니다. 우리나라와 다른 점이 있다면 보고타의 출퇴근 시간은 우리나라의 그것보다 좀 더 이르다는 것입니다. 학교 교사들은 7시에 수업을 시작해서 3시면 회의까지 끝내고 퇴근합니다. 회사에 다니는 사람들도 5시나 6시면 퇴근을 하니깐 늦게까지 야근하는 우리나라의 분위기와는 그런 점에서 차이가 있다고 볼 수 있죠.

　　한번은 오후 4시 반쯤에 전용도로를 달리는 '뜨란스밀레니오(Transmilenio)' 대신 일반도로를 달리는 '꼴렉띠보(Colectivo)'를 탄 적이 있습니다. '아직 4시 반인데 벌써부터 차가 막히겠어?'라는

쉬어가기 "

버스가 출발한다니 천진난만한 얼굴로 헐레벌떡 뛰어오는 사람들… 수십 미터를 가던 버스는 또 다시 멈춰 섰다

아직도 꽉 막힌 산길을 보면서 한숨을 쉬는 현지인

순진한 생각으로 버스에 올라탔지만 머지않아 제 잘못된 선택에 후회하지 않을 수 없었습니다. 처음엔 좀 달리는가 싶더니 얼마 지나지 않아 도로가 아주 꽉 막혀 버렸기 때문입니다. 사람들이 일찍 퇴근하는 만큼 교통체증도 일찍 시작된다는 사실을 몰랐기 때문에 벌어진 일이었습니다. 결국 1시간이면 갈 거리를 해가 다 지고 저녁 8시가 돼서야 집에 도착할 수 있었습니다. 이 몸서리쳐지는 경험을 한 후로는 단 한번도 교통체증 시간에 일반버스를 탄 적이 없습니다.

　콜롬비아의 교통 인프라는 한국과 비교가 안 될 정도로 열악한데 지방 도로가 특히 그렇습니다. 구불구불한 산길에 놓인 좁은 왕복 2차선의 도로 위에는 화물 트럭도 많이 다니기 때문에 버스를 타고 다른 도시로 여행하는 것이 여간 고생스런 일이 아닙니다. 한번은 보고타에서 8시간 정도 떨어진 커피 산지로 유명한 아르메니아를 가는 중에 버스가 갑자기 멈춰 섰습니다. 한참을 가만히 있길래 무슨 일이냐고 물어보니 저 앞쪽에 버스와 트럭 충돌사고가 발생하여 갈 수가 없다는 것입니다. 도로가 넓으면 옆으로 지나가면 되겠지만 오고 가는 차선 모두 차로 막혀 있어 갈 방법이 없었지요. 결국 좁고 불편한 버스 의자에서 하룻밤을 꼬박 지내야 했습니다. 설상가상으로 당시 신축성 없는 꽉 끼는 바지를 입고 있어 너무나 힘들었는데요. 그렇게 17시간을 길에서 보내고 나서야 아르메니아에 도착할 수 있었습니다. 이 경험이 얼마나 끔찍했는지 이제는 장거리 여행을 할 때는 무조건 편한 바지만 입습니다.

CAPÍTULO
9

Viaje Inolvidable

Viaje Inolvidable

잊을 수 없는 여행

Día **1**
El viaje de Laura a África
라우라의 아프리카 여행

Día **2**
Muchos huecos en la vía
울퉁불퉁한 길

Día **3**
Opciones para escoger
선택의 폭

Día **4**
Caminando a casa
집까지 걸어가기

Día **5**
Diario de Kevin
케빈의 일기

Día 1 El viaje de Laura a África

다음 대화를 읽고 음성파일을 세 번 들으세요.

*(En el bus desde Busan hasta Seúl. Kevin **toma mucha agua**)*

Kevin: Oye, ¿todavía **tienes planes de** ir a África?

Laura: Sí, **siempre he querido conocer ese continente**. **¡Me parece fascinante!** Ya compré los tiquetes.

Kevin: ¿Y no te **da miedo** ir sola?

Laura: Pues un poco, pero no tengo quién me acompañe. Todo el mundo está ocupado.

Kevin: Yo conozco a alguien que no está tan ocupado. Es muy experimentado, inteligente y es muy buen planificador. **¡Nada lo toma por sorpresa!**

Laura: ¡Qué bueno! ¡Preséntamelo!

Kevin: Hola, mucho gusto, mi nombre es Kevin.

Laura: *(sonriendo)* ¡Qué tonto eres!

Día 1 라우라의 아프리카 여행

(부산에서 서울로 가는 버스 안에서. 케빈이 물을 많이 마신다)

케빈: 라우라, 아직도 아프리카에 갈 계획 있는 거야?
라우라: 그럼. 항상 그 대륙에 가 보고 싶었거든. 너무 환상적일 것 같아! 벌써 티켓도 사 놨어.
케빈: 혼자 가는 게 두렵지는 않아?
라우라: 사실 조금은 두려워. 하지만 같이 갈 사람이 아무도 없네. 모두들 다 바쁘게 지내니깐.
케빈: 나 별로 안 바쁜 사람 하나 아는데. 경험도 많지, 똑똑하지, 게다가 굉장히 계획적인 사람이야. 그 사람을 놀라게 할 수 있는 건 아무것도 없어!
라우라: 잘됐다! 소개시켜 줘!
케빈: 안녕하세요. 반갑습니다. 제 이름은 케빈이라고 해요.
라우라: (웃으면서) 넌 참 바보같아!

VOCABULARIO BÁSICO ▪ viaje 여행 ▪ desde ~ hasta ... ~에서 ...까지 ▪ todavía 아직도 ▪ sí 물론이지, 그럼 ▪ continente 대륙 ▪ comprar 사다 ▪ tiquete 티켓 ▪ un poco 조금 ▪ acompañar 함께 가다 ▪ todo el mundo 모든 사람 ▪ ocupado(a) 바쁜 ▪ conocer (사람을) 알다 ▪ experimentado 경험이 있는 ▪ inteligente 영리한 ▪ planificador (특정 활동의) 설계자[계획자] ▪ presentar 소개하다 ▪ mucho gusto 반갑습니다 ▪ sonreír 미소를 짓다 ▪ tonto 바보 같은

> **Nuevas EXPRESIONES**

- **tomar agua** 물을 마시다

  tomar 대신 동사 beber를 써도 괜찮습니다.

  - Quiere tomar algo? = Quiere beber algo? 뭐 마실래요?
  - Quiero tamar un café. = Quiero beber un café. 커피 한잔 하고 싶어요.

  종종 beber 동사를 알코올 음료를 마신다는 의미로만 생각하는 사람들도 있는데, 일반적으로 '마시다'는 의미에서의 tomar와 beber에는 별 차이가 없다고 보시면 됩니다.

- **tener planes de hacer algo** ~을 하려는 계획이 있다

  - Tenemos planes de reunirnos y tomar un café el próximo viernes.
    우리는 다음주 금요일에 모여서 커피 한잔 마실 계획이 있다.

- **siempre he querido hacer algo** 난 항상 ~이 하고 싶었다

  - Yo siempre he querido ser actriz. 난 항상 여배우가 되고 싶었다.
  - Él siempre ha querido jugar para Corea. 그는 항상 한국을 위해 경기를 뛰고 싶었다.

- **¡Me parece fascinante!** 정말 매혹적인 것 같아!

  parecer는 '보이다'의 뜻을 가진 동사입니다. '무엇이 어떻게 보여'와 같은 말을 할 때 이 동사를 씁니다.

  - ¿Qué le parece esta idea? 당신 이 아이디어 어떤 것 같아요?
  - ¡Me parece una idea genial! 정말 좋은 생각인 것 같아요!
  - ¿Qué les pareció la película? 너희들 영화 어땠어?
  - ¡Nos pareció muy mala! 정말 별로였던 것 같아!

  제안하는 문장 말미에 ¿te parece?라고 물어보면 '어때? 좋은 생각 같아?'처럼 상대방의 동의를 구하는 표현이 됩니다.

  - Vamos al cine, ¿te parece? 우리 영화 보러 가자. 어때?
  - Vamos a la piscina, ¿te parece? 우리 수영장 가자. 어때?

- **dar miedo** 두려움을 주다 즉, 두렵게 하다

  'dar(주다)' 동사 뒤에 형용사가 오면 다음과 같이 응용될 수 있습니다.

  - dar miedo: 두렵게 하다   El agua ya no me da miedo. 난 이제 물이 두렵지 않아.
  - dar risa: 웃게 하다   Tú me das risa. 넌 날 웃게 해.
  - dar alegría: 기쁘게 하다   Cada vez que me escribe me da alegría. 당신이 내게 편지를 쓸 때마다 기뻐요.
  - dar asco: 역겹게 하다   Me da asco mirar a sus caras. 걔네들 얼굴을 보는 것만도 역겨워.

- dar frio/calor: 춥게/덥게 하다
- dar sueño: 졸리게 하다

¿Porqué no me **da frio**? 난 왜 안 춥지?
El vino me **da** mucho **sueño**.
와인이 날 매우 졸립게 해. (=와인을 먹으니까 매우 졸려.)

- **tomar por sorpresa** ~를 깜짝 놀라게 하다

비슷한 표현으로 coger por sorpresa와 coger de sorpresa가 있습니다.

- La muerte de su hijo lo **tomó por sorpresa**. 그(녀)의 아들의 죽음은 그(녀)를 충격에 빠뜨렸다.

본문의 Nada lo toma por sorpresa는 직역하면 '아무것도 그를 놀라게 할 수 없다'이지만 문맥상 '그는 항상 준비되어 있어서 어떤 상황에서든 침착하게 대응한다'의 의미를 함축하고 있습니다.

각 문장을 듣고 따라 말하세요.

- Oye, ¿todavía tienes planes de ir a África?
- Sí, siempre he querido conocer ese continente.
- ¡Me parece fascinante!
- Ya compré los tiquetes.
- ¿Y no te da miedo ir sola?
- Pues un poco, pero no tengo quién me acompañe.
- Todo el mundo está ocupado.
- Yo conozco a alguien que no está tan ocupado.
- Es muy experimentado, inteligente y es muy buen planificador.
- ¡Nada lo toma por sorpresa!
- ¡Qué bueno! ¡Preséntamelo!
- Hola, mucho gusto, mi nombre es Kevin.
- ¡Qué tonto eres!

PASO 3 우리말을 듣고 스페인어로 통역한 다음 스페인어로 쓰세요.

라우라, 아직도 아프리카에 갈 계획 있는 거야?

그럼, 항상 그 대륙에 가 보고 싶었거든.

너무 환상적일 것 같아!

벌써 티켓도 사 놨어.

혼자 가는 게 두렵지는 않아?

사실 조금은 두려워. 하지만 같이 갈 사람이 아무도 없네.

모두들 다 바쁘게 지내니깐.

나 별로 안 바쁜 사람 하나 아는데.

경험도 많지, 똑똑하지, 게다가 굉장히 계획적인 사람이야.

그 사람을 놀라게 할 수 있는 건 아무것도 없어!

잘됐다! 소개시켜 줘!

안녕하세요. 반갑습니다. 제 이름은 케빈이라고 해요.

넌 참 바보같아!

> **Hazlo ahora. A veces "más tarde" se convierte en "nunca".** - *Anónimo*
> 지금 하라. '나중에'라는 말은 종종 '결코 하지 못함'으로 바뀌고 만다. - 무명 씨

Viaje Inolvidable

Día 2 — *Muchos huecos en la vía*

다음 대화를 읽고 음성파일을 세 번 들으세요.   듣기 체크 ○○○

Laura: ¿Qué te pasa? ¿Te sientes mal? **¡Te ves muy pálido!**

Kevin: No… no tengo nada…

Laura: Pero estás sudando mucho y **tienes la piel toda de gallina**.

Kevin: Creo que tomé demasiada agua… ¡Y **ya no me aguanto**!

Laura: ¿Por qué tomaste tanta agua?

(El bus pasa por encima de muchos huecos)

Kevin: Ay, ay, ay… ¡Mi vejiga! **¿Cuánto nos falta para llegar**?

Laura: Como una hora.

Kevin: Ok, voy a tratar de aguantarme.

Laura: **(burlándose de él)** ¿No se supone que tienes mucha experiencia, que nada te toma por sorpresa y que sabes planificar todo muy bien?

Kevin: Bueno, siempre hay una primera vez.

Día 2   울퉁불퉁한 길

라우라: 무슨 일이야? 몸이 안 좋아? 얼굴이 창백해 보여!
케빈: 아니…… 괜찮아……
라우라: 하지만 땀도 많이 나고 소름이 쫙 돋아 있는데.
케빈: 물을 너무 많이 마셨나 봐…… 더 이상 참을 수가 없어!
라우라: 왜 이렇게 물을 많이 마셨어?
(버스가 울퉁불퉁한 길을 지나간다)
케빈: 에구, 에구, 에구…… 내 방광! 우리 도착하려면 얼마나 남았지?
라우라: 한 시간 정도?
케빈: 알겠어. 한번 참아 볼게.
라우라: (케빈을 놀리며) 경험도 많고 놀랄 만한 일은 생길 수도 없고 계획 짜는 거에 달인이라며?
케빈: 글쎄, 뭐든지 처음은 있는 법이니까.

Nuevas EXPRESIONES

- **¡Te ves muy pálido!** 너 창백해 보여!

  pálido는 형용사로 '창백한'의 뜻입니다. ver는 '보다'라는 의미의 동사인데 verse와 같은 se형에서는 '(~처럼) 보이다'의 의미로 쓰일 수 있습니다.

  - Patricia se ve muy contenta. 빠뜨리시아는 매우 만족해 보여.
  - Te ves bonita. 너 예뻐 보여. (옷이 잘 어울려.)
  - Se ve muy triste. 그(녀)는 매우 슬퍼 보여.
  - Él se veía tan contento. 그는 매우 만족스러워 보였어.

- **tienes la piel toda de gallina.** 네 피부에 완전 닭살이 돋았다.

  추울 때나 소름이 돋을 때 피부에 나타나는 현상을 스페인어에서도 'la piel de gallina (닭살)'이라고 합니다. todo는 '모든'의 뜻이지만 여기서 todo(a)는 '완전히'로 수식하는 단어를 강조합니다.

  - Ya es todo un hombre. 그는 이제 완전히 성인이 됐어.
  - Soy todo oídos. 난 완전히 귀야. → 나는 완전히 잘 들을 준비가 됐어.
  - La operación era todo un éxito. 그 수술은 완전히 성공적이었다.
  - "Daddy", el nuevo tema de Psy es todo un éxito en YouTube.
    '대디'라는 싸이의 새 주제가 유튜브에서 완전히 성공하다.

- **¡ya no me aguanto!** 더 이상 참을 수 없어!

  aguantarse는 '견디다'란 의미의 동사입니다. 상황을 더 자세하게 이야기하려면 'aguantarse las ganas de hacer algo (~를 하고자 하는 욕구를 참다)'의 구조를 쓰면 됩니다. 본문에서는 맥락상 'las ganas de orinar (소변을 보고 싶은 욕구)'를 참을 수 없는 상황임을 알 수 있습니다.

  - Ya no me aguanto las ganas de orinar. 소변이 나올 것 같아.
  - Ya no me aguanto las ganas de vomitar. 토할 것 같아.
  - Ella se tuvo que aguantar las ganas de llorar. 그녀는 울고 싶었지만 참아야 했다.

VOCABULARIO BÁSICO
- **hueco** 움푹 패인 곳
- **vía** 길, 경로
- **sentir** 느끼다
- **sudar** 땀을 흘리다
- **demasiado(a)** 너무 많은, 과도한
- **pasar por encima de algo** 무언가의 위로 지나가다
- **vejiga** 방광
- **como** 대략, 거의
- **tratar de hacer algo** (…하려고) 애쓰다
- **aguantarse** 꾹 참다, 견디다
- **tomar por sorpresa** (뜻밖의 일이) 깜짝 놀라게 하다
- **planificar** 계획을 세우다
- **siempre** 언제나
- **primera vez** 처음

- **¿Cuánto nos falta para llegar?** 우리 도착하려면 얼마나 걸려?

  faltar는 '부족하다' 외에 '(시간이나 거리가) 아직 남아 있다'의 뜻으로도 많이 쓰입니다. 〈faltar para hacer algo〉는 '~을 하기에 아직 할 게 남아 있다'의 의미입니다.

  - ¿Te falta mucho? 너 아직 할 것 많이 남았어? (시간)
  - Me faltan como 2 horas para terminar el trabajo. 나 일 끝내려면 한 2시간은 더 해야 돼. (시간)
  - Nos faltan mucho para llegar a Seúl. 우리 서울 도착하려면 아직 멀었어. (거리)

  시간을 나타내기 위해서 이 구조를 쓰는 경우도 있습니다.

  - Faltan cinco para las diez. 10시가 되려면 5분 남았어. (시간)

- **burlarse de alguien** ~를 놀리다, 조롱하다

  'burlarse(놀리다)'는 영어 단어 'bully(약자를 괴롭히는 사람)'와 연결하면 쉽게 외워져요.

  - Kevin se burló de mí. 케빈은 나를 놀렸다.

각 문장을 듣고 따라 말하세요.

- ¿Qué te pasa? ¿Te sientes mal? ¡Te ves muy pálido!
- No… no tengo nada…
- Pero estás sudando mucho y tienes la piel toda de gallina.
- Creo que tomé demasiada agua… ¡Y ya no me aguanto!
- ¿Por qué tomaste tanta agua?
- Ay, ay, ay… ¡Mi vejiga! ¿Cuánto nos falta para llegar?
- Como una hora.
- Ok, voy a tratar de aguantarme.
- ¿No se supone que tienes mucha experiencia, que nada te toma por sorpresa y que sabes planificar todo muy bien?
- Bueno, siempre hay una primera vez.

PASO 3 우리말을 듣고 스페인어로 통역한 다음 스페인어로 쓰세요.

무슨 일이야? 몸이 안 좋아? 얼굴이 창백해 보여!

아니…… 괜찮아……

하지만 땀도 많이 나고 소름이 좍 돋아 있는데.

물을 너무 많이 마셨나 봐…… 더 이상 참을 수가 없어!

왜 이렇게 물을 많이 마셨어?

에구, 에구, 에구…… 내 방광! 우리 도착하려면 얼마나 남았지?

한 시간 정도?

알겠어. 한번 참아 볼게.

경험도 많고 놀랄 만한 일은 생길 수도 없고 계획 짜는 거에 달인이라며?

글쎄, 뭐든지 처음은 있는 법이니까.

> *Para adquirir conocimiento, uno debe estudiar; pero para adquirir sabiduría, uno debe observar. -Marilyn vos Savant*
> 지식을 얻기 위해 사람은 공부를 해야 한다. 그러나 지혜를 얻기 위해서는 사람은 관찰을 해야 한다. - 마릴린 보스 사반트

Opciones para escoger

다음 대화를 읽고 음성파일을 세 번 들으세요.

듣기 체크 ○○○

(**Pasando por el peaje**)

Laura: Mira, ¡ya estamos en el peaje!
Kevin: Ay, gracias a Dios. **Estoy que me reviento**.
Laura: ¡Malas noticias! ¡Hay mucho tráfico!
Kevin: ¿Qué? **¡No me digas eso!**
Laura: **¿Ahora qué hacemos? ¿Por qué** no le dices al conductor?
Kevin: No, no, no… ¡Me da vergüenza!
Laura: Entonces orina en esta botella.
Kevin: ¿Cómo se te ocurre? ¡Prefiero morirme!
Laura: ¡Entonces **bajémonos** acá en el peaje!
Kevin: Eso sí suena mejor. **¡Vamos!**

Día 3 선택의 폭
(톨게이트를 지나며)
라우라: 봐봐, 벌써 톨게이트에 왔어!
케빈: 아, 하나님 감사합니다. 터지는 줄 알았어.
라우라: 나쁜 소식이 있어! 교통 체증이 심각한데!
케빈: 뭐? 말도 안돼!
라우라: 이제 어쩌지? 기사 아저씨한테 얘기해 보지 그래?
케빈: 싫어! 창피하단 말이야!
라우라: 그럼 이 병에다가 일 봐.
케빈: 무슨 생각을 하는 거야? 차라리 죽고 말겠어!
라우라: 그럼 우리 여기서 내리자!
케빈: 그러는 게 좋겠다. 가자!

VOCABULARIO BÁSICO ■ opcion 선택 ■ escoger 고르다 ■ mira 봐봐 ■ ya 벌써 ■ peaje 톨게이트 ■ malo(a) 나쁜, 좋지 않은 ■ hay algo ~가 있다 ■ tráfico 교통량 ■ conductor 운전수 ■ dar vergüenza 부끄러움을 주다 → 부끄러움을 느끼게 하다 ■ orinar 소변을 보다 ■ botella 병 ■ ocurrirse 문득 떠오르다 ■ preferir hacer algo 차라리 …을 택하다 ■ morir 죽다 ■ acá 이곳에 ■ suena bien 좋게 소리가 나다 → 좋은 생각이다

Nuevas EXPRESIONES

- **pasar por algún lugar** ~를 지나가다

    pasar por에는 이 뜻 외에 '(어디에) 들르다'의 의미도 있습니다.

    - Ese autobús no pasa por aquí. 그 버스는 여기를 지나가지 않아.
    - Pasaré por tu oficina a las 5 de la tarde. 오후 5시쯤 네 사무실에 들릴게.

- **Estoy que me reviento.** 나 터질 것 같아.

    reventarse는 '(무엇이) 터지다'라는 뜻의 동사입니다. 문맥상 소변을 참기 힘들어 터질 것 같다는 말이 되겠네요. 어색해 보이지만 스페인어에서는 본문과 같은 구조가 종종 쓰입니다. 다음 문장들을 참고해 주세요. 관용적인 표현들이 들어 있기 때문에 너무 문법적으로 이해하려고 하지 말고 가볍게 구조만 참고해 주세요.

    - Estoy que me muero de los nervios. 나 초조해서 죽을 것 같아.
    - Estoy que me salgo. 나 지금 모든 게 잘 되고 있어.
    - Estoy que me subo por las paredes. (벽을 타는 것처럼) 초조해서 미칠 것 같아.

- **¡No me digas eso!** 말도 안돼!

    이 표현을 직역하여 '나한테 그런 말 하지 마'로 생각하면 큰 오산입니다. 이 표현의 실제 의미는 '어떻게 그럴 수가, 말도 안 돼'입니다. '¿De verdad? (정말?)'이나 '¿En serio? (진짜?)' 같은 표현들과 함께 쓰일 수 있습니다.

- **¿Ahora qué hacemos?** 이제 우리 뭐하지?

    '이제 나 뭐하지?'는 ¿Ahora qué hago?입니다. 어떤 문제가 발생했는데 빠져 나갈 길이 보이지 않아 그 상황을 벗어나기 위한 조언을 구할 때 이렇게 말할 수 있습니다.

- **por qué** 왜 / **porqué** 원인, 동기, 이유 / **porque** ~ 때문에

    por qué는 '왜'의 의미로 주로 감탄문이나 의문문에 많이 사용됩니다. 대답은 '~ 때문에'의 뜻을 지닌 porque로 합니다. 모양이 비슷하니까 확실하게 알아두세요.

    - ¿Por qué no viniste ayer a la escuela? 어제 왜 학교에 안 왔어?
    - Ya sé por qué quieres ser maestra. 네가 왜 교사가 되고 싶은지 이제 알겠다.
    - A: ¿Por qué no viniste a la fiesta? 왜 파티에 안 왔어?
      B: Porque llovía mucho. 비가 많이 와서.
    - No fui a la fiesta porque estaba lloviendo mucho. 비가 너무 왔기 때문에 파티에 안 갔어.

    porqué는 남성명사로 '원인, 동기, 이유'의 의미를 갖고 있습니다.

    - Me gustaría saber el porqué del accidente. 그 사고의 원인을 알고 싶어.
    - Él tiene un porqué para actuar así. 그가 그렇게 행동하는 데는 이유가 있다.

본문에서 쓰인 por qué no haces algo는 '너 왜 ~ 안 하니?' 또는 '~하는 게 좋을 것 같은데'와 같은 제안의 의미를 갖습니다.

- ¿Por qué no te callas? 그 입 좀 다무는 게 어때? (공격적인 표현)
- ¿Por qué no comes más? 좀 더 먹지 그래?

● **bajémonos** 내리자 / **vámonos** 가자

bajémonos는 bajarse(탈것에서 내리다)의 1인칭 복수 긍정 명령형이고 vámonos는 irse(가버리다)의 1인칭 복수 긍정 명령형입니다. vámonos가 '가자'는 의미로 쓰일 때는 vamos와 같다고 보셔도 무방합니다. 하지만 이 두 표현의 결정적인 차이점이라고 하면 vamos는 '어디로 가자(let's go)'의 의미이고 vámonos는 '어디로부터 떠나자(let's leave)'의 의미라는 것입니다.

- Vámonos de este lugar. 이 장소를 떠나자.
- Vamos al cine. 영화 보러 가자.
- Sí, vámonos. = Sí, vamos. 그래, 가자.

각 문장을 듣고 따라 말하세요.

- Mira, ¡ya estamos en el peaje!
- Ay, gracias a Dios.
- Estoy que me reviento.
- ¡Malas noticias! ¡Hay mucho tráfico!
- ¿Qué? ¡No me digas eso!
- ¿Ahora qué hacemos?
- ¿Por qué no le dices al conductor?
- No, no, no… ¡Me da vergüenza!
- Entonces orina en esta botella.
- ¿Cómo se te ocurre? ¡Prefiero morirme!
- ¡Entonces bajémonos acá en el peaje!
- Eso sí suena mejor. ¡Vamos!

PASO 3 우리말을 듣고 스페인어로 통역한 다음 스페인어로 쓰세요.

봐봐, 벌써 톨게이트에 왔어!

아, 하나님 감사합니다.

터지는 줄 알았어.

나쁜 소식이 있어! 교통 체증이 심각한데!

뭐? 말도 안돼!

이제 어쩌지?

기사 아저씨한테 얘기해 보지 그래?

싫어! 창피하단 말이야!

그럼 이 병에다가 일 봐.

무슨 생각을 하는 거야? 차라리 죽고 말겠어!

그럼 우리 여기서 내리자!

그러는 게 좋겠다. 가자!

" *Mientras tengamos vida, debemos seguir aprendiendo. - Lailah Gifty Akita*
숨이 붙어 있는 한 우리는 계속해서 배워야 한다. – 라일라 기프티 아키타

Día 4 Caminando a casa

PASO 1

다음 대화를 읽고 음성파일을 세 번 들으세요.

(Saliendo del baño)

Kevin: Ya me siento mucho mejor. Gracias por estar conmigo.

Laura: Tuvo que haber sido muy difícil para ti. Te considero.

Kevin: No tenemos otra alternativa que irnos a pie para la casa.

Laura: **Algo muy dentro de mí me decía que no viajara contigo.**

Kevin: Pero **estoy seguro de** que en África nos va a ir mejor.

Laura: **Ni lo pienses**. Yo contigo no **vuelvo a salir** ni a la esquina.

Kevin: La verdad lo hice **a propósito**. Como buen planificador que soy, esta caminata de tres horas era un entrenamiento para nuestras travesías Africanas.

Laura: *(asombrada)* ¡Y encima de todo **eres un mentiroso**!

Día 4 집까지 걸어가기

(화장실에서 나오며)

케빈: 기분이 날아갈 것 같다. 같이 있어 줘서 고마워.

라우라: 얼마나 힘들었을까. 불쌍해.

케빈: 집까지 걸어가는 수 밖엔 없겠다 이제.

라우라: 왠지 너랑 여행하는 거에 대해 안 좋은 예감이 들었어.

케빈: 그래도 아프리카에서는 훨씬 상황이 나을 거라고 확신해.

라우라: 그런 생각하지 마. 앞으로 너랑은 집 앞 모퉁이에도 안 갈 테니까.

케빈: 사실 오늘 일은 내가 계획한 거야. 계획의 달인으로 이 세 시간짜리 도보가 아프리카 여행을 대비한 거라고.

라우라: (놀라며) 다른 걸 떠나서 너 거짓말쟁이구나!

VOCABULARIO BÁSICO
- **caminar** 걷다
- **gracias por hacer algo** ~해 줘서 고마워
- **considerar** 고려하다, 존중하다
- **alternativa** 대안
- **ir a pie** 걸어서 가다
- **No tenemos otra alternativa que irnos a pie** 걸어가는 것 외에는 다른 방법이 없겠다
- **esquina** 길모퉁이
- **caminata** (도보) 소풍, 장거리 걷기
- **entrenamiento** 훈련
- **travesía** 장기 여행
- **asombrado(a)** 놀라며
- **encima de todo** 무엇보다도

Nuevas EXPRESIONES

- **salir de algún lugar** 어떤 장소를 떠나다
    - ¿A qué hora saliste de la oficina? 사무실에서 몇 시에 떠났니?

'어떤 장소에 도착하다'는 llegar a algún lugar로 말할 수 있습니다.
    - ¿A qué hora llegaste a casa? 집에 몇 시에 도착했어?

- **Algo muy dentro de mí me decía que no viajara contigo.**

왠지 모르게 너랑 여행하지 말아야겠단 생각이 들었었어.

왠지 안 좋은 예감(intuición)이 들었다는 말을 '내 안의 깊은 곳에 있는 뭔가가 ~하지 말라고 말하다'로 표현했습니다.

- **estar seguro de algo** ~에 대해 확신하다
    - A: ¿Estás seguro de que vas a ganar? 너 이길 수 있다고 확신해?
    - B: Sí, estoy completamente seguro. 그럼. 나 완전 확신해.

- **Ni lo pienses.** 그런 생각 하지도 마.

Ni lo pienses와 No lo pienses의 차이점은 무엇일까요? 바로, 어감의 차이입니다. ni는 '심지어, 전혀 ... 아니다/...하지 않다 (not even)'의 의미로 no보다 의미가 더 강합니다.
    - No tengo dinero. 전 돈이 없어요.
    - No tengo ni una moneda. 전 돈이 한푼도 없어요.

위의 문장에서 ni가 no보다 부정의 의미를 더 강조하고 있음을 아시겠죠?

- **volver a hacer algo** 다시 ~을 하다
    - Después de salir de la cárcel, vuelven a cometer nuevos delitos.
      그들은 감옥에서 나온 후 다시 새로운 범죄를 저지른다.
    - Volví a ver a Sofía después de quince años. 15년 후 나는 다시 소피아를 보았다.
    - Carolina, ¡no vuelvo a confiar en ti! 까롤리나, 다시는 널 믿나 봐라!

- **a propósito** 고의로, 일부러

'목적'이란 뜻의 남성명사인 propósito가 전치사 a와 만나 '일부러'의 의미가 되었습니다.
    - Lo siento mucho, no lo hice a propósito. 정말 미안해. 일부러 그런 게 아냐.

뿐만 아니라 a propósito는 '그건 그렇고 (by the way)'와 같이 주의를 환기시키거나 대화의 화제를 전환하는 의미로도 많이 쓰입니다.

- **A propósito**, ¿qué van a hacer mañana? 그건 그렇고, 너희들 내일 뭐 할 거야?

- **¡eres un mentiroso(a)!** 너 새빨간 거짓말쟁이로구나!

    eres mentiroso(a)로 할 수도 있지만 un을 붙이면 그 의미가 더 강조됩니다.
    - ¿**Eres un** buen **mentiroso**? Descúbrelo con este test.
    당신은 뛰어난 거짓말쟁이인가요? 이 시험을 통해 알아보세요.

각 문장을 듣고 따라 말하세요.

- Ya me siento mucho mejor.
- Gracias por estar conmigo.
- Tuvo que haber sido muy difícil para ti.
- Te considero.
- No tenemos otra alternativa que irnos a pie para la casa.
- Algo muy dentro de mí me decía que no viajara contigo.
- Pero estoy seguro de que en África nos va a ir mejor.
- Ni lo pienses.
- Yo contigo no vuelvo a salir ni a la esquina.
- La verdad lo hice a propósito.
- Como buen planificador que soy, esta caminata de tres horas era un entrenamiento para nuestras travesías Africanas.
- ¡Y encima de todo eres un mentiroso!

PASO 3 우리말을 듣고 스페인어로 통역한 다음 스페인어로 쓰세요.

기분이 날아갈 것 같다. 같이 있어 줘서 고마워.

얼마나 힘들었을까. 불쌍해.

집까지 걸어가는 수 밖엔 없겠다 이제.

왠지 너랑 여행하는 거에 대해 안 좋은 예감이 들었어.

그래도 아프리카에서는 훨씬 상황이 나을 거라고 확신해.

그런 생각하지 마.

앞으로 너랑은 집 앞 모퉁이에도 안 갈 테니까.

사실 오늘 일은 내가 계획한 거야.

계획의 달인으로 이 세 시간짜리 도보가 아프리카 여행을 대비한 거라고.

다른 걸 떠나서 너 거짓말쟁이구나!

> La mayor gloria no es nunca caer, sino levantarse siempre. - *Nelson Mandela*
> 진정한 영광은 한번도 실패하지 않는 것이 아닌 항상 일어나는 것에 있다. - 넬슨 만델라

Diario de Kevin

다음 대화를 읽고 음성파일을 세 번 들으세요.

¡Qué vergüenza con Laura! Llegamos tarde al terminal por culpa mía. El bus para Seúl ya estaba de salida y **no alcancé a entrar al baño** antes de subirnos. En el bus, ella me contó sobre su viaje a África y le dije que yo podría ser su compañía perfecta. Más tarde sentí muchas ganas de orinar. **Nos vimos obligados a bajarnos del bus**, también por mi culpa. Tuvimos que caminar por tres horas hasta la casa. Yo le mentí a Laura diciéndole que todo estaba perfectamente planeado. Sin embargo, ella **se dio cuenta de** que soy un mentiroso **sin remedio**.

Día 5   케빈의 일기

어찌나 라우라 앞에서 창피하던지! 내 실수로 버스 터미널에 늦게 도착했다. 서울로 가는 버스가 이미 떠나는 중이라 화장실에 갈 시간이 없었다. 버스 안에서 그녀는 아프리카 여행에 관해 언급했고 나는 내가 완벽한 여행 동반자가 될 것이라 제안했다. 이후 소변이 마려웠다. 나의 또 다른 실수로 우린 버스에서 내려야 했다. 집까지 세 시간을 걸어가야 했다. 이 모든 일이 다 계획 하에 진행된 거라고 라우라한테 거짓말을 했다. 하지만 라우라는 내가 답 없는 거짓말쟁이라는 사실을 알아채 버렸다.

VOCABULARIO BÁSICO   ▪ **vergüenza** 부끄러움, 치욕 ▪ **terminal** 터미널 ▪ **por culpa mía** (=**por mi culpa**) 내 실수로 ▪ **ya** 벌써 ▪ **salida** 출구 ▪ **antes de hacer algo** ~를 하기 전 ▪ **subirse** (차에) 오르다, 타다 ▪ **compañía** 동반자 ▪ **ganas de hacer algo** ~하고 싶은 욕구 ▪ **orinar** 소변을 보다 ▪ **mentir** 거짓말을 하다 ▪ **sin embargo** 그럼에도 불구하고 ▪ **mentiroso** 거짓말쟁이

Nuevas EXPRESIONES

- **alcanzar a hacer algo** 간신히 ~을 하다

  alcanzar는 '~에 도달하다'는 뜻의 동사인데 뒤에 a hacer algo가 붙으면 '~하는 것에 도달하다' 다시 말해 '~을 간신히 하다'의 의미가 됩니다. 예를 들어 심하게 어질러진 집을 친구들이 놀러 오기 전에 간신히 치웠다고 하면 다음과 같이 말할 수 있습니다.

  - Alcancé a limpiar la casa. 집을 간신히 치웠다.

  버스 문이 닫히기 전에 막 뛰어가 간신히 버스에 올라타는 상황이라면 이렇게 말할 수 있습니다.

  - Alcanzamos a subirnos al bus. 우린 간신히 버스를 탔다.

  따라서 본문의 no alcancé a entrar al baño는 '화장실에 가는 것에 도달할 수 없었다' 다시 말해 '도저히 화장실에 갈 수가 없었다'의 의미로 봐 주시면 됩니다.

- **verse obligado a hacer algo** ~하도록 강요를 받다

  이 표현을 직역해 보면 '~를 해야 하는 자신을 바라보다'의 뜻이지만 실제로는 '~을 하도록 강요를 받다'로 쓰입니다. 한국어나 영어에는 없는 스페인어식 표현이니 그냥 받아들이고 익히는 수밖에 없습니다.

  - Ellos se han visto obligados a salir del país. 그들은 그 나라를 떠날 수 밖에 없었다.
  - Ella se vió obligada a abandonar la casa. 그녀는 그 집을 떠날 수 밖에 없었다.

- **darse cuenta de algo** ~을 알게 되다

  cuenta는 '계산서'입니다. 누군가가 계산서를 받으면 내야 하는 총 금액이 얼마인지 알게 되겠죠? 그런 맥락에서 darse cuenta (de algo)는 '(뭔가를) 알게 되다, 이해하게 되다'의 뜻이 됩니다.

  - Me dí cuenta de que había dejado mis libros en la casa. 내가 책을 집에 놓고 왔다는 사실을 깨달았다.
  - ¿Cuándo te diste cuenta de que ya no eres tan joven?
    네가 더 이상 그리 젊지만은 않다는 걸 언제 깨달았어?

- **sin remedio** 대책 없는

  - Él es un tonto sin remedio. 그는 대책 없는 얼간이야.

각 문장을 듣고 따라 말하세요.

- ¡Qué vergüenza con Laura!
- Llegamos tarde al terminal por culpa mía.
- El bus para Seúl ya estaba de salida y no alcancé a entrar al baño antes de subirnos.
- En el bus, ella me contó sobre su viaje a África y le dije que yo podría ser su compañía perfecta.
- Más tarde sentí muchas ganas de orinar.
- Nos vimos obligados a bajarnos del bus, también por mi culpa.
- Tuvimos que caminar por tres horas hasta la casa.
- Yo le mentí a Laura diciéndole que todo estaba perfectamente planeado.
- Sin embargo, ella se dio cuenta de que soy un mentiroso sin remedio.

PASO 3 우리말을 듣고 스페인어로 통역한 다음 스페인어로 쓰세요.

어찌나 라우라 앞에서 창피하던지! 내 실수로 버스 터미널에 늦게 도착했다. 서울로 가는 버스가 이미 떠나는 중이라 화장실에 갈 시간이 없었다. 버스 안에서 그녀는 아프리카 여행에 관해 언급했고 나는 내가 완벽한 여행 동반자가 될 것이라 제안했다. 이후 소변이 마려웠다. 나의 또 다른 실수로 우린 버스에서 내려야 했다. 집까지 세 시간을 걸어가야 했다. 이 모든 일이 다 계획 하에 진행된 거라고 라우라한테 거짓말을 했다. 하지만 라우라는 내가 답 없는 거짓말쟁이라는 사실을 알아채 버렸다.

PASO 4 주어진 표현을 활용해 여러분만의 스페인어 문장을 쓰세요.

❶ verse obligado a hacer algo 활용	❷ darse cuenta de algo 활용

잠깐

섬의 북쪽 해안에 정박된 작은 보트들

산 안드레스의 북쪽은 제법 번화하다

크리스털처럼 투명한 바다에서 작고 귀여운 물고기들과 함께 하는 스노클링, 제가 살면서 꼭 한번쯤 해 보고 싶은 경험이었죠. 이 꿈을 카리브해의 한 섬, 산 안드레스에서 이루게 됐습니다. 산 안드레스는 쉽게 말해 콜롬비아판 제주도로 아름다운 경치와 놀기 적합한 환경으로 많은 사람들에게 사랑받고 있습니다. 섬의 서쪽은 수심이 5-10m 정도로 적당히 깊어 다이빙이나 스노클링을 하기에 적합하고 동쪽에는 하얀 모래사장이 있어 해수욕하기 좋습니다. 스쿠터나 골프카트를 빌려 섬을 한 바퀴 도는 데 걸리는 시간은 약 2시간, 너무 크지도 작지도 않은, 놀기에 딱 적당한 크기의 섬입니다.

사실 원래 계획에 산 안드레스 섬은 없었습니다. 버스를 타고 콜롬비아를 일주하려고 했기 때문이죠. 하지만 앞서 소개해 드린 것처럼 아르메니아행 버스에서 17시간 동안 호되게 고생을 한 후에 더 이상 버스를 타지 않기로 계획을 변경했던 겁니다. 그리고 그렇게 계획도 없이 갑작스럽게 방문한 산 안드레스는 제게 잊을 수 없는 추억을 선물해 주었습니다.

쉬어가기

멀리 보이는 조니 케이 (Jhony Kay) 섬

물 속으로 보이는 물고기떼

이구아나에게 먹이도 줘 보고 스쿠터를 타고 시원한 바람을 맞으며 해안도로도 달려 보고 야자수 열매를 따서 먹어 보기도 하고 커다란 게 무리가 해안도로를 건너 바다로 가는 장관도 보았지만 이 모든 추억 중 단연 기억에 남는 것은 인근 작은 섬 엘 아쿠아리오 (El Acuario)를 방문한 것입니다. 엘 아쿠아리오는 산 안드레스의 선착장에서 배를 타면 쉽게 갈 수 있는데 수심이 얕고 물이 맑아 물고기와 함께 헤엄치기 안성맞춤입니다. 다양한 종류의 물고기가 서식하기 때문에 수족관(acuario)이라 이름이 지어졌습니다. 이 곳에서 오리발과 스노클링 장비를 끼고 크고 작은 물고기들을 구경했는데 너무 재미있어서 시간 가는 줄 몰랐습니다. 물고기와 좀 더 친해지고 싶은 생각에 미리 준비한 빵 조각을 손에 꼭 쥐고 들어갔습니다. 그런데 물 속에 손이 들어가는 순간 온순하던 물고기들이 갑자기 상어 떼로 돌변하는 것이었습니다. 귀여운 얼굴 뒤에 숨어 있던 날카로운 이빨에 손가락 파이는 부상까지 입었죠. 이 일이 있은 후 한동안은 심장이 벌렁거려 물에 들어갈 수 없었습니다. 하지만 이런 불미스러운 일에도 불구하고 엘 아쿠아리오에서의 스노클링 경험은 정말 잊을 수 없는 좋은 추억으로 남아 있습니다.

Cosas Que Me Irritan
내가 싫어하는 것들

Día 1
"Odio que me corrijas"
"네가 내 말 실수 고치는 게 싫어"

Día 2
"Odio que no se disculpen"
"잘못을 해 놓고 시치미 떼는 건 싫어"

Día 3
La venganza de Jason
제이슨의 복수

Día 4
"Me sacaron del teatro"
"나 극장에서 쫓겨났어"

Día 5
Diario de Jason
제이슨의 일기

"Odio que me corrijas"

다음 대화를 읽고 음성파일을 세 번 들으세요.

(En la taquilla de cine)

Mónica: ¿Por qué tienes esa cara? ¿Qué te pasó?

Jason: (con **cara de disgusto**) ¡Es que llegando aquí al teatro, **un tipo me pisó el pie** y me *hacio* caer! **Lo peor de todo es** que ni **se disculpó** el **desgraciado**. ¡Estoy muy enojado!

Mónica: Espera un momento. **No se dice** 'hacio', **se dice** 'hizo'. '¡Me hizo caer!'

Jason: ¡No estoy hablando de mis errores gramaticales en este momento! ¡Tú siempre me estás *corregiendo*! ¡Estoy hablando del tipo que me pisó!

Mónica: Pero no se dice 'corregiendo', sino 'corrigiendo'.

Jason: Uy, me irrita tanto cuando crees que te las sabes todas, ¡sabelotodo!

Día 1 "네가 내 말 실수 고치는 게 싫어"
(영화관 티켓 창구에서)

모니카: 왜 그런 얼굴을 하고 있어? 무슨 일 있어?

제이슨: (짜증난 얼굴로) 여기 극장에 도착하는데 어떤 놈이 발을 밟아서 날 넘어트렸어! 더 짜증나는 건 그 놈이 미안하다는 소리도 안 하는 것 있지? 나 진짜 화났어!

모니카: 잠깐만. '트렸어'라고 하면 안 되고 '뜨렸어'라고 해야 돼. '날 넘어뜨렸어.'

제이슨: 지금 내가 한 문법적인 실수에 대해 이야기하는 게 아니잖아! 넌 항상 내 실수를 바루잡으려고만 하더라! 난 지금 날 넘어뜨린 녀석에 대해 이야기하고 있다고!

모니카: 하지만 '바루잡으려고'가 아니고 '바로잡으려고'야.

제이슨: 네가 모든 것 다 아는 것처럼 행동할 때 정말 짜증나, 이 만물박사야!

VOCABULARIO BÁSICO ■ corregir 바로잡다, 교정하다 ■ taquilla 매표소 ■ cine 영화관 ■ aquí 여기 ■ teatro 극장 ■ caer 떨어지다, 넘어지다 ■ estar enojado(a) 화가 나다 ■ hablar de algo ~에 대해 이야기하다 ■ error 실수 ■ gramatical 문법의 ■ en este momento 지금 이 순간 ■ siempre 항상 ■ tipo 놈, 녀석 ■ pisar 발로 밟다 ■ irritar (누구를) 화나게 하다 ■ sabelotodo 만물박사

Nuevas EXPRESIONES

- **odiar** 싫어하다
    - Odio lavar los platos. 난 접시 닦는 걸 싫어해.
    - Odio conducir. 난 운전하는 걸 싫어해.

    본문에서는 odio que me 뒤에 접속법이 오는 구조가 쓰였습니다.
    - Odio que me hablen cuando miro el fútbol. 내가 축구경기를 볼 때 그들이 나한테 말 거는 게 싫어.
    - Odio que me mientan. 그들이 나한테 거짓말하는 게 싫어.

- **disgusto** 불쾌함, 화남 ↔ **gusto** 기쁨, 즐거움
    - cara de disgusto 불쾌한 얼굴

- **un tipo me pisó el pie** 어떤 놈이 내 발을 밟았어.

    사람을 경멸하는 듯한 어감으로 표현할 때 tipo라고 씁니다.
    - No me gusta ese tipo. 난 저런 부류는 싫어.

    pisar는 '밟다'라는 뜻의 동사이므로 un tipo me pisó el pie는 '한 녀석이 내 발을 밟았어'의 뜻입니다.

- **lo peor de todo es ...** 무엇보다 최악인 것은...

    lo peor는 '가장 최악인 것'이고 반대말로 'lo mejor (가장 최고인 것)'가 있습니다.
    - Lo peor de todo es que no podemos hacer nada.
      무엇보다 최악인 것은 우리가 아무것도 할 수 없다는 것이다.
    - Lo mejor de Bogotá es el clima. 보고타에서 가장 최고로 좋은 것은 날씨야.
    - Hay que esperar lo mejor, pero prepararse para lo peor.
      우린 최고를 기대해야 하지만 최악을 대비해야 한다.

- **disculparse** (무엇에 대해) 사죄하다
    - Ella se disculpó y prometió no volver a hacerlo. 그녀는 사과했고 다시는 안 그러겠다고 약속했다.

- **desgraciado** 불행한 사람, 얼간이

    본문에서 desagraciado는 '얼간이'란 뜻의 명사로 쓰였습니다. 앞에 나온 tipo와 비슷한 의미입니다. Él es un desgraciado라고 하면 문맥에 따라 '그는 얼간이야'가 될 수도 있고 '그는 불쌍한 사람이야'가 될 수도 있습니다.

- **se dice** 사람들은 말한다 **/ no se dice** 사람들은 말하지 않는다

여기서의 se는 비인칭 용법으로 주어를 모르거나 주어보다 동작이 더 중요한 경우에 특정 주어 없이 일반화하여 말할 때 쓰입니다. '사람은' 또는 '사람들은'과 같이 해석될 수 있죠. 스페인어권 국가에서는 집을 팔 때 창문에 'se vende(팝니다)'라고 붙여 놓는데 이 역시 se의 비인칭 용법을 활용한 것입니다. 누가 집을 파는지가 중요한 게 아니고 집을 파는 행위 자체가 중요하기에 이렇게 씁니다.

- **Se habla** español en Chile. 칠레에서는 사람들이 스페인어를 쓴다.
- **Se dice** que la economía va mejor. 사람들은 경제가 좋아지고 있다고 말한다.
- **Se maneja** rapidamente en Perú. 페루에서는 사람들이 차를 급하게 몰아요.

각 문장을 듣고 따라 말하세요.

- ¿Por qué tienes esa cara? ¿Qué te pasó?
- ¡Es que llegando aquí al teatro, un tipo me pisó el pie y me *hacio* caer!
- Lo peor de todo es que ni se disculpó el desgraciado.
- ¡Estoy muy enojado!
- Espera un momento.
- No se dice 'hacio', se dice 'hizo'. '¡Me hizo caer!'
- ¡No estoy hablando de mis errores gramaticales en este momento!
- ¡Tú siempre me estás *corregiendo*!
- ¡Estoy hablando del tipo que me pisó!
- Pero no se dice 'corregiendo', sino 'corrigiendo'.
- Uy, me irrita tanto cuando crees que te las sabes todas, ¡sabelotodo!

PASO 3 우리말을 듣고 스페인어로 통역한 다음 스페인어로 쓰세요.

왜 그런 얼굴을 하고 있어? 무슨 일 있어?

여기 극장에 도착하는데 어떤 놈이 발을 밟아서 날 넘어트렸어!

더 짜증나는 건 그 놈이 미안하다는 소리도 안 하는 것 있지?

나 진짜 화났어!

잠깐만. '트렸어'라고 하면 안 되고 '뜨렸어'라고 해야 돼. '날 넘어뜨렸어.'

지금 내가 한 문법적인 실수에 대해 이야기하는 게 아니잖아!

넌 항상 내 실수를 바루잡으려고만 하더라!

난 지금 날 넘어뜨린 녀석에 대해 이야기하고 있다고!

하지만 '바루잡으려고'가 아니고 '바로잡으려고'야.

네가 모든 것 다 아는 것처럼 행동할 때 정말 짜증나, 이 만물박사야!

> *Aprendes a hablar hablando, a estudiar estudiando, a correr corriendo, a trabajar trabajando. - Anatole France*
> 당신은 말하면서 말을 배우고 공부하면서 공부를 배우고 달리면서 달리기를 배우고 일하면서 일을 배운다. – 아나톨 프랑스

Cosas Que Me Irritan

"Odio que no se disculpen"

다음 대화를 읽고 음성파일을 세 번 들으세요.

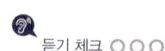

(*Mónica se va enojada* y Jason decide ver la película solo)

Jason: **Ahora que se fue**, ¿qué hago con este tiquete? Ah, ya sé. **¡Lo puedo vender a mitad de precio!** *(gritando en la fila)* ¿Alguien necesita un tiquete barato? ¡Una oportunidad como esta no se ve todos los días! ¿Alguien?... ¿Alguien?!

Hombre: ¡Señor!

Jason: **¡A la orden!** ¿Lo quiere comprar? ¡Se lo vendo a mitad de precio!

Hombre: No me interesa. Lo que me interesa es que deje de gritar. Este es un lugar público. ¡Respete!

Jason: Perdón por gritar... Pero espere un momento. ¡Usted fue el que me hizo caer hace un rato! **¡Me debe una disculpa!** ¿No cree?

Hombre: No lo creo. Usted **se atravesó** en mi camino y yo simplemente **seguí adelante**.

Día 2 *"잘못을 해 놓고 시치미 떼는 건 싫어"*

(모니카는 화가 난 채로 집으로 가고 제이슨 혼자 영화를 보기로 한다)

제이슨: 이제 모니카도 가 버렸네. 남은 티켓으로 뭐하지? 아, 이렇게 하면 되겠네. 반값으로 팔아 넘기면 되겠어! (줄 서 있는 사람들에게 소리치며) 싼 티켓 필요하신 분 없으세요? 이런 기회가 날마다 오는 건 아니니까요! 누구 없어요?

남자: 아저씨!

제이슨: 말씀만 하세요! 티켓 원하세요? 반값에 팔고 있어요!

남자: 그건 관심 없고요. 내가 관심 있는 건 그쪽이 좀 조용히 하는 거예요. 여긴 공공 장소예요. 존중 좀 해 달라고요!

제이슨: 소리 질러 죄송해요...... 근데 잠깐만요. 당신 아까 나 밀어 넘어뜨린 사람 아니에요? 내게 사과해야죠! 그렇지 않아요?

남자: 내가 왜? 당신이 내 길을 앞질러 갈 때 난 가던 길을 쭉 걸어갔을 뿐인데.

Nuevas EXPRESIONES

● **Mónica se va enojada** 모니카는 화가 난 채로 간다 /
Ahora que se fue 이제 모니카도 갔는데...

se va와 se fue의 동사원형은 irse입니다. Ir와 irse의 차이점은 ir는 '가다'를, irse는 '떠나다'라는 점입니다. 그래서 Mónica se va enojada는 '모니카는 화가 난 채로 떠난다'가 되고 Ahora que se fue는 '이제 모니카도 떠났는데'가 됩니다. 이때 ahora que는 '이제 ...이므로'의 뜻입니다.

- Este tren va a Seúl. 이 기차는 서울로 가. `ir 가다`
- Voy a la tienda. 나는 상점에 가. `ir 가다`
- Tengo que irme. 나는 이제 떠나야 해. `irse 떠나다`
- ¿Por qué te vas tan temprano? 너 왜 이렇게 일찍 떠나? `irse 떠나다`

● **¡Lo puedo vender a mitad de precio!** 반값으로 팔아 넘기면 되겠어!

a mitad de precio는 '반값에'의 뜻으로 vender(팔다)나 comprar(사다) 동사와 자주 쓰입니다. 홈쇼핑에서 많이 쓰이는 표현이 바로 이 a mitad de precio입니다.

- Llama ahora mismo y recibirás este producto a mitad de precio.
  지금 전화 주시면 이 상품을 반값에 받아 보실 수 있습니다.
- Me ha vendido un libro a mitad de precio. 그(녀)는 나에게 반값에 책을 한 권 팔았다.
- Venden la bicicleta a mitad de precio. 그들은 자전거를 반값에 팔아요.
- Compra música en Google Play a mitad de precio. 구글스토어에서 음악을 반값에 구매하세요.

● **a la orden** 어서 오십시오, 도와드릴까요?

물건을 팔 때 '어서 오세요'라는 뜻의 남미식 표현입니다. 같은 의미이지만 좀 더 딱딱한 표현으로는 ¿En qué puedo servirle? (어떻게 도와드릴까요?)가 있습니다.

VOCABULARIO BÁSICO ■odiar 싫어하다 ■disculparse (무엇에 대해) 사죄하다 ■ver 보다 ■película 영화 ■tiquete 티켓 ■gritar 소리치다 ■fila 열, 줄 ■¿Alguien necesita ...? ~ 필요한 사람 있어요? ■barato(a) (값이) 싼 ■vender algo a mitad de precio ~을 반값에 팔다 ■interesar 관심을 끌다 ■dejar de hacer algo ~하는 것을 중단하다 ■lugar 장소 ■público 공공의 ■perdón por hacer algo ~해서 죄송해 하다 ■hace (un) rato(=hace poco tiempo) 조금 전에 ■camino 길 ■simplemente 단순히, 단지

- **¡Me debe una disculpa!** 나한테 사과하셔야죠!

  deber는 '(의무, 채무 혹은 은혜를) 지다, 입다'의 뜻입니다. disculpa는 '사죄, 사과'란 뜻의 여성명사입니다.
  - Me debes 10 dólares. 넌 나한테 10달러 갚아야 해.
  - Te debo una disculpa. 난 네게 사과해야 해.

- **atravesarse** 불쑥 끼어들다

  atravesar는 '관통하다'의 의미를 가진 동사로 atravesarse와 같은 se형에서는 '(누구 혹은 무엇의) 통행을 방해하다'의 뜻이 됩니다.
  - Un camión se me atravesó. 트럭 한 대가 내 앞에 불쑥 끼어들었다.

- **seguir adelante** 앞으로 진행하다

  seguir는 '(시작된 것을) 계속하다'의 뜻이고 adelante는 '앞으로'란 뜻의 부사입니다.

각 문장을 듣고 따라 말하세요.

- Ahora que se fue, ¿qué hago con este tiquete? Ah, ya sé.
- ¡Lo puedo vender a mitad de precio!
- ¿Alguien necesita un tiquete barato?
- ¡Una oportunidad como esta no se ve todos los días!
- ¿Alguien?... ¿Alguien?!
- ¡Señor!
- ¡A la orden! ¿Lo quiere comprar? ¡Se lo vendo a mitad de precio!
- No me interesa. Lo que me interesa es que deje de gritar.
- Este es un lugar público. ¡Respete!
- Perdón por gritar… Pero espere un momento.
- ¡Usted fue el que me hizo caer hace un rato!
- ¡Me debe una disculpa! ¿No cree?
- No lo creo.
- Usted se atravesó en mi camino y yo simplemente seguí adelante.

PASO 3 우리말을 듣고 스페인어로 통역한 다음 스페인어로 쓰세요.

이제 모니카도 가 버렸네. 남은 티켓으로 뭐하지? 아, 이렇게 하면 되겠다.

반값으로 팔아 넘기면 되겠어!

싼 티켓 필요하신 분 없으세요?

이런 기회가 날마다 오는 건 아니니까요! 누구 없어요?

아저씨!

말씀만 하세요! 티켓 원하세요? 반값에 팔고 있어요!

그건 관심 없고요. 내가 관심 있는 건 그쪽이 좀 조용히 하는 거예요.

여긴 공공 장소예요. 존중 좀 해 달라고요!

소리 질러 죄송해요. 근데 잠깐만요.

당신 아까 나 밀어 넘어뜨린 사람 아니에요?

먼저 미안하다고 해야 하는 거 아닌가?

내가 왜? 당신이 내 길을 앞질러 갈 때 난 가던 길을 쭉 걸어갔을 뿐인데.

> *La vida es un proceso de aprendizaje. Debemos seguir aprendiendo.*
> *- Lailah Gifty Akita*
> 인생은 배움의 과정이다. 우리는 계속해서 배워야 한다. – 라일라 기프티 아키타

Día 3 · La venganza de Jason

다음 대화를 읽고 음성파일을 세 번 들으세요.

(Jason en su silla enojado ve al hombre sentarse en la silla de adelante)

Jason: ¡Esta es mi oportunidad para **desquitarme de este tonto**! Tengo una idea. ¡Voy a **fastidiarlo** pateando su silla todo el tiempo!

(comienza a patear)

Hombre: *(mirando hacia la silla de atrás y vociferando)* ¡Deje de patear mi silla! **¡Quédese quieto!**

Jason: ¡Shhh! Deje de gritar. Este es un lugar público. ¡Respete!

Hombre: Ah, **¡conque era usted!** Hágalo una vez más y le aseguro que se arrepentirá.

Jason: ¡Pues ya lo veremos! *(Jason lo vuelve a hacer)*

Hombre: *(gritando)* **¡Se lo advertí!** Antes, lo hice caer, ¡ahora le voy a romper las piernas!

(salta y ataca a Jason causando un gran escándalo)

Guardia: *(corriendo hacia ellos le dice al hombre)* Señor, ¡por favor retírese de la sala inmediatamente!

Día 3 제이슨의 복수

(제이슨이 영화관 자리에 화난 채로 앉아 있다가 앞자리에 앉는 그 남자를 본다)

제이슨: 저 멍청이한테 복수할 수 있는 절호의 기회네! 좋은 생각이 있어. 저 녀석이 앉아 있는 의자를 발로 차서 귀찮게 해야지!

(의자를 발로 차기 시작한다)

남자: (뒷자리를 쳐다보면서 소리친다) 의자 좀 그만 건드려요! 가만히 좀 있으라고요!

제이슨: 쉿! 조용히 좀 해요. 여긴 공공장소라고요. 존중해 주세요!

남자: 누군가 했더니 당신이군! 한번만 더 해 봐! 후회하게 만들어 줄 테니깐.

제이슨: 어디 두고 보자고! (제이슨이 다시 의자를 발로 찬다)

남자: (소리치며) 분명히 경고했어! 전에는 넘어지게 했다면, 이제는 발 몽둥이를 부러뜨릴 테다!

(의자 위로 뛰어 제이슨을 공격하여 소란을 피운다)

경비: (두 사람을 향해 뛰어오다가 제이슨을 공격하고 있는 남자에게) 이보세요. 당장 이곳에서 나가세요!

Nuevas EXPRESIONES

- **desquitarse de algo ~** 어떤 모욕에 대해 보복하다
    - Le dije así porque quería desquitarme de todos los insultos.
      그 모든 모욕에 대해 보복하고 싶었기 때문에 그(녀)에게 그렇게 말했다.
    - Pablo se desquitó de todas las bromas que su hermano le ha hecho.
      파블로는 그의 형이 그에게 한 모든 장난에 대해 보복했다.

- **fastidiar** 언짢게 하다, 불쾌하게 하다

    molestar(귀찮게 하다, 괴롭히다)와 비슷한 의미와 쓰임의 동사입니다.
    - Su actitud me fastidia mucho. 그(녀)의 행동은 나를 불쾌하게 한다.

- **¡Quédese quieto!** 가만히 좀 있어!

    〈quedarse + 형용사〉는 '~한 상태가 되다'란 뜻을 가진 구조입니다. quieto는 '움직이지 않는, 침착한'이란 뜻의 형용사입니다. 이 문장은 estar 동사의 명령형을 써서 말해도 같은 의미입니다.
    - ¿Cómo pudiste quedarte dormido? 너 어떻게 잠이 들어버릴 수 있어?
    - Mi destino es vivir por siempre con mis papás y quedarme soltero.
      나는 부모님과 평생 살고 솔로로 남을 운명인가 봐.
    - Se quedó quieto. 그(녀)는 가만히 있었다.
    - ¡Estáte quieto! 가만히 좀 있어!

- **¡conque era usted!** 그러고 보니 당신이구먼!

    conque는 '그래서, 결국'이란 뜻의 접속사입니다.
    - ¡Conque usted es el novio de esa mujer! 그러니까 당신이 그 여자의 남친이군요!

VOCABULARIO BÁSICO ■ venganza 복수 ■ ver a alguien 누군가를 보다 ■ tonto(a) 바보, 멍청이 ■ patear 발로 걷어차다 ■ silla 의자 ■ todo el tiempo 아주 자주, 내내 ■ comenzar a hacer algo ~하기 시작하다 ■ atrás 등 뒤에, 뒤쪽에 ■ vociferar 성내어 소리 지르다 ■ dejar de hacer algo ~하기를 중단하다 ■ respetar 존중하다 ■ Hágalo una vez más 그것을 한번 더 해 봐 ■ 〈asegurar a alguien que + indicativo(직설법)〉 ~에게 확언하다, 보증하다 ■ volver a hacer algo 전에 했던 것을 반복하다 ■ romper algo ~을 부수다 ■ pierna 다리 ■ saltar 뛰어넘다 ■ atacar a alguien 누구를 공격하다 ■ escándalo 스캔들, 큰 소동 ■ retirarse (어디에서) 떨어지다, 물러가다 ■ inmediatamente (=de inmediato) 즉시

- **¡Se lo advertí!** 내가 경고했었지!

  le lo advertí 대신 se lo advertí가 쓰였습니다. 여기서 se는 문맥상 usted(당신)을 지칭하는 간접목적어입니다. 간접목적어(~에게)와 직접목적어(~을/를)가 문장에서 동시에 쓰일 땐 간접목적어가 먼저 옵니다. 하지만 3인칭인 le, les가 뒤의 lo, la, los, las와 함께 쓰이면 발음상 편의를 위해 le, les를 se로 바꿔 줍니다.

  - Ellos **me los** dieron. 그들이 내게 그것들을 주었다. `me가 los 앞에 위치`
  - Ella **te la** vende. 그녀가 네게 그것을 판다. `te가 la 앞에 위치`
  - Paola **se lo** explicó. 빠올라는 그/그녀/그들에게 그것을 설명했다.

  `스페인어 간접목적어/직접목적어 정리`

  le lo/la → se lo/la   le los/las → se los/las   les lo/la → se lo/la   les los/las → se los/las

  이때 se가 가리키는 게 누군지 확실히 하기 위해 문장 뒤에 a를 붙이고 그 뒤에 정확한 목적어를 붙여 줍니다.

  - Paola **se lo** explicó **a ella**. 파올라는 그녀에게 그것을 설명했다.

  본문에서도 le lo adverti 대신 se lo adverti가 쓰였습니다. 여기서 se는 문맥상 'usted(당신)'을 지칭하는 간접목적어입니다.

각 문장을 듣고 따라 말하세요.

- ¡Esta es mi oportunidad para desquitarme de este tonto!
- Tengo una idea. ¡Voy a fastidiarlo pateando su silla todo el tiempo!
- ¡Deje de patear mi silla! ¡Quédese quieto!
- ¡Shhh! Deje de gritar. Este es un lugar público. ¡Respete!
- Ah, ¡conque era usted!
- Hágalo una vez más y le aseguro que se arrepentirá.
- ¡Pues ya lo veremos!
- ¡Se lo advertí!
- Antes, lo hice caer, ¡ahora le voy a romper las piernas!
- Señor, ¡por favor retírese de la sala inmediatamente!

PASO 3 우리말을 듣고 스페인어로 통역한 다음 스페인어로 쓰세요.

저 멍청이한테 복수할 수 있는 절호의 기회네!

좋은 생각이 있어. 저 녀석이 앉아 있는 의자를 발로 차서 귀찮게 해야지!

의자 좀 그만 건드려요! 가만히 좀 있으라고요!

쉿! 조용히 좀 해요. 여긴 공공장소라고요. 존중해 주세요!

누군가 했더니 당신이군!

한번만 더 해 봐! 후회하게 만들어 줄 테니깐.

어디 두고 보자고!

분명히 경고했어!

전에는 넘어지게 했다면, 이제는 발 몽둥이를 부러뜨릴 테다!

이보세요, 당장 이곳에서 나가세요!

> *Las mentes son como paracaídas, solo funcionan cuando están abiertas.*
> *- Frank Zappa*
> 마음은 낙하산과 같아서 열리지 않으면 제 역할을 하지 못한다. – 프랭크 자파

"Me sacaron del teatro"

다음 대화를 읽고 음성파일을 세 번 들으세요.

Mónica:	*(en su casa)* **Pensándolo bien** fue mi culpa… Siempre lo corrijo y nunca **presto atención a** lo que me dice… Voy a llamarlo, *(timbrando)* ¿aló?
Jason:	Aló, ¿Mónica? ¿Dónde estás?
Mónica:	Aquí en mi casa, **pensando en** lo que pasó.
Jason:	Entonces, ya sabes **cuánto me molesta** cuando corriges mi gramática mientras hablo. ¡También ya sabes cómo me irrita que te creas que eres **una sabelotodo**!
Mónica:	Realmente lo lamento. No lo vuelvo a hacer. A propósito, ¿dónde estás?
Jason:	En el cine, viendo la película.
Mónica:	¿No te dicen nada **por estar** hablando?
Jason:	No te preocupes. ¡Ya me están **sacando**!

Día 4 "나 극장에서 쫓겨났어"

모니카: (집에서) 생각해 보니 내 잘못이었어… 항상 그의 실수를 고치기만 하고 나한테 하는 말에는 귀 기울이지 않잖아… 제이슨한테 전화해야겠다. (전화기가 울린다) 여보세요?
제이슨: 여보세요? 모니카? 어디야?
모니카: 여기 집이야. 무슨 일이 있었는지 생각하고 있어.
제이슨: 그렇다면 이제 내가 이야기할 때 말 고치는 게 얼마나 성가신 일인지 알겠네. 또 네가 모든 걸 아는 만물박사처럼 굴 때 내가 얼마나 짜증나는지도 알겠고!
모니카: 진짜 미안해. 다시는 안 그럴게. 그건 그렇고, 어디야?
제이슨: 영화관에서 영화 보고 있지.
모니카: 시끄럽게 떠든다고 뭐라 안 해?
제이슨: 걱정하지 마. 지금 쫓겨나는 중이거든!

VOCABULARIO BÁSICO ■ culpa 잘못 ■ corregir 고치다 ■ nunca 한 번도 … 아니다 ■ molestar 못살게 굴다 ■ gramática 문법 ■ mientras …하는 동안 ■ irritar 짜증나게 하다 ■ creer 믿다, 생각하다 ■ lamentar 슬퍼하다, 안타까워하다 ■ volver a hacer algo 전에 했던 ~을 반복하다 ■ a propósito (화제 전환 시) 그건 그렇고

Nuevas EXPRESIONES

- **sacar a alguien de ~** ~를 …에서 꺼내다/끌어내다
  - Él me sacó de un hoyo de 5 metros. 그는 나를 5미터짜리 구덩이에서 빼내었다.
  - Me sacaron de mi casa. 그들은 나를 집에서 끌어내었다.

- **pensándolo bien** 잘 생각해 보니
  - Pensándolo bien, tu futuro está en riesgo. 잘 생각해 보니 네 미래가 위험에 처해 있어.
  - Pensándolo bien, no está tan mal. 잘 생각해 보니 그렇게 나쁘진 않다.

- **prestar atención a alguien/algo** ~에(게) 관심을 기울이다

  prestar는 '빌려 주다'의 뜻이지만 atención(주의)과 함께 쓰이면 '관심을 기울이다'의 뜻이 됩니다.

  - ¡Presta atención! ¡No hables cuando te estoy hablando!
    집중해! 너한테 말하고 있을 땐 말하지 마!
  - El hombre no prestó suficiente atención a su hijo.
    그 남자는 자기 아들에게 충분한 관심을 갖지 않았다.

- **pensar en algo/alguien** 어떤 것/누군가에 관해 생각하다

  pensar de algo/alguien과 pensar en algo/alguien은 어감에서 조금 차이가 있습니다. pensar en은 뭔가에 관해 곰곰이 생각할 때 쓰이고 pensar de는 뭔가에 대한 의견을 생각할 때 쓰입니다.

  - ¿Qué piensas de la situación económica actual? 현재 경제 상황에 대해 어떻게 생각해? `의견`
  - ¿Qué piensas de Paola? 파올라에 대해 어떻게 생각해? `의견`
  - Pienso en mi mamá cada día. 매일 매일 엄마 생각을 한다. `곰곰이 생각`
  - No dejo de pensar en Paola. 파올라에 대한 생각을 멈출 수가 없다. `곰곰이 생각`

- **cuánto me molesta** 얼마나 나를 짜증나게 하는지

  cuánto는 대개 ¿Cuánto cuesta? (얼마예요?)나 ¿Cuánto dinero necesitas? (돈이 얼마나 필요해?) 같이 '얼마나'의 뜻으로 쓰이지만 본문처럼 '얼마나 …한지'와 같은 감탄의 의미로도 쓰입니다.

  - ¡Cuánto me alegro de verte! 너를 봐서 내가 얼마나 기쁜지! → 널 봐서 정말 기쁘다!
  - ¡Cuánto tiempo sin verte! 너를 못 본지 얼마나 오래 되었는지! → 정말 오랜만이다!
  - ¡Cuánto tiempo perdido! 얼마나 많은 시간을 잃어버렸는지! → 시간이 많이 낭비되었어!

- **una sabelotodo** 만물박사

  명사 sabelotodo는 -o로 끝나지만 남성형과 여성형 둘 다 될 수 있습니다. estudiante가 un estudiante도 되고 una estudiante도 되는 것과 마찬가지입니다.

- **por hacer algo** ~를 한 이유로
  - Mis padres me castigaron *por mentir*. 거짓말을 했다는 이유로 부모님께서는 내게 벌을 주셨다.
  - Adriana se cayó *por correr* cruzando la calle. 아드리아나는 길을 서둘러 건넜기 때문에 넘어졌다.

각 문장을 듣고 따라 말하세요.

- Pensándolo bien fue mi culpa…
- Siempre lo corrijo y nunca presto atención a lo que me dice…
- Voy a llamarlo, ¿aló?
- Aló, ¿Mónica? ¿Dónde estás?
- Aquí en mi casa, pensando en lo que pasó.
- Entonces, ya sabes cuánto me molesta cuando corriges mi gramática mientras hablo.
- ¡También ya sabes cómo me irrita que te creas que eres una sabelotodo!
- Realmente lo lamento.
- No lo vuelvo a hacer.
- A propósito, ¿dónde estás?
- En el cine, viendo la película.
- ¿No te dicen nada por estar hablando?
- No te preocupes.
- ¡Ya me están sacando!

PASO 3 우리말을 듣고 스페인어로 통역한 다음 스페인어로 쓰세요.

생각해 보니 내 잘못이었어...

항상 그의 실수를 고치기만 하고 나한테 하는 말에는 귀 기울이지 않잖아...

제이슨한테 전화해야겠다. 여보세요?

여보세요? 모니카? 어디야?

여기 집이야. 무슨 일이 있었는지 생각하고 있어.

그렇다면 이제 내가 이야기할 때 말 고치는 게 얼마나 성가신 일인지 알겠네.

또 네가 모든 걸 아는 만물박사처럼 굴 때 내가 얼마나 짜증나는지도 알겠고!

진짜 미안해. 다시는 안 그럴게. 그건 그렇고, 어디야?

영화관에서 영화 보고 있지.

시끄럽게 떠든다고 뭐라 안 해?

걱정하지 마. 지금 쫓겨나는 중이거든!

> *La gente exitosa nunca se preocupa sobre lo que otros están haciendo. - Anónimo*
> 성공적인 사람들은 남들이 하는 일을 걱정하지 않는다. – 무명 씨

 # Diario de Jason

 다음 대화를 읽고 음성파일을 세 번 들으세요. 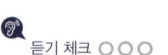 듣기 체크 ○○○

Hoy **antes de llegar** al teatro para **verme con mi novia**, un estúpido me hizo caer. Le estaba contando a Mónica el incidente y, como siempre, corrigió mis errores **en vez de escucharme**. **Discutimos** y ella se fue para su casa. Yo en cambio decidí ver la película. **Dicen que** es muy buena pero no la disfruté porque el tipo que me hizo caer **se sentó** adelante de mí. Todo **terminó en** una pelea, y lo sacaron del teatro por atacarme. Muy pronto, a mí también me sacaron por estar hablando por teléfono con Mónica. No fue uno de mis mejores días.

Día 5 제이슨의 일기

오늘 여자친구와 만나기로 한 극장에 도착하기 전에 한 얼간이가 나를 넘어지게 했다. 모니카한테 이 일에 대해 이야기하는데 항상 그렇듯이 내 말을 듣기는커녕 내 말실수만 고치려고 했다. 논쟁 후 그녀는 집에 가 버렸다. 나는 남아서 영화를 보기로 했다. 다들 재미있는 영화라고 하는데 날 넘어지게 한 얼간이 녀석이 앞에 앉는 바람에 영화를 제대로 즐기지 못했다. 모든 게 싸움으로 종결되고 날 공격한 그는 극장에서 끌려나갔다. 잠시 후, 모니카와 전화했다는 이유로 나 역시 쫓겨나게 되었다. 오늘은 그리 좋은 날이 아니었다.

VOCABULARIO BÁSICO
- **estúpido(a) [=tonto(a)]** 멍청이, 얼간이
- **contar** 이야기하다
- **incidente** 사건
- **como siempre** 항상 그렇듯이
- **irse** 가버리다
- **en cambio** 반면에, 반대로
- **disfrutar algo** (무엇을) 즐기다
- **tipo** 녀석, 놈
- **adelante** 앞에
- **todo(a)** 모든 것
- **por hacer algo** ~를 한 이유로
- **hablar por teléfono** 전화 통화하다

Nuevas EXPRESIONES

- **antes de hacer algo** ~을 하기 전 ↔ **después de hacer algo** ~을 하고 난 후
  - Hay que hacer ejercicio *antes de comer*. 사람들은 먹기 전에 운동을 해야 한다.
  - *Después de comer* salimos a pasear. 밥을 먹은 후 우리는 걷기 위해 나갔다.

- **verse con alguien** 누군가를 보다/만나다

  ver a alguien과 verse con alguien은 비슷한 의미입니다. 영어 동사 see와 마찬가지로 ver 동사는 '보다'의 의미도 있지만 '누군가를 만나다'의 의미도 있습니다.
  - Ayer *me vi con* Kevin en el café. 어제 카페에서 케빈을 만났다.
  - Ayer fui a *ver a* tu hermano. 어제 네 동생을 보러 갔다.

- **en vez de algo / hacer algo** ~ 대신에, ~하는 대신에
  - Hoy tomaré café *en vez de* té. 오늘은 차 대신 커피 마셔야지.

  en lugar de도 같은 의미의 표현입니다.
  - En *lugar de salir* tanto, deberías estudiar más. 자꾸 밖에 나가는 대신 넌 공부를 좀 더 해야 돼.

- **discutir** 말다툼하다, 언쟁하다

  영어의 discuss와 같이 discutir에는 '토론하다'의 의미도 있지만 일반적으로는 '언쟁하다'의 의미로 가장 많이 쓰입니다.

- **dicen que ...** 들리는 바에 의하면 …라더라

  dicen은 decir의 직설법 현재형 복수로 '(사람들이) 말한다'의 의미입니다. 그래서 dicen que는 그런 맥락에서 '소문에 의하면 ~라더라'의 의미가 되는 것입니다.
  - *Dicen que* esa película es muy buena. 들리는 소문에 의하면 그 영화 참 좋다던데.
  - *Dicen que* él tiene mucho dinero. 사람들은 그가 돈이 매우 많다고 한다.

- **se sentó** 그는 앉았다

  sentarse(앉다)의 직설법 과거형입니다.

- **terminar en** (어떤 결과로) 끝나다
  - Todo *terminó en* tragedia. 모든 게 비극으로 끝났다.
  - Todo *terminó en* un escándalo. 모든 게 난장판으로 끝났다.
  - Una fiesta de 15 *terminó en* escándalo. 15명이 벌이던 축제는 큰 소동으로 끝이 났다.

 **PASO 2** 각 문장을 듣고 따라 말하세요.

- Hoy antes de llegar al teatro para verme con mi novia, un estúpido me hizo caer.
- Le estaba contando a Mónica el incidente y, como siempre, corrigió mis errores en vez de escucharme.
- Discutimos y ella se fue para su casa.
- Yo en cambio decidí ver la película.
- Dicen que es muy buena pero no la disfruté porque el tipo que me hizo caer se sentó adelante de mí.
- Todo terminó en una pelea, y lo sacaron del teatro por atacarme.
- Muy pronto, a mí también me sacaron por estar hablando por teléfono con Mónica.
- No fue uno de mis mejores días.

따라 말하기 ○○○○○○○○○○   쉐도잉 ○○○○○○○○○○

PASO 3 우리말을 듣고 스페인어로 통역한 다음 스페인어로 쓰세요.

오늘 여자친구와 만나기로 한 극장에 도착하기 전에 한 얼간이가 나를 넘어지게 했다. 모니카한테 이 일에 대해 이야기하는데 항상 그렇듯이 내 말을 듣기는커녕 내 말실수만 고치려고 했다. 논쟁 후 그녀는 집에 가 버렸다. 나는 남아서 영화를 보기로 했다. 다들 재미있는 영화라고 하는데 날 넘어지게 한 얼간이 녀석이 앞에 앉는 바람에 영화를 제대로 즐기지 못했다. 모든 게 싸움으로 종결되고 날 공격한 그는 극장에서 끌려나갔다. 잠시 후, 모니카와 전화했다는 이유로 나 역시 쫓겨나게 되었다. 오늘은 그리 좋은 날이 아니었다.

PASO 4 주어진 표현을 활용해 여러분만의 스페인어 문장을 쓰세요.

❶ en vez de algo / hacer algo 활용

❷ dicen que ... 활용

잠깐

한 프랑스인이 방금 알게 된 독일인에게 말했습니다. "프랑스에 오면 우리 집에 놀러 와." 독일인은 이 약속을 잊지 않았고 이듬해 프랑스인 집에 찾아갑니다. 문 밖에 서 있는 독일인을 본 프랑스인은 당황합니다. 놀러 오라는 소리가 진짜 오라는 의미가 아닌, 순전히 예의상 한 말이었기 때문입니다. 이 이야기에서 나타나듯이 독일 사람들은 약속, 특히나 시간 약속을 철저히 지킨다고 합니다. 물론 개개인을 놓고 보면 약속 시간을 잘 안 지키는 사람도 있겠으나 전반적인 사회 분위기가 그렇다는 것을 무시할 수는 없을 것 같습니다. 그렇다면 남미 사람들은 시간 관념이 어떨까요? 약속을 하면 시간을 잘 지키는 편일까요, 아니면 약속 장소에 늦게 나오는 편일까요? 남미라는 대륙이 워낙 넓고 크기 때문에 일반화하는 것에는 무리가 있겠지만 많은 현지인들의 의견에 따르면 남미의 일반적인 사회 분위기는 시간을 철저하게 지키는 독일의 모습과는 제법 차이가 있다고 합니다.

꽃으로 장식된 집: 대부분의 집들이 이와 같이 하얀 색 외벽과 빨간 지붕으로 되어 있다

쉬어가기

책 작업을 하러 콜롬비아 보고타에서 머물던 어느 날, 현지 교회에서 단체로 여행을 가기로 했습니다. 새벽 5시에 만나서 '비자 데 레이바'라는 전통적인 아름다움이 살아 있는 도시에 구경을 가기로 한 거죠. 약속 당일, 얼굴이 창백해질 정도로 컨디션이 좋지 않았지만 친구에게 꼭 가겠다고 약속했기 때문에 잠을 자는 둥 마는 둥 하고 새벽 택시를 타고 4시 50분에 약속 장소로 갔습니다. 그런데 이게 어찌된 일인지, 도착한 약속 장소에는 개미 새끼 한 마리도 없는 것이었습니다. 추운 날씨에 덜덜 떨면서 '내가 모르는 새 약속 장소가 바뀌었나' 하는 걱정에 어찌할 줄 몰라 하길 약 20분. 사람들이 하나 둘 나타났고 뒤늦게 나타난 버스는 6시에 아무일 없었다는 듯이 유유히 출발했습니다. 이 경험을 비추어 볼 때 확실히 콜롬비아의 분위기는 약속 시간을 철저히 지키는 것과는 거리가 멀어 보였습니다.

비자 데 레이바의 한적한 거리

CAPÍTULO

11 GET MORE LIKE

Redes Sociales

Redes Sociales
소셜 네트워킹

Día 1
Buscando ayuda
도움을 찾다

Día 2
Con las manos en la masa
딱 걸리다

Día 3
La cruda realidad
혹독한 현실

Día 4
Calidad vs Cantidad
질 vs 양

Día 5
Diario de Lina
리나의 일기

Buscando ayuda

다음 대화를 읽고 음성파일을 세 번 들으세요.

(En la casa de la **abuela**)

Lina: ¿Dónde está mi tío Sergio? ¡No lo veo **por ningún lado**!

Abuela: Debe estar **encerrado en su cuarto como de costumbre**.

(Lina, encogiéndose de hombros, va al segundo piso y golpea a la puerta)

Lina: ¡Tío, Tío! ¡Soy yo, tu **sobrina**!

Sergio: *(perezosamente)* Hola, Lina. **¿Qué andas haciendo?**

Lina: Es que necesito tu ayuda. ¿Puedo seguir?

Sergio: ¡Sí, claro! Entra.

Lina: *(mirando la pantalla del computador)* ¡Tienes tu Facebook abierto! ¿De quién es esa foto? ¡Se ve muy guapo y musculoso! ¿Es un modelo amigo tuyo?

Sergio: *(un poco avergonzado)* No, ese soy yo.

Lina: ¿Qué? Pero tú eres viejito, feo y barrigón.

Día 1 도움을 찾다
(할머니 댁에서)
리나: 세르히오 삼촌 어디 있어요? 어디에도 안 보이는데요!
할머니: 만날 그렇듯이 자기 방에 틀어박혀 있을 거야.
(리나는 어깨를 으쓱이며 2층으로 올라가 문을 두드린다)
리나: 삼촌! 삼촌! 저, 조카예요!
세르히오: (게으르게) 안녕, 리나. 여기서 뭐하니?
리나: 사실 삼촌 도움이 필요해요. 들어가도 돼요?
세르히오: 그럼, 물론이지! 들어와.
리나: (컴퓨터 화면을 보면서) 삼촌 페이스북이 열려 있어요! 이거 누구 사진이에요? 근육질에 멋있어 보이는데요! 삼촌 모델 친구예요?
세르히오: (창피해하며) 아니, 그거 나야.
리나: 네? 근데 삼촌은 늙다리에 못생기고 배도 나왔잖아요.

Nuevas EXPRESIONES

- **abuelo(a), tío(a), sobrino(a)**
  - abuelo 할아버지 • abuela 할머니 • tío 삼촌 • tía 이모 • sobrino (남자) 조카 • sobrina (여자) 조카

- **por ningún lado** 어디에도 (찾을 수 없다)

  lado에는 '측면, 옆'이라는 의미 외에 '장소'의 의미도 있습니다.
  - No me gusta aquí. ¡Vámonos a otro lado! 나 여기 맘에 안 들어. 다른 곳에 가자!

  por ningún lado는 무엇인가 또는 누군가를 찾을 수 없을 때 쓰입니다.
  - ¡No veo mi celular por ningún lado! 내 핸드폰이 보이질 않아!

- **encerrado** 감금된

  본문에서의 encerrado는 '틀어박힌'의 의미가 됩니다. encerrarse en su habitación은 '자기 방에 틀어박히다'의 뜻입니다.
  - No soporto pasar todo el día encerrado en mi habitación.
    하루 종일 방에 틀어박혀 시간 보내는 것을 못 참겠어.

- **como de costumbre = como siempre** 항상 그렇듯이

  costumbre는 영어의 custom과 마찬가지로 '풍습, 습관'의 뜻을 갖고 있습니다. 풍습이나 습관은 뭔가를 매일 매일 할 때 생기죠. 그런 맥락에서 de costumbre는 siempre와 같이 '항상'의 의미가 됩니다.

- **¿Qué andas haciendo?** 너 여기서 뭐해?

  andar는 '쏘다니다'의 의미로 andar haciendo algo는 '밖에서 뭐 한다(be out doing sth)'의 의미입니다. 본문의 표현은 ¿Qué estas haciendo?와 같은 의미이나 어감에서 약간의 차이가 있음을 기억해 주세요.
  - Karen anda comprando ropa para su bebé. 까렌은 밖에서 아기 옷을 사며 돌아다닌다.
  - ¿Qué andas buscando? 뭐 찾고 돌아다녀?

VOCABULARIO BÁSICO ■ buscar 찾다 ■ ayuda 도움 ■ dónde 어디에 ■ cuarto(=habitación) 방 ■ encogerse de hombros 어깨를 으쓱이다 ■ segundo piso 2층 ■ golpear 두들기다 ■ puerta 문 ■ perezosamente 게으르게 ■ seguir 계속하다 ■ pantalla 화면 ■ abierto(a) 열린 ■ ¿de quién? 누구의 ■ guapo(a) 잘생긴 ■ musculoso 근육질의 ■ avergonzado 당황한 ■ viejo 늙은 ■ feo(a) 못생긴 ■ barrigón 배불뚝이, 배가 남산만한

Redes Sociales

각 문장을 듣고 따라 말하세요.

- ¿Dónde está mi tío Sergio?
- ¡No lo veo por ningún lado!
- Debe estar encerrado en su cuarto como de costumbre.
- Tío, Tío! ¡Soy yo, tu sobrina!
- Hola, Lina. ¿Qué andas haciendo?
- Es que necesito tu ayuda. ¿Puedo seguir?
- ¡Sí, claro! Entra.
- ¡Tienes tu Facebook abierto!
- ¿De quién es esa foto?
- ¡Se ve muy guapo y musculoso!
- ¿Es un modelo amigo tuyo?
- No, ese soy yo.
- ¿Qué? Pero tú eres viejito, feo y barrigón.

PASO 3 우리말을 듣고 스페인어로 통역한 다음 스페인어로 쓰세요.

세르히오 삼촌 어디 있어요? 어디에도 안 보이는데요!

만날 그렇듯이 자기 방에 틀어박혀 있을 거야.

삼촌! 삼촌! 저, 조카예요!

안녕, 리나. 여기서 뭐하니?

사실 삼촌 도움이 필요해요. 들어가도 돼요?

그럼, 물론이지! 들어와.

삼촌 페이스북이 열려 있어요!

이거 누구 사진이에요?

근육질에 멋있어 보이는데요!

삼촌 모델 친구예요?

아니, 그거 나야.

네? 근데 삼촌은 늙다리에 못생기고 배도 나왔잖아요.

> *Nunca consideres el estudio como una obligación, sino como una oportunidad para penetrar en el bello y maravilloso mundo del saber. - Albert Einstein*
> 공부를 해야 할 의무로 보지 말고 아름다운 배움의 세계를 깊이 이해할 기회로 삼아라. – 앨버트 아인슈타인

Con las manos en la masa

다음 대화를 읽고 음성파일을 세 번 들으세요.

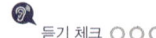

Sergio:	¡Lo sé! Lo sé muy bien, **no me lo recuerdes**.
Lina:	¡Y mira esta foto tuya al lado de la Torre Eiffel! **Yo no sabía que habías estado en París**.
Sergio:	*(titubeante)* Mmm… ¡Sí yo he ido **un par de veces**!
Lina:	¡Y aquí dice que eres un piloto! ¿Ya no trabajas en McDonald's?
Sergio:	*(titubeante)* Mmm… No, **me retiré de** McDonald's hace años.
Lina:	Y esta otra foto, ¿quién es esta chica tan linda? **¡Ahí** dice que es tu novia! *(con duda)* **Hasta donde yo sé**, ¡tú siempre has estado soltero!
Sergio:	Creo que me cogiste con las manos en la masa. No sé si me vayas a entender pero te voy a decir la verdad.

Día 2 딱 걸리다

세르히오: 알아! 잘 안다고! 그걸 나한테 다시 상기시킬 필요는 없어!
리나: 그리고 삼촌이 에펠탑 옆에서 찍은 이 사진 좀 봐요! 삼촌이 파리에 간 적이 있는지는 몰랐어요.
세르히오: (말을 더듬거리며) 음… 그래, 여러 번 갔었어!
리나: 그리고 여기 삼촌이 파일럿이라고 써 있네요! 이제 맥도날드에서 더 이상 일하지 않는 거예요?
세르히오: (말을 더듬거리며) 음…. 어, 맥도날드에서는 몇 년 전에 퇴직했어.
리나: 그리고 다른 사진에 있는 이 아름다운 여성은 누구예요? 삼촌 여친이라고 써 있네요! (의심의 눈초리로) 내가 아는 바에 따르면 삼촌은 항상 솔로였잖아요!
세르히오: 너한테 딱 걸린 것 같구나. 날 이해해 줄지는 모르겠지만 사실을 말해 줄게.

VOCABULARIO BÁSICO ■ **al lado de** ~ 가까이에, ~ 옆에 ■ **Torre Eiffel** 에펠탑 ■ **titubeante** 비틀거리는, 말을 더듬거리는 ■ **aquí** 여기 ■ **piloto** 파일럿 ■ **hace (unos) años** 수 년 전에 ■ **otro(a)** 다른 ■ **chica** 소녀, 젊은 여자 ■ **lindo(a)** 예쁜 ■ **novia** 여자친구 ■ **duda** 의심 ■ **soltero** 독신의, 미혼의 ■ **ir a hacer algo** ~을 할 것이다 ■ **verdad** 사실

Nuevas EXPRESIONES

- **con las manos en la masa** 범죄 현장에서 잡힌

  masa는 '빵을 만들기 위한 반죽'을 뜻하는 스페인어입니다. 먹고 살기 위해 밀가루 반죽을 훔치던 시대가 있었는데 그때 파생된 표현으로 범죄 현장에서 발각될 때 이 표현을 씁니다. '범죄 현장에서 잡다'를 표현하기 위해서는 앞에 coger(잡다)나 agarrar(꽉 잡다) 동사를 써서 coger/agarrar a alguien con las manos en la masa로 씁니다. 본문에서는 범죄 현장은 아니지만 '딱 걸리다'의 표현으로 쓰였다는 점을 참고해 주세요.

  - ¿Con las manos en la masa?: Coca Cola paga 550,000 dólares al líder de un colectivo antiobesidad
    딱 걸렸나? 코카콜라가 550,000불을 반 비만 단체의 지도자에게 지불하다

- **no recuerdes** 기억나게 하지 마

  recordar(기억나게 하다)의 부정 명령형은 다음과 같습니다.

	(nosotros) no recordemos
(tú) no recuerdes	(vosotros) no recordéis
(usted) no recuerde	(ustedes) no recuerden

- **Yo no sabía que habías estado en París.** 당신이 파리에 간 적이 있는지 몰랐어.

  sabía는 saber(알다)의 직설법 불완료과거형입니다. 파리에 간 경험이 주어가 그 사실을 안 시점보다 전에 일어난 일이기 때문에 habías estado와 같이 과거완료(대과거)의 형태로 쓰였습니다.

- **un par de veces** 여러 번

  par는 영어의 couple과 동일하며 '두 사람, 두 개'의 뜻을 갖고 있습니다. 영어의 a couple of times와 마찬가지로 un par de veces는 '두세 번' 혹은 '여러 번'의 의미를 갖습니다.

  - Él me llamó un par de veces para hablar conmigo. 그는 나와 이야기하기 위해 몇 번 전화했다.
  - He hablado con ella un par de veces. 난 그녀와 여러 번 이야기를 했었다.

- **retirarse** 퇴직하다

  '비켜서다, 물러가다, 퇴직하다'의 뜻 중에서 '퇴직하다'의 의미로 본문에서 쓰였습니다.

  - Finalmente se retiró de la política. 드디어 그(녀)는 정계에서 은퇴했다.
  - Cuando me retire quiero vivir como un rey. 저는 은퇴하면 왕처럼 살고 싶어요.

- **ahí ≒ allí** 거기, 저기 **< allá** 저기 (더 멀리)

    ahí는 어감상 좀 더 가깝고 명확한 곳을 가리키고 allí는 약간 애매하게 대략적인 장소를 가리킵니다. allá는 매우 멀리 있어 보이지 않을 수도 있는 장소를 가리킵니다. ahí는 hay와 발음이 비슷하기에 들으실 때 헷갈리지 않도록 주의하세요.

    - Ponlo ahí, en el suelo. 거기 바닥 위에 놔 줘.
    - No sé cómo llegar allí. 거기 어떻게 도착하는지 몰라.
    - Allá encima de las nubes se ve una águila. 저기 구름 위에 독수리 한 마리가 보인다.

- **Hasta donde yo sé** 내가 아는 한
    - Hasta donde yo sé no hay nada nuevo. 제가 아는 한 새로운 것은 전혀 없습니다.

각 문장을 듣고 따라 말하세요.

- ¡Lo sé! Lo sé muy bien, no me lo recuerdes.
- ¡Y mira esta foto tuya al lado de la Torre Eiffel!
- Yo no sabía que habías estado en París.
- Mmm… ¡Sí yo he ido un par de veces!
- ¡Y aquí dice que eres un piloto!
- ¿Ya no trabajas en McDonald's?
- Mmm… No, me retiré de McDonald's hace años.
- Y esta otra foto, ¿quién es esta chica tan linda?
- ¡Ahí dice que es tu novia!
- Hasta donde yo sé, ¡tú siempre has estado soltero!
- Creo que me cogiste con las manos en la masa.
- No sé si me vayas a entender pero te voy a decir la verdad.

PASO 3 **우리말을 듣고 스페인어로 통역한 다음 스페인어로 쓰세요.**

알아! 잘 안다고! 그걸 나한테 다시 상기시킬 필요는 없어!

그리고 삼촌이 에펠탑 옆에서 찍은 이 사진 좀 봐요!

삼촌이 파리에 간 적이 있는지는 몰랐어요.

음... 그래, 여러 번 갔었어!

그리고 여기 삼촌이 파일럿이라고 써 있네요!

이제 맥도날드에서 더 이상 일하지 않는 거예요?

음.... 어, 맥도날드에서는 몇 년 전에 퇴직했어.

그리고 다른 사진에 있는 이 아름다운 여성은 누구예요?

삼촌 여친이라고 써 있네요!

내가 아는 바에 따르면 삼촌은 항상 솔로였잖아요!

너한테 딱 걸린 것 같구나.

날 이해해 줄지는 모르겠지만 사실을 말해 줄게.

> *Toma la decisión de tener éxito y luego actúa como si no tuvieses otra opción.*
> – *Anónimo*
> 성공하기로 결심한 후에는 다른 선택의 여지가 없는 것처럼 행동하라. – 무명 씨

Redes Sociales 265

La cruda realidad

다음 대화를 읽고 음성파일을 세 번 들으세요.

Sergio: **Cada vez que miro** las fotos de mis amigos en Facebook, ¡se ven tan felices y **exitosos**! **En cambio** yo, cada vez más gordo, sin un empleo y sin novia.

Lina: ¿Por eso **aparentas ser otra persona** en Facebook?

Sergio: Sí. Por lo menos así **siento que soy alguien**. En una ocasión una chica vio mi perfil falso y **quiso** conocerme **en persona**. Ella tomó un avión y vino hasta esta ciudad solo para verme.

Lina: ¿Y fuiste con esa barrigota?

Sergio: ¡Claro que no! No quería estropear su fantasía y por eso no fui al aeropuerto.

Lina: Ay, tío, realmente ¡tienes un problema muy serio!

Sergio: **Tienes razón.** Pero no sé qué hacer…

Día 3 혹독한 현실

세르히오: 페이스북에서 내 친구들 사진을 볼 때마다 얼마나 행복하고 성공한 듯 보이는지! 그와는 반대로 나는 매번 뚱뚱해지고 직업도 없고, 여자친구도 없고.

리나: 그래서 페이스북에서는 다른 사람이 되려고 꾸민 거예요?

세르히오: 응. 그러면 최소한 내가 가치 있는 사람이라고 느끼니깐. 한번은 한 여자가 내 가짜 프로필을 보고 날 직접 보고 싶었나 봐. 그냥 날 보고 싶단 이유로 비행기를 타고 우리 동네까지 날아왔지 뭐야.

리나: 그래서 그 배때기를 끌고 갔어요?

세르히오: 당연히 안 그랬지! 그녀의 환상을 깨고 싶지 않아서 공항에 마중 나가지 않았어.

리나: 아, 삼촌. 진짜 문제가 심각하네요!

세르히오: 네 말이 맞다. 근데 뭘 해야 할지 모르겠어...

VOCABULARIO BÁSICO ■ verse+형용사 (…처럼) 보이다 ■ feliz 기쁜 ■ cada vez 매번 ■ gordo(a) 뚱뚱한 ■ empleo 일자리 ■ por eso 그래서 ■ por lo menos 최소한 ■ así 그렇게 ■ en una ocasión 한번은 ■ perfil 프로필 ■ falso 허위의, 거짓의 ■ tomar (탈것을) 타다 ■ avión 비행기 ■ venir 오다 ■ hasta ~까지 ■ barriga 배, 복부 ■ estropear 엉망으로 만들다, 망가뜨리다 ■ fantasía 환상 ■ aeropuerto 공항 ■ no saber qué hacer ~을 해야 할지 모르다

Nuevas EXPRESIONES

- **cruda realidad** 혹독한 현실

    crudo(a)는 '날 것의'란 의미를 기본으로 하는 형용사로 realidad(현실)이란 단어와의 궁합에서는 '혹독한, 잔혹한'의 의미가 됩니다.
    - La cruda realidad de la economía colombiana 콜롬비아 경제의 혹독한 현실

- **cada vez que hace algo** 매번 ~할 때마다
    - Cada vez que la veo empiezo a reír. 난 그녀를 볼 때마다 웃기 시작한다.
    - ¿Cómo ahorrar más de 3 litros cada vez que te duchas?
      매번 씻을 때마다 어떻게 하면 3리터 이상의 물을 절약할 수 있을까?

- **exitoso** 성공한, 성공적인

    명사형인 éxito(성공)도 같이 알아두세요.

- **en cambio** 반대로
    - Mi trabajo en cambio queda a dos cuadras de mi casa.
      내 직장은 (너와는) 반대로 집에서 두 블록 정도 떨어져 있다.

- **aparentar ser** ~인 체하다

    hacerse pasar por와 비슷한 표현이고, aparentar 뒤에 estar 동사를 붙여 문장을 만들 수도 있죠.
    - Se hizo pasar por Yumi en la fiesta.
    ≒ Ella aparentó ser Yumi en la fiesta. 그녀는 파티에서 유미인 것처럼 행동했다.
    - Él aparenta estar estudiando. 그는 공부하는 척을 한다.

- **siento que soy alguien** 내가 중요한 사람이라 느껴져

    여기서의 alguien은 '어떤 사람'이 아니라 '중요 인물'입니다. 영어로도 I am somebody.라고 하면 '나는 중요한 사람이야, 나는 가치 있는 사람이야'의 의미가 되지요? 스페인어도 같은 맥락에서 soy alguien이라고 하면 '난 중요한 사람이다'의 뜻이 됩니다.

- **quiso** 원했다

    querer(원하다)의 직설법 3인칭 과거형입니다. 본문에서의 una chica ... quiso conocerme는 '한 젊은 여자가 나를 알고 싶어했다'의 의미가 됩니다. querer hacer algo는 '~하기 원하다'의 뜻입니다.

- **en persona** 실물로, 직접

  이를 응용해 de persona a persona라고 하면 '일대일로, 제 3자의 개입 없이'의 뜻이 됩니다.
  - La orden me la dio él **en persona**. 그 명령은 그가 직접 나에게 내린 것이다.
  - ¿El Dengue se transmite **de persona a persona**? 뎅기열 바이러스는 사람과 사람 간에 전염되나요?

- **tener razón** 일리가 있다, 타당하다

  razón은 '이성, 분별'이란 의미의 명사입니다. razón을 가진 사람은 분별력 있는 사람이죠. 그런 맥락에서 tener razón이라고 말하면 '옳다, 타당하다'의 의미가 됩니다. 비슷한 의미로 tener sentido(말이 된다)가 있습니다.
  - Él **tiene razón**. = Él **tiene sentido**. 그의 말이 맞아.

각 문장을 듣고 따라 말하세요.

- Cada vez que miro las fotos de mis amigos en Facebook, ¡se ven tan felices y exitosos!
- En cambio yo, cada vez más gordo, sin un empleo y sin novia.
- ¿Por eso aparentas ser otra persona en Facebook?
- Sí. Por lo menos así siento que soy alguien.
- En una ocasión una chica vio mi perfil falso y quiso conocerme en persona.
- Ella tomó un avión y vino hasta esta ciudad solo para verme.
- ¿Y fuiste con esa barrigota?
- ¡Claro que no!
- No quería estropear su fantasía y por eso no fui al aeropuerto.
- Ay, tío, realmente ¡tienes un problema muy serio!
- Tienes razón. Pero no sé qué hacer…

PASO 3 우리말을 듣고 스페인어로 통역한 다음 스페인어로 쓰세요.

페이스북에서 내 친구들 사진을 볼 때마다 얼마나 행복하고 성공한 듯 보이는지!

그와는 반대로 나는 매번 뚱뚱해지고 직업도 없고, 여자친구도 없고.

그래서 페이스북에서는 다른 사람이 되려고 꾸민 거예요?

응. 그러면 최소한 내가 가치 있는 사람이라고 느끼니깐.

한번은 한 여자가 내 가짜 프로필을 보고 날 직접 보고 싶었나 봐.

그냥 날 보고 싶단 이유로 비행기를 타고 우리 동네까지 날아왔지 뭐야.

그래서 그 배때기를 끌고 갔어요?

당연히 안 그랬지!

그녀의 환상을 깨고 싶지 않아서 공항에 마중 나가지 않았어.

아, 삼촌. 진짜 문제가 심각하네요!

네 말이 맞다. 근데 뭘 해야 할지 모르겠어...

> *La vida es como un viaje por la mar: hay días de calma y días de tormenta; lo importante es ser un buen capitán de nuestro barco. - Jacinto Benavente*
> 인생은 바다를 항해하는 것과 같다. 평온한 날이 있는 반면 폭풍이 몰아치는 날도 있다. 중요한 것은 우리 인생의 배를 잘 이끄는 좋은 선장이 되는 것이다. - 자신토 베나벤테

Redes Sociales

Calidad vs Cantidad

다음 대화를 읽고 음성파일을 세 번 들으세요.

Lina: Mira, **hace un tiempo** yo tenía el mismo problema con Facebook. Tenía 1,200 amigos pero cuando necesitaba ayuda real, ninguno de ellos estaba **disponible**. Me sentía tan sola. Ahora, solo tengo tres amigas, pero siempre **están a mi lado** cuando las necesito.

Sergio: Sí, la calidad es más importante que la cantidad. Voy a cerrar mi **cuenta** de Facebook ya mismo y buscaré amistades reales.

Lina: Y **en cuanto a** un nuevo empleo, tus habilidades con el computador son tan sorprendentes que podrías ser un gran diseñador gráfico.

Sergio: ¡Excelente idea! Gracias. Y a propósito, ¿qué necesitabas?

Lina: No, **tranquilo**. ¡Olvídalo! *(para sí misma)* ¡Mejor busco ayuda por otro lado!

Día 4 질 vs 양

리나: 보세요, 전에 저도 페이스북 관련해 같은 문제가 있었어요. 친구가 1,200명이나 있었지만 진짜 도움이 필요했을 때는 아무도 제 곁에 없더라고요. 매우 외로웠죠. 지금은 친구가 셋 밖에 없지만 그들이 제가 필요할 때 항상 제 곁에 있어요.

세르히오: 그래, 양보다는 질이지. 지금 당장 페이스북 계정을 닫아 버리고 진짜 친구를 찾아봐야겠다.

리나: 새 직장에 관해서는요, 삼촌의 컴퓨터 능력이 아주 놀라우니까 진짜 뛰어난 그래픽 디자이너가 될 수 있겠어요.

세르히오: 좋은 생각이야! 고마워. 그건 그렇고, 내 방에 뭐 때문에 왔었지?

리나: 아니, 진정해요. 잊어버려요! (스스로에게) 도움은 다른 곳에서 찾는 게 낫겠어!

VOCABULARIO BÁSICO ■ **mira** 봐봐 ■ **el mismo problema** 같은 문제 ■ **real** 실제의, 진짜의 ■ **ninguno(a)** 한 사람의 …도 ■ **cerrar** 닫다 ■ **ya mismo (=ahora mismo)** 당장 ■ **buscar** 찾다 ■ **amistad** 우정 ■ **habilidad** 능력, 재능 ■ **sorprendente** 놀라운 ■ **diseñador gráfico** 그래픽 디자이너 ■ **excelente** 뛰어난 ■ **olvidar** 잊다 ■ **por otro lado** 다른 곳에서

Nuevas
EXPRESIONES

- **calidad, cualidad** 질 / **cantidad** 양

  calidad와 cualidad 이 두 단어 모두 같은 라틴어에 뿌리를 두고 있어 '질(quality)'이란 뜻을 공유하지만 실제로 쓰임에 있어서는 차이가 있습니다. cualidad는 뭔가 보이지 않는 특징이나 특성의 질을 나타낼 때 쓰이고, calidad은 단순히 어떤 물건의 질이 좋고 나쁨을 나타낼 때 쓰입니다. cantidad는 단순히 양을 나타내기에 별로 어렵지 않습니다. 다음 문장들을 통해 이 세 단어의 차이를 생각해 보세요.

  - Los carros son de buena **calidad**. 그 차들은 질이 참 좋아. `물건의 질`
  - Estos pantalones tiene mala **calidad**. 이 바지들은 질이 참 나쁘네. `물건의 질`
  - Éste es un producto de buena **calidad**. 이것은 질이 좋은 물건이다. `물건의 질`
  - Mi secretaría tiene muchas **cualidades**. 내 비서는 좋은 자질을 갖고 있어. `인간의 자질`
  - La paciencia es una buena **cualidad**. 인내는 좋은 자질이다. `인간의 자질`
  - Eficiencia y confiabilidad son **cualidades** que hacen a nuestro servicio único.
    효율성과 신뢰성은 우리 서비스를 특별하게 만드는 특성이다. `서비스의 질`
  - El río lleva gran **cantidad** de agua. 이 강에는 물이 많이 있다. `양`
  - Un kilo de manzanas y la misma **cantidad** de zanahorias, por favor. 사과랑 당근 1킬로 주세요. `양`

- **hace un tiempo** 얼마 전

  un tiempo는 '언젠가'의 의미인데 그 앞에 hace를 붙이면 '얼마 전'의 의미가 됩니다.

  - **Hace un tiempo** me enviaste un correo electrónico. 얼마 전에 네가 나한테 이메일 보냈더라.

- **disponible** (사람들을 만날) 시간이 있는

  원래 의미는 '사용할 수 있는'이지만 본문에서는 영어의 available과 같이 '사람들을 만날 여유나 시간이 있는'의 형용사로 쓰였습니다.

  - Hay una habitación **disponible** en el segundo piso. 2층에 사용 가능한 방이 하나 있다.
  - Mañana estoy **disponible** y te puedo ayudar. 내일 시간 여유가 좀 있어서 널 도와줄 수 있어.

- **están a mi lado** 그들은 내 옆에 있다

  lado는 '옆, 측면'을 말하는 남성명사로 al lado de alguien하면 '누군가의 곁'을 이야기합니다.

- **cuenta** 계정

  본문에서는 '(인터넷 사이트) 계정'의 의미로 쓰였는데 일반적으로 '청구서'나 '(은행 계좌에서 쓰는) 계정'의 의미로도 많이 쓰입니다.

- **en cuanto a** …에 대해서, …에 관해서
    - En cuanto a tu pregunta la resolveremos la próxima clase.
      네 질문에 대해서는 다음 수업 시간에 우리 같이 풀어 볼 거야.
    - En cuanto a los gastos, no te preocupes. 비용에 관해서는 걱정하지 마.

- **tranquilo(a)** 안심해
  tranquilo(a)는 형용사로 '조용한, 고요한'이란 뜻이지만 단독으로 쓰이면 '안심해'의 의미가 됩니다.

- **para sí misma** 자기 자신에게
  본문과 같은 상황에서는 이 표현 앞에 decir를 붙일 수도 있습니다.
    - Ella dijo para sí misma. 그녀는 스스로에게 속삭였습니다.

각 문장을 듣고 따라 말하세요.

- Mira, hace un tiempo yo tenía el mismo problema con Facebook.
- Tenía 1.200 amigos pero cuando necesitaba ayuda real, ninguno de ellos estaba disponible.
- Me sentía tan sola.
- Ahora, solo tengo tres amigas, pero siempre están a mi lado cuando las necesito.
- Sí, la calidad es más importante que la cantidad.
- Voy a cerrar mi cuenta de Facebook ya mismo y buscaré amistades reales.
- Y en cuanto a un nuevo empleo, tus habilidades con el computador son tan sorprendentes que podrías ser un gran diseñador gráfico.
- ¡Excelente idea! Gracias.
- Y a propósito, ¿qué necesitabas?
- No, tranquilo. ¡Olvídalo!
- ¡Mejor busco ayuda por otro lado!

PASO 3 우리말을 듣고 스페인어로 통역한 다음 스페인어로 쓰세요.

보세요, 전에 저도 페이스북 관련해 같은 문제가 있었어요.

친구가 1,200명이나 있었지만 진짜 도움이 필요했을 때는 아무도 제 곁에 없더라고요.

매우 외로웠죠.

지금은 친구가 셋 밖에 없지만 그들이 제가 필요할 때 항상 제 곁에 있어요.

그래, 양보다는 질이지.

지금 당장 페이스북 계정을 닫아 버리고 진짜 친구를 찾아봐야겠다.

새 직장에 관해서는요, 삼촌의 컴퓨터 능력이 아주 놀라우니까 진짜 뛰어난 그래픽 디자이너가 될 수 있겠어요.

좋은 생각이야! 고마워. 그건 그렇고, 내 방에 뭐 때문에 왔었지?

아니, 진정해요. 잊어버려요!

도움은 다른 곳에서 찾는 게 낫겠어!

> El secreto de la felicidad no es hacer siempre lo que se quiere sino querer siempre lo que se hace. – *J. M. Barrie*
> 행복의 비결은 좋아하는 일을 하는 것이 아니라 하는 일을 좋아하는 데 있다. – J.M. 배리

Diario de Lina

다음 대화를 읽고 음성파일을 세 번 들으세요.

> **Hoy en día** pienso mucho en mi futuro. Pensé que mi tío podría darme alguna **orientación**. Fui a visitarlo y **me llevé una gran sorpresa**. ¡Él era un adicto al Facebook! **Arregló sus fotos** para pretender que era un joven guapo. Dijo que era piloto, que tenía una novia hermosa y que había estado en París. Pero en realidad, estaba sufriendo mucho. Yo le aconsejé que sería mejor tener amigos reales y que podría conseguir un buen trabajo como diseñador gráfico. En cuanto a mi problema, creo que él no es la persona más **indicada** para ayudarme.

Día 5   리나의 일기

요즘 부쩍 내 미래에 대해 생각한다. 삼촌이 내게 좋은 조언을 해줄 수 있을 것이라 생각했다. 삼촌을 방문하러 갔는데 놀라게 됐다. 삼촌이 페이스북 중독자였던 것이다! 삼촌은 스스로가 멋진 젊은이라고 주장하기 위해 자기 사진을 고친 것이다. 자신이 아름다운 여자친구가 있는 파일럿이고 파리에도 다녀왔다고 했다. 하지만 현실 세계에서 삼촌은 매우 고통받고 있었다. 삼촌에게 진짜 친구를 가지는 게 더욱 좋을 것이라는 조언과 그래픽 디자이너로 좋은 직업을 구할 수 있으리라고 말해 주었다. 내 문제에 관해서 삼촌은 그리 적합한 사람이 아닌 것 같다.

VOCABULARIO BÁSICO
- **pensar en algo/alguien** ~에 대해 생각하다
- **futuro** 미래, 장래
- **alguna/algún** 어떤
- **visitar a alguien** ~를 방문하다
- **adicto** 중독자
- **pretender** (의심스러운 것을) 주장하다
- **en realidad** 현실에서는, 실제로는
- **sufrir** 괴로워하다
- **aconsejar** 충고하다, 조언하다
- **en cuanto a ...** …에 대해서, …에 관해서

Nuevas EXPRESIONES

- **hoy en día** 요즘
  - Hoy en día yo solo como frutas, verduras y nueces. 요즘 나는 과일과 채소, 그리고 견과류만 먹는다.

- **orientación** 오리엔테이션, 예비 교육

  orientación에는 '방향'이란 의미가 있습니다. 만약 누군가가 방향 감각이 안 좋다면 이 단어를 써서 alguien tiene un mal sentido de la orientación이라 말할 수 있습니다. 학습의 방향이나 인생의 방향을 정해 주기 위해 행하는 지도 또한 orientación이라 할 수 있는데요. 본문에서는 인생의 진로라는 의미로 이 단어가 쓰였습니다.
  - orientación profesional 직업 상담
  - orientación vocacional 직업 상담

- **me llevé una gran sorpresa** 날 놀라게 했다

  llevar는 '가지고 가다'를 기본 의미로 하는 동사로 llevarse에는 '(기쁨, 놀람, 불쾌 등을) 느끼다'의 의미도 있습니다.
  - Me llevé una gran decepción. 난 매우 실망했다.
  - Me llevé una alegría. 난 매우 기뻤다
  - Me llevé un susto. 난 불안했다.
  - Me llevé un gran susto y me pasaron muchas cosas por la cabeza.
    난 매우 불안했고 머릿속엔 수많은 생각들이 지나갔다.

- **Arregló sus fotos** 자기 사진을 보정했다

  arreglar는 '고치다, 수리하다'의 의미로 '자기 사진을 수리했다'는 본문의 이 표현은 '자기 사진을 보정했다'의 뜻이 됩니다.

- **indicado(a)** 적합한
  - Pedro es el hombre más indicado para este trabajo. 이 일에 가장 적합한 사람은 뻬드로야.

각 문장을 듣고 따라 말하세요.

- Hoy en día pienso mucho en mi futuro.
- Pensé que mi tío podría darme alguna orientación.
- Fui a visitarlo y me llevé una gran sorpresa.
- ¡Él era un adicto al Facebook!
- Arregló sus fotos para pretender que era un joven guapo.
- Dijo que era piloto, que tenía una novia hermosa y que había estado en París.
- Pero en realidad, estaba sufriendo mucho.
- Yo le aconsejé que sería mejor tener amigos reales y que podría conseguir un buen trabajo como diseñador gráfico.
- En cuanto a mi problema, creo que él no es la persona más indicada para ayudarme.

PASO 3 우리말을 듣고 스페인어로 통역한 다음 스페인어로 쓰세요.

요즘 부쩍 내 미래에 대해 생각한다. 삼촌이 내게 좋은 조언을 해줄 수 있을 것이라 생각했다. 삼촌을 방문하러 갔는데 놀라게 됐다. 삼촌이 페이스북 중독자였던 것이다! 삼촌은 스스로가 멋진 젊은이라고 주장하기 위해 자기 사진을 고친 것이다. 자신이 아름다운 여자친구가 있는 파일럿이고 파리에도 다녀왔다고 했다. 하지만 현실 세계에서 삼촌은 매우 고통받고 있었다. 삼촌에게 진짜 친구를 가지는 게 더욱 좋을 것이라는 조언과 그래픽 디자이너로 좋은 직업을 구할 수 있으리라고 말해 주었다. 내 문제에 관해서 삼촌은 그리 적합한 사람이 아닌 것 같다.

PASO 4 주어진 표현을 활용해 여러분만의 스페인어 문장을 쓰세요.

❶ hoy en día 활용

❷ me llevé una gran sorpresa 활용

잠깐

그새 최신 스마트폰을 쓰는 사람들이 많아졌다

쉬어가기

　5년 전 갤럭시 S라는 당시로는 상당히 고성능인 스마트폰이 출시되었을 때 제게는 벽돌같이 무겁고 거북이처럼 느린, 스마트폰이라 부르기도 민망한 물건이 있었습니다. 너무 무거워서 1분 이상 통화를 하면 팔이 저려오는(?) 그런 폰이었습니다. 이 골동품을 들고 콜롬비아에 갔는데 가는 곳곳마다 아이 어른 할 것 없이 사람들이 주변에 몰려드는 것이었습니다. 한물간 물건을 들고 설명하기가 민망했지만 신기해하는 사람들에게 화면을 터치하면서 기능을 소개해 준 기억이 있습니다.

　최근에 책 작업을 위해 다시 방문한 콜롬비아의 분위기는 예전과 많이 변해 있었습니다. 많은 사람들이 최신 스마트폰을 갖고 다니더라고요. 제가 갖고 간 갤럭시 S3는 그냥 오래된 폰일 뿐이었고 사람들은 더 이상 예전처럼 신기해하지 않았습니다. 버스에 탈 때면 네모난 화면에 집중해서 게임을 하고 문자를 보내는 사람들을 심심찮게 볼 수 있었는데 한국의 지하철에서 많이 보던 광경이라 전혀 낯설지 않았습니다. 굳이 다른 점을 찾자면 한국에서는 카카오톡 메신저를 많이 쓰는 반면 콜롬비아에서는 whatsapp(왓스앱)이란 어플을 많이 쓴다는 것이었습니다.

　이렇게 한국과 같이 스마트폰에 열중하고 있는 콜롬비아 인들을 보면서 세계가 점점 더 가까워진다는 느낌을 받았습니다. 기술의 발달로 새로운 문화를 접하고 친구를 사귀는 게 쉬워진 장점도 있지만 비슷한 것을 보고 공유하다 보니 생각과 문화 또한 획일화되는 것 같아서 한편으로는 안타까웠습니다. 그래서 제 앞에서 강남스타일의 말 춤을 추던 아이들을 볼 때 반가움보다는 아쉬운 마음이 더 컸나 봅니다. 아무리 기술이 발달하더라도 각 나라의 고유 의식과 문화, 음식은 잘 계승되었으면 좋겠습니다. 다음에 방문할 콜롬비아가 여전히 이국적인 매력이 살아 있는 나라로 간직되길 희망해 봅니다.

Volviéndose Muy Famosa

유명해 진다는 것

Día 1
Con los pies en la tierra
현실에 디딘 두 발

Día 2
Una gran oferta
대단한 제안

Día 3
Una vida aburrida
진저리나는 인생

Día 4
Todo fue un sueño
이 모든 게 꿈

Día 5
Diario de Claudia
클라우디아의 일기

Día 1: Con los pies en la tierra

다음 대화를 읽고 음성파일을 세 번 들으세요.

(En la casa)

Claudia: Pero ¿por qué **odias** tanto mis videos de YouTube?

Madre: No es que los odie. Simplemente **me preocupan todos los comentarios grotescos** que leí. Además, tienes más 'no me gusta' que 'me gusta'.

Claudia: Pero mamá, ¡es que yo quiero ser muy famosa! **Cantar y bailar son mis pasiones**. **Tal vez** alguna agencia **vea** mis videos y ¡me convierta en una chica muy rica y famosa!

Madre: Mi amor, tienes que **poner los pies en la tierra**. No quiero herir tus sentimientos pero cuando tú bailas, ¡pareces una gallina pisando cucarachas!

Claudia: *(sarcásticamente)* ¡Gracias por apoyarme tanto! **¡Más bien me voy a dormir!**

Día 1 현실에 디딘 두 발

(집에서)

클라우디아: 그런데 도대체 왜 제 유튜브 비디오를 그렇게 싫어하시는 거예요?

엄마: 내가 그것들을 싫어하는 게 아니야. 그저 내가 읽은 모든 안 좋은 댓글들이 신경 쓰이는 것뿐이지. 게다가 '좋아요'보단 '싫어요'가 더 많잖니.

클라우디아: 그래도 엄마, 전 아주 유명해지고 싶단 말이에요! 노래하고 춤추는 게 제가 꼭 하고 싶은 일이에요. 어쩌면 어떤 에이전시가 제 비디오를 보고 저를 돈 많고 유명한 여자애로 만들어 줄지도 모르는 거잖아요!

엄마: 얘, 넌 좀 현실적이어야 할 필요가 있어. 네 감정을 상하게 하고 싶진 않다만 너 춤출 때 꼭 닭이 바퀴벌레를 밟는 것처럼 보인단 말이야!

클라우디아: (비꼬듯이) 이렇게까지 지지해 주시니 고맙네요! 차라리 전 자러나 가야겠네요!

VOCABULARIO BÁSICO ■ tanto(a) 그렇게 많이 ■ simplemente 단순히, 단지 ■ leer 읽다 ■ además 게다가 ■ querer hacer algo ~을 하고 싶다 ■ agencia 에이전시 ■ convertir en algo ~으로 변환하다 ■ mi amor 사랑하는 사람들끼리 부르는 애칭 ■ herir 상처를 입히다 ■ bailar 춤추다 ■ pisar 밟다, 짓밟다 ■ cucaracha 바퀴벌레 ■ sarcásticamente 비꼬는 투로 ■ apoyar 지원하다, 지지하다

Nuevas EXPRESIONES

- **poner los pies en la tierra** 현실적이다

  직역하면 '발을 땅에 대다'의 의미입니다. 공중에 붕붕 떠다니는 것과 비교했을 때, 이건 참 현실적인 사실을 뜻하죠? 그래서 '현실적이다, 현실을 파악하다'의 뜻이 됩니다.
  - Hijo, tenemos que poner los pies en la tierra. 아들아, 우린 좀 현실적이 돼야 할 필요가 있어.
  - Bill Gates, un visionario con los pies en la tierra. 빌 게이츠, 현실적인 공상가

- **odiar** 미워하다, 싫어하다
  - Odio limpiar la casa. 나는 집 청소하는 것을 싫어한다.

- **me preocupan todos los comentarios grotescos** 이상한 댓글들이 신경 쓰여

  preocupar a alguien은 '누군가를 걱정시키다'의 의미입니다. 본문에서 me preocupan으로 preocupar 동사가 3인칭 복수형으로 쓰인 이유는 나를 걱정시키는 게 los comentarios grotescos(이상한 댓글들)로 복수형이기 때문입니다. 만약 나를 걱정시키는 게 단수라면 me preocupa로 쓰면 됩니다.
  - Me preocupa muchísimo el examen de matemáticas.
    수학 시험이 날 매우 걱정시킨다. (= 수학 시험 때문에 무척 걱정이 된다.)
  - Me preocupan los rumores de mi esposo.
    남편에 관한 루머들이 날 걱정시킨다. (남편에 관한 루머 때문에 걱정스럽다.)

- **Cantar y bailar son mis pasiones.** 노래하고 춤추는 것은 제가 꼭 하고 싶은 거예요.

  pasión은 일반적으로 '열정'의 의미이지만 이 경우에는 '정말 하고 싶은 일'이 됩니다.
  - ¡El fútbol es mi pasión! 전 축구가 정말 좋아요!
  - Mi trabajo es mi pasión. 저는 제 일이 너무 좋아요.

  이와 같은 맥락으로 ¿Qué te apasiona?는 '넌 어떤 일에 열정을 느끼니?' 다시 말해 '넌 뭐가 하고 싶니?'의 의미가 됩니다.

- **tal vez** 어쩌면

  a lo mejor나 quizá도 같은 의미로 많이 쓰입니다. tal vez 뒤에 직설법(indicativo)과 접속법(subjuntivo)이 올 수 있는데 어감상 indicativo가 올 때가 확률이 더 높고 subjuntivo가 올 때는 확률이 더 낮은 거라고 보시면 됩니다. 만약 매일 비가 왔고 오늘도 하루 종일 날씨가 흐릿했다고 하면 Tal vez va a llover esta tarde. ((날씨를 보니) 오늘 저녁에 비가 올 수도 있을 것 같아.)라고 하면 되지만, 매일 화창했는데 왠지 비가 올 것 같다고 말하고 싶으면 확률이 낮으므로 Tal vez vaya a llover esta tarde. ((확률은 낮지만) 어쩌면 오늘 저녁에 비가 올지도 모르겠다.)라고 하면 됩니다.

본문에서는 Tal vez alguna agencia vea mis videos... 로 subjuntivo를 썼으므로 화자는 확률이 낮다고 생각하여 말하고 있습니다.

- **¡Más bien me voy a dormir!** 차라리 전 자러나 가야겠네요!

  más bien은 영어의 rather와 같이 '차라리, 오히려'의 의미입니다.
  - No estoy alegre, sino **más bien** triste. 난 행복하지 않고 오히려 슬퍼.
  - No somos amigos, **más bien** conocidos. 우린 친구가 아니고 오히려 지인에 가깝다.

각 문장을 듣고 따라 말하세요.

- Pero ¿por qué odias tanto mis videos de YouTube?
- No es que los odie.
- Simplemente me preocupan todos los comentarios grotescos que leí.
- Además, tienes más 'no me gusta' que 'me gusta'.
- Pero mamá, ¡es que yo quiero ser muy famosa!
- Cantar y bailar son mis pasiones.
- Tal vez alguna agencia vea mis videos y ¡me convierta en una chica muy rica y famosa!
- Mi amor, tienes que poner los pies en la tierra.
- No quiero herir tus sentimientos pero cuando tú bailas, ¡pareces una gallina pisando cucarachas!
- ¡Gracias por apoyarme tanto!
- ¡Más bien me voy a dormir!

PASO 3 우리말을 듣고 스페인어로 통역한 다음 스페인어로 쓰세요.

그런데 도대체 왜 제 유튜브 비디오를 그렇게 싫어하시는 거예요?

내가 그것들을 싫어하는 게 아니야.

그저 내가 읽은 모든 안 좋은 댓글들이 신경 쓰이는 것뿐이지.

게다가 '좋아요'보단 '싫어요'가 더 많잖니.

그래도 엄마, 전 아주 유명해지고 싶단 말이에요!

노래하고 춤추는 게 제가 꼭 하고 싶은 일이에요.

어쩌면 어떤 에이전시가 제 비디오를 보고 저를 돈 많고 유명한 여자애로 만들어 줄지도 모르는 거잖아요!

얘, 넌 좀 현실적이어야 할 필요가 있어.

네 감정을 상하게 하고 싶진 않지만 너 춤출 때 꼭 닭이 바퀴벌레를 밟는 것처럼 보인단 말이야!

이렇게까지 지지해 주시니 고맙네요! 차라리 전 자러나 가야겠네요!

> *Lo que importa es cuanto amor ponemos en el trabajo que realizamos.*
> *- Madre Teresa de Calcuta*
> 중요한 것은 우리가 하는 일을 얼마나 사랑하는가 이다. – 캘커타의 마더 테레사

Volviéndose Muy Famosa 285

Día 2 *Una gran oferta*

다음 대화를 읽고 음성파일을 세 번 들으세요.

 듣기 체크 ○○○

(Se despierta con el sonido de su celular)

Claudia: *(con voz somnolienta)* ¿Aló, con quién hablo?

Agencia: ¿Claudia? ¡Felicitaciones! Te estamos llamando de la **agencia de actuación y modelaje más grande del país**. Vimos tus videos y **nos encantaron**. ¿Te gustaría firmar un contrato con nosotros?

Claudia: ¿De verdad? ¡Por supuesto que sí! Voy ya mismo **para allá**.

Madre: *(entra a su cuarto)* ¿Qué pasa? ¿Por qué tanto alboroto?

Claudia: *(abrazando a su mamá)* ¡Mamá, lo logré! Una agencia me **acabó de llamar**. Voy a ser muy famosa, tendré mucho dinero y todo el mundo **querrá** verme y pedir mi autógrafo.

Madre: *(con alegría)* ¡No lo puedo creer! ¡Me siento muy orgullosa de ti!

Día 2   대단한 제안
(울리는 핸드폰 소리에 깬다)
클라우디아: (졸린 목소리로) 여보세요, 누구세요?
에이전시: 클라우디아? 축하해요! 우리나라에서 제일 큰 연예기획사에서 전화하는 거예요. 당신 비디오를 봤는데 참 좋더군요. 우리랑 계약하지 않을래요?
클라우디아: 진짜요? 당연히 그래야죠! 지금 바로 그리로 갈게요.
엄마: (클라우디아의 방으로 들어간다) 무슨 일이야? 왜 이리 소란스러워?
클라우디아: (엄마를 껴안으며) 엄마, 나 해냈어요! 지금 막 기획사에서 나한테 전화했어요. 나 이제 유명해져서 돈도 많이 벌 거고 온 세상이 날 보고 싶어하며 내게 사인해 달라고 할 거예요.
엄마: (기뻐하며) 믿을 수가 없구나! 네가 정말 자랑스럽다!

VOCABULARIO BÁSICO ▪**oferta** 제안 ▪**sonido** 소리 ▪**¿con quién hablo?** (전화 받을 때) 누구세요? ▪**¡Felicitaciones!** 축하해! ▪**llamar** 전화하다 ▪**firmar un contrato** 계약서에 서명하다 ▪**¡Por supuesto que sí!** (=¡Claro que sí!) 당연하죠! ▪**ya mismo** (=ahora mismo) 지금 바로 ▪**cuarto** 방 ▪**alboroto** 큰 소리, 소동 ▪**abrazar** 포옹하다 ▪**lograr** 달성하다, 성취하다 ▪**todo el mundo** 모든 사람들 ▪**autógrafo** (유명인의) 사인 ▪**alegría** 기쁨, 환희 ▪**orgulloso(a)** 자랑스러운 듯한

Nuevas EXPRESIONES

- **se despierta**

    despertar는 '깨우다'라는 의미의 타동사이고 이를 despertarse와 같이 se형으로 만들면 '일어나다'가 됩니다.
    - ¿Por qué te despertaste tan temprano? 왜 이리 일찍 일어났어?

- **somnoliento(a)** 졸린

    이 형용사가 수식하는 명사 'voz(목소리)'는 여성형이기 때문에 성수 일치를 위해 somnolienta로 여성형을 써 주었습니다.

- **agencia de actuación y modelaje** 연예기획사

    agencia는 '에이전시'의 의미입니다. actuación에는 '움직임, 활동(action)'의 의미도 있지만 '연기(acting)'의 의미도 있습니다. modelaje는 '모델 일(modelling)'이란 뜻인데, 연기와 모델 일을 담당하는 기획사를 agencia de actuación y modelaje라고 할 수 있습니다.

- **más grande del país** 나라에서 가장 큰

    본문의 이 표현은 〈más + 형용사 + de〉로 '~에서 가장 …하다'의 뜻으로 우등최상급 구조를 갖고 있습니다. 비슷한 구조를 쓴 다음 문장을 참고해 보세요.
    - Kevin es el chico más inteligente de la clase. 케빈은 학급에서 가장 똑똑한 아이이다.
    - Patricia es la chica más delgada de la clase. 빠뜨리시아는 학급에서 가장 마른 아이이다.

    반대로 〈menos + 형용사 + de〉를 쓰면 '~에서 가장 덜 …하다'의 뜻으로 열등최상급이 됩니다. 다음 문장을 참고해 보세요.
    - Carlos es la persona menos responsable de la familia. 카를로스는 가족 중 가장 책임감이 없는 사람이다.
    - Claudia es la chica menos alta de su clase. 클라우디아는 학급에서 가장 작은 아이이다.

- **nos encantaron**

    우리(nos)를 현혹시킨 것(encantar)은 비디오들(videos)로 복수입니다. 그래서 직설법 과거 3인칭 복수형인 encantaron이 쓰였습니다. 만약 비디오가 하나만 있었다면 nos encantó라고 했겠죠?

- **para allá** 거기로

    para에는 '~를 향하여(hacia)'의 뜻이 있습니다.
    - El bus para Seúl. 서울로 가는 버스
    - Voy para Madrid. 난 마드리드에 간다.

- **acabar de hacer algo** 막 ~하다
  - ¡Me acabé de bañar! 나 방금 씻었어!
  - Me acabé de despertar. 나 방금 일어났어.

- **querrá** 원할 것이다
  3인칭 단수인 todo el mundo를 주어로 받기 때문에 querer 동사의 3인칭 단수 직설법의 미래형으로 쓰였습니다.

각 문장을 듣고 따라 말하세요.

- ¿Aló, con quién hablo?
- ¿Claudia? ¡Felicitaciones!
- Te estamos llamando de la agencia de actuación y modelaje más grande del país.
- Vimos tus videos y nos encantaron.
- ¿Te gustaría firmar un contrato con nosotros?
- ¿De verdad? ¡Por supuesto que sí!
- Voy ya mismo para allá.
- ¿Qué pasa? ¿Por qué tanto alboroto?
- ¡Mamá, lo logré!
- Una agencia me acabó de llamar.
- Voy a ser muy famosa, tendré mucho dinero y todo el mundo querrá verme y pedir mi autógrafo.
- ¡No lo puedo creer!
- ¡Me siento muy orgullosa de ti!

PASO 3 우리말을 듣고 스페인어로 통역한 다음 스페인어로 쓰세요.

여보세요. 누구세요?

클라우디아? 축하해요!

우리나라에서 제일 큰 연예기획사에서 전화하는 거예요.

당신 비디오를 봤는데 참 좋더군요.

우리랑 계약하지 않을래요?

진짜요? 당연히 그래야죠! 지금 바로 그리 갈게요.

무슨 일이야? 왜 이리 소란스러워?

엄마, 나 해냈어요! 지금 막 기획사에서 나한테 전화했어요.

나 이제 유명해져서 돈도 많이 벌 거고 온 세상이 날 보고 싶어하며 내게 사인해 달라고 할 거예요.

믿을 수가 없구나! 네가 정말 자랑스럽구나!

> *Nunca es demasiado tarde para ser lo que podrías haber sido.* - *George Eliot*
> 당신이 되어 있을지도 모르는 사람이 되기에 절대 늦지 않았다. - 조지 엘리엇

Una vida aburrida

다음 대화를 읽고 음성파일을 세 번 들으세요.

(Unos días después)

Claudia: Mamá, ya **estoy muy aburrida** de ser tan famosa.

Madre: ¿Por qué **cariño**?

Claudia: Ahora no puedo ir al supermercado en sandalias y **despeinada**. Todo el mundo me **persigue**, los paparazzi no me dejan tranquila y ¡**me vigilan todo el tiempo**!

Madre: Pero eso era lo que tú querías, ¿no?

Claudia: Sí pero esto no era lo que yo me imaginaba. **A veces** en la calle me gritan que yo canto como una **gata enferma**. Y mis amigos están conmigo solo **por interés**. Ahora me siento como un mono en una jaula del zoológico. *(Comienza a llorar)*

Día 3 진저리나는 인생

(며칠 후)

클라우디아: 엄마, 유명해진 게 벌써부터 너무 싫어요.

엄마: 왜 그러니, 애야?

클라우디아: 이젠 슈퍼마켓에 머리를 안 빗거나 슬리퍼를 끌고는 못 다녀요. 세상 모든 사람들이 절 따라다니고 파파라치들은 절 가만두질 않아요. 절 매일같이 감시한단 말이에요!

엄마: 그래도 네가 원했던 게 그런 것 아니었어?

클라우디아: 맞아요. 하지만 제가 생각했던 건 이런 게 아니었어요. 종종 길거리에서 제가 아픈 고양이처럼 노래한다고 소리지르는 사람들도 있어요. 그리고 친구들은 그저 자기네 이득을 위해 저랑 친해지려고 하죠. 전 지금 마치 동물원 우리에 갇힌 원숭이처럼 느껴져요. (울기 시작한다)

VOCABULARIO BÁSICO
- **poder hacer algo** ~할 수 있다
- **supermercado** 슈퍼마켓
- **sandalia** 샌들
- **paparazzi** 파파라치
- **dejar** (…의 상태로) 두다
- **tranquilo(a)** 조용한, 평화로운
- **eso** 그것
- **calle** 길, 거리
- **cantar** 노래하다
- **mono** 원숭이
- **jaula** 우리
- **zoológico** 동물원
- **comenzar a hacer algo** ~하기 시작하다

Nuevas EXPRESIONES

- **aburrido(a)** 지루한, 진저리나는

  형용사로 기본 의미는 '지루한'이지만 '너무 싫은, 진저리나는'의 뜻도 있습니다. estar aburrido(a) 역시 '지루하다'로 해석될 수 있지만 '진저리나도록 싫다'의 의미이기도 합니다.

  - No me gusta salir con Melisa; es muy aburrida.
    난 멜리사랑 만나는 게 싫어. 그녀는 매우 지루하거든. `지루한`
  - Estoy muy aburrido de mi trabajo. 난 내 일이 너무 싫어. `진저리나는`

- **cariño** 애정을 담아 부르는 호칭

  남녀 구분하지 않고 애정을 담아 부를 때 이 cariño를 씁니다. cariña는 존재하지 않습니다. 일반명사로 쓰일 때 cariño는 '애정, 애착'의 의미입니다.

  - Ella trata a sus plantas con mucho cariño. 그녀는 자기 식물들을 애정을 갖고 다룬다.
  - Ven aquí, cariño. 애야, 이리 와 보렴.

- **despeinado(a)** 머리가 헝클어진

  peinado(a)는 형용사로 '빗질한'입니다. 이 단어 앞에 despeinado(a)처럼 des-를 붙이면 '머리가 헝클어진'의 반대 의미를 갖게 되죠. des-가 앞에 붙어 반대 의미가 되는 단어들을 참고해 주세요.

  - cubrir 덮다 ↔ descubrir 밝혀내다, 명백히 하다
  - cansar 피곤하게 하다 ↔ descansar 쉬게 하다
  - cuidar 보살피다 ↔ descuidar 소홀히 하다
  - orden 질서 ↔ desorden 무질서
  - obediente 순종하는 ↔ desobediente 말을 듣지 않는

- **perseguir** 쫓다, 따라다니다

  도둑을 쫓는 것뿐만 아니라 누군가를 귀찮게 따라다니는 행위도 perseguir를 써서 말할 수 있습니다.

  - La policía está persiguiendo a un criminal. 경찰은 한 범죄자를 쫓고 있다.

- **¡me vigilan todo el tiempo!** 날 항상 감시한단 말이에요!

  vigilar는 '감시하다'의 뜻입니다. 이 동사가 3인칭 복수로 쓰인 이유는 날 감시하는 게 그들(los paparazzi)이기 때문이죠. todo el tiempo는 '항상'의 의미입니다.

- **a veces** 가끔
  - **A veces** los hombres también lloran. 남자들도 때로는 운다.
  - Eso pasa **a veces**. 가끔은 그런 일도 일어나.

- **gata enferma** 아픈 고양이
  gato(a)는 고양이인데 주인공이 여자이므로 여성형 gata로 말하고 있습니다.

- **por interés** 이득을 위한
  - casamiento **por interés** 이득을 위한 결혼
  - amistades **por interés** 이득을 위한 우정
  - Como identificar cuando alguien te quiere solo **por interés**
    단지 이득을 취하기 위한 목적으로 당신을 좋아하는 사람을 구분하는 방법

각 문장을 듣고 따라 말하세요.

- Mamá, ya estoy muy aburrida de ser tan famosa.
- ¿Por qué cariño?
- Ahora no puedo ir al supermercado en sandalias y despeinada.
- Todo el mundo me persigue, los paparazzi no me dejan tranquila y ¡me vigilan todo el tiempo!
- Pero eso era lo que tú querías, ¿no?
- Sí pero esto no era lo que yo me imaginaba.
- A veces en la calle me gritan que yo canto como una gata enferma.
- Y mis amigos están conmigo solo por interés.
- Ahora me siento como un mono en una jaula del zoológico.

PASO 3 우리말을 듣고 스페인어로 통역한 다음 스페인어로 쓰세요.

엄마, 유명해진 게 벌써부터 너무 싫어요.

왜 그러니, 애야?

이젠 슈퍼마켓에 머리를 안 빗거나 슬리퍼를 끌고는 못 다녀요.

세상 모든 사람들이 절 따라다니고 파파라치들은 절 가만두질 않아요. 절 매일같이 감시한단 말이에요!

그래도 네가 원했던 게 그런 것 아니었어?

맞아요. 하지만 제가 생각했던 건 이런 게 아니었어요.

종종 길거리에서 제가 아픈 고양이처럼 노래한다고 소리지르는 사람들도 있어요.

그리고 친구들은 그저 자기네 이득을 위해 저와 친해지려고 하죠.

전 지금 마치 동물원 우리에 갇힌 원숭이처럼 느껴져요.

> El genio se hace con un 1% de talento, y un 99% de trabajo. - *Albert Einstein*
> 천재는 1%의 재능과 99%의 노력으로 만들어진다. - 앨버트 아인슈타인

Día 4 — *Todo fue un sueño*

PASO 1

다음 대화를 읽고 음성파일을 세 번 들으세요.

 듣기 체크 ○○○

> *(Claudia sigue llorando)*
>
> **Madre:** Cariño, ¡**despierta**! ¡Estás llorando!
>
> **Claudia:** *(sollozando)* ¿Mamá? Ya no quiero **seguir siendo** famosa. ¡Quiero ser normal como todo el mundo!
>
> **Madre:** ¿De qué estás hablando? ¡Tú nunca has sido famosa!
>
> **Claudia:** **Mira por la ventana**. Los paparazzi me están esperando. ¡Los odio!
>
> **Madre:** ¡Ahí no hay nadie! Creo que has tenido una **pesadilla**.
>
> **Claudia:** ¿No hay nadie? Oh, ¡gracias al cielo! Todo fue un horrible sueño. *(abrazando a su madre)* Mamá, tenías razón. **¡Ser tan famosa es lo peor!**
>
> **Madre:** Me alegra que **te hayas dado cuenta de eso corazón**.

Día 4 이 모든 게 꿈

(클라우디아가 계속 운다)

엄마: 얘, 일어나! 너 울고 있잖아!

클라우디아: (흐느끼며) 엄마? 이제 더 이상 유명해지고 싶지 않아요. 다른 모든 사람들처럼 평범해지고 싶어요!

엄마: 무슨 말 하는 거야? 넌 유명해진 적이 없는데!

클라우디아: 창문을 봐 봐요. 파파라치들이 절 기다리고 있어요. 그 사람들이 미워요!

엄마: 저기 아무도 없어! 악몽을 꾸었나 보다.

클라우디아: 아무도 없어요? 아, 감사합니다 하나님! 이 모든 게 끔찍한 꿈이었구나. (엄마를 껴안으며) 엄마 말이 맞았어요. 너무 유명해지는 건 최악이에요!

엄마: 네가 그것을 깨달았다고 하니 정말 기쁘구나.

VOCABULARIO BÁSICO ■ sueño 꿈 ■ llorar 울다 ■ sollozar 흐느끼다 ■ famoso(a) 유명한 ■ ¿De qué estás hablando? 무슨 말을 하는 거야? ■ nunca 한 번도 … 아니다 ■ esperar 기다리다 ■ odiar 미워하다 ■ ahí 거기에 ■ nadie 아무도 ■ gracias al cielo 하늘에 감사하다 ■ tener razón 일리가 있다, 타당하다

Nuevas EXPRESIONES

- **seguir haciendo algo** 뭔가를 계속해서 하다

    seguir에는 '따라가다' 외에 '계속하다'의 의미도 있습니다. 그런 맥락에서 seguir haciendo algo는 '뭔가를 계속해서 하다'의 의미가 됩니다.

    - Si sigue lloviendo no sé qué vamos a hacer. 계속해서 비가 온다면 우리가 뭘 해야 할지 모르겠어요.
    - Juan siguió hablando con nosotros. 후안은 계속해서 우리와 말을 해나갔다.

- **despierta** 일어나

    despertar의 2인칭 단수 긍정 명령형입니다. despiértate와 같은 의미이지만 어감에서 차이가 있습니다. despierta는 부드러운 어감의 '일어나'이고 despiértate는 그리 부드럽지만은 않은 '일어나'입니다. 본문에서는 울고 있는 아이를 달래기 위해 엄마가 부드러운 어투로 말하는 despierta가 쓰였습니다.

- **Mira por la ventana** 창문 쪽을 봐봐요

    por에는 '~ 근처에, ~를'과 같이 장소와 관련된 의미가 있습니다. 본문에서는 창문을 하나의 공간으로 생각해서 '창문 근처를 봐봐'로 말한 것입니다.

    - Ella viajó por varios países. 그녀는 많은 나라들을 여행했다.
    - No debes mirar el celular cuando andas por la calle. 길에서 핸드폰을 보면서 걸으면 안 돼.
    - Como viajar gratis por el mundo 세계를 공짜로 여행할 수 있는 방법

- **pesadilla** 악몽

    형용사 pesado는 '무거운'의 뜻입니다. 뭔가가 무겁다는 건 감당하기 힘들다는 부정적인 의미겠죠. pesadilla를 비슷하게 생긴 pesado와 연결해 견디기 힘든 꿈, '악몽'으로 기억하면 잊어 버리지 않을 겁니다.

    - Todavía tengo pesadillas sobre ese incidente. 아직도 그 일에 관해 악몽을 꿔요.

- **abrazar a alguien** 누군가를 포옹하다

    - A las abuelas les gusta abrazar a sus nietos. 보통 할머니들은 손자들 포옹하는 것을 좋아한다.

- **¡Ser tan famosa es lo peor!** 너무 유명해지는 것은 정말 최악이에요!

    lo peor는 '가장 최악인 것'이고 lo mejor는 '가장 최고인 것'으로 lo peor의 반대말입니다.

    - ¡Es lo mejor que has dicho en toda tu vida! 그 말이 네가 여태까지 한 말 중 가장 최고다!
    - Lo peor de todo es que ni se disculpó el desgraciado.
        가장 최악인 건 그 얼간이가 나한테 미안하다고 하지도 않았다는 것이다.

- **darse cuenta de algo** (뭔가를) 알게 되다, 이해하게 되다
  - ¿Cuándo te diste cuenta de que ya no eres tan joven?
    네가 더 이상 젊지 않다는 사실을 언제 깨닫게 되었니?
  - Ella se dio cuenta de que soy un mentiroso sin remedio.
    그녀는 내가 대책없는 거짓말쟁이라는 것을 알게 되었다.

- **corazón**
  cariño와 같이 남녀노소 가리지 않고 애정을 담아 부르는 호칭입니다.

각 문장을 듣고 따라 말하세요.

- Cariño, ¡despierta! ¡Estás llorando!
- ¿Mamá? Ya no quiero seguir siendo famosa.
- ¡Quiero ser normal como todo el mundo!
- ¿De qué estás hablando? ¡Tú nunca has sido famosa!
- Mira por la ventana.
- Los paparazzi me están esperando. ¡Los odio!
- ¡Ahí no hay nadie!
- Creo que has tenido una pesadilla.
- ¿No hay nadie?
- Oh, ¡gracias al cielo! Todo fue un horrible sueño.
- Mamá, tenías razón.
- ¡Ser tan famosa es lo peor!
- Me alegra que te hayas dado cuenta de eso corazón.

PASO 3 우리말을 듣고 스페인어로 통역한 다음 스페인어로 쓰세요.

얘, 일어나! 너 울고 있잖아!

엄마? 이제 더 이상 유명해지고 싶지 않아요.

다른 모든 사람들처럼 평범해지고 싶어요!

무슨 말 하는 거야? 넌 유명해진 적이 없는데!

창문을 봐 봐요. 파파라치들이 절 기다리고 있어요. 그 사람들이 미워요!

저기 아무도 없어!

악몽을 꾸었나 보다.

아무도 없어요?

아, 감사합니다 하나님! 이 모든 게 끔찍한 꿈이었구나.

엄마 말이 맞았어요. 너무 유명해지는 건 최악이에요!

네가 그것을 깨달았다고 하니 정말 기쁘구나.

> *Si crees que puedes o crees que no puedes tienes razón.* - *Henry Ford*
> 당신이 할 수 있다고 생각하는 것과 할 수 없다고 생각하는 것, 두 가지 모두 말이 된다. – 헨리 포드

Diario de Claudia

다음 대화를 읽고 음성파일을 세 번 들으세요.

Anoche tuve una pequeña discusión con mi mamá. Ella no estaba **de acuerdo** con mis videos de YouTube y me dijo que yo bailaba muy mal. Me fui a mi cama muy enojada. Tratando de dormirme, no podía parar de pensar en cómo ser una celebridad. **Milagrosamente**, cuando abrí mis ojos, ya era rica y famosa. Pero no era como yo esperaba. Perdí a mis amigos, mi privacidad y muchos **se burlaban de** mi forma de bailar y cantar. **Afortunadamente**, todo fue un sueño espantoso. **A pesar de** que volví a ser una chica **común y corriente**, me siento muy satisfecha con mi vida.

Día 5   클라우디아의 일기

어젯밤 엄마랑 사소한 언쟁이 있었다. 엄마는 내 유튜브 비디오들에 대해 동의하지 않았고 내 춤도 별로라고 했다. 나는 화가 나서 침대에 누웠다. 잠을 청하려고 했지만 어떻게 하면 연예인이 될 수 있을까 생각하는 걸 멈출 수가 없었다. 놀랍게도 내가 눈을 떴을 때 난 이미 돈도 많고 유명해져 있었다. 하지만 그 삶은 내 생각과는 전혀 달랐다. 친구들도 사생활도 잃었고 많은 사람들이 내가 노래하고 춤추는 것에 대해 놀렸다. 다행히도 이 모든 게 무시무시한 꿈일 뿐이었다. 다시 평범한 소녀로 돌아왔음에도 불구하고 이제 난 내 삶에 만족한다.

VOCABULARIO BÁSICO   ■ anoche 어젯밤에   ■ pequeño(a) 작은, 사소한   ■ discusión 논쟁, 토론   ■ bailar 춤추다   ■ cama 침대   ■ tratar de hacer algo ~하도록 노력하다   ■ dormirse 잠들다   ■ parar de hacer algo ~하는 것을 그만두다   ■ pensar en algo ~에 대해 생각하다   ■ celebridad 유명인사   ■ ojo 눈   ■ rico(a) 부유한   ■ esperar 기다리다, 기대하다   ■ perder 잃다   ■ privacidad 사생활   ■ forma 모양, 꼴   ■ espantoso(a) 무서운   ■ satisfecho(a) 만족한

Nuevas EXPRESIONES

- **de acuerdo** 의견이 일치하는

    acuerdo는 '의견 일치'를 뜻하는 명사로 de acuerdo는 '의견이 일치하는'의 의미가 됩니다. 만약 누군가의 의견에 동의한다면 estar de acuerdo, 동의하지 않는다면 no estar de acuerdo로 말할 수 있습니다.
    - Todos estaban **de acuerdo** conmigo. 모두들 내 의견에 동의했다.
    - No estoy **de acuerdo** con la decisión. 나는 그 결정에 동의하지 않는다.

- **milagrosamente** 기적적으로 / **afortunadamente** 운이 좋게도

    milagro는 명사로 '기적'이고 milagroso(a)는 형용사로 '기적적인'입니다. 이 단어 뒤에 -mente를 붙이니 부사가 되었습니다. fortuna는 명사로 '운'이고 afortunado(a)는 형용사로 '운이 좋은' 입니다. 역시 뒤에 -mente를 붙여 주어 '운이 좋게도'의 부사가 만들어졌습니다.

- **burlarse de algo/alguien** 무언가/누군가를 비웃다
    - **Te burlaste de** mí. 넌 날 놀렸어.
    - **Se burló de** su compañero. 그(녀)는 자기 동료를 놀렸다.

- **a pesar de** ~함에도/~임에도 불구하고
    - **A pesar de** que estás perdiendo la memoria, ¡no se te olvida lo que deberías!
      기억력 감퇴에도 불구하고 잊지 말아야 할 것은 잘 기억하네!

- **común y corriente** 평범한

    común은 영어의 common과 같이 '평범한, 흔한'의 뜻이고 corriente 역시 '흐르는'의 뜻 외에 '평범한'의 의미가 있습니다. común y corriente는 그런 맥락에서 마치 흐르는 물과 같이 평범하다는 의미가 됩니다.
    - ¿Por qué gente **común y corriente** comete atrocidades?
      왜 평범한 사람들이 잔혹한 행위를 저지르는가?
    - Era una boda **común y corriente**, hasta que apareció Pablo.
      파블로가 나타나기 전까지 그 결혼식은 아주 평범했었다.
    - La diabetes es algo **común y corriente** en su familia.
      그(녀)의 가족에게 당뇨병은 새로운 것이 아니다.

각 문장을 듣고 따라 말하세요.

- Anoche tuve una pequeña discusión con mi mamá.
- Ella no estaba de acuerdo con mis videos de YouTube y me dijo que yo bailaba muy mal.
- Me fui a mi cama muy enojada.
- Tratando de dormirme, no podía parar de pensar en cómo ser una celebridad.
- Milagrosamente, cuando abrí mis ojos, ya era rica y famosa.
- Pero no era como yo esperaba.
- Perdí a mis amigos, mi privacidad y muchos se burlaban de mi forma de bailar y cantar.
- Afortunadamente, todo fue un sueño espantoso.
- A pesar de que volví a ser una chica común y corriente, me siento muy satisfecha con mi vida.

PASO 3 우리말을 듣고 스페인어로 통역한 다음 스페인어로 쓰세요.

어젯밤 엄마랑 사소한 언쟁이 있었다. 엄마는 내 유튜브 비디오들에 대해 동의하지 않았고 내 춤도 별로라고 했다. 나는 화가 나서 침대에 누웠다. 잠을 청하려 했지만 어떻게 하면 연예인이 될 수 있을까 생각하는 걸 멈출 수가 없었다. 놀랍게도 내가 눈을 떴을 때 난 이미 돈도 많고 유명해져 있었다. 하지만 그 삶은 내 생각과는 전혀 달랐다. 친구들도 사생활도 잃었고 많은 사람들이 내가 노래하고 춤추는 것에 대해 놀렸다. 다행히도 이 모든 게 무시무시한 꿈일 뿐이었다. 다시 평범한 소녀로 돌아왔음에도 불구하고 이제 난 내 삶에 만족한다.

PASO 4 주어진 표현을 활용해 여러분만의 스페인어 문장을 쓰세요.

❶ de acuerdo 활용

❷ burlarse de algo/alguien 활용

잠깐

콜롬비아에는 다양한 인종이 살고 있습니다. 백인도 있고, 원주민도 있고, 흑인도 있고, 또 이들 사이의 혼혈들도 있습니다. 백인과 혼혈이 전체 인구의 85% 정도를 차지하고 원주민과 흑인이 나머지 15%를 차지합니다. 하지만 좀처럼 눈에 띄지 않는 인종이 있으니 바로 아시아인입니다. 그나마 중국 회사와 식당이 늘어나서 중국인들은 간혹 볼 수 있지만 한국인과 일본인을 보기란 하늘에 별 따기입니다. 그래서인지 어디를 가든 사람들의 호기심 어린 눈길을 받게 됩니다.

메데진에서. 갑자기 전투경찰관들에게 둘러싸였다. 무슨 문제가 생겼나 긴장하는 순간 같이 사진 좀 찍자고 한다

2010년, 콜롬비아에 처음 왔을 때는 한국이란 나라를 아는 사람이 별로 없었습니다. 가는 곳곳마다 'chino(중국인)'라는 소리를 들었으니까요. 하지만 두 번째로 콜롬비아를 방문했을 땐 과일 가게 아가씨부터 택시 기사 아저씨까지 coreano냐고 정확하게 물어보는 통에 놀라지 않을 수 없었습니다. 5년 전만 해도 아시아에서 오면 다 중국인인 줄 알았던 이 사람들이 그새 어떻게 중국인과 한국인을 구분할 수 있게 되었을까요? 답은 남미 전역에서 선풍적인 인기를 끌고 있는 한국 드라마와 K-pop에 있었습니다. 한국 사람들을 TV로 계속 접하다 보니 중국인과 한국인을 구분하는 능력이 생긴 것이었습니다. 예전에 한국을 모르는 사람들에게 주변에 있는 현대, 삼성, LG 제품들을 가리키며 '저것들이 다 한국에서 만든 제품이야'라고 소개하면 모두들 놀라곤 했는데 이제는 더 이상 그럴 필요가 없었습니다. 오히려 그들이 제게 '한국은 기술이 발달한 나라'라고 말을 해 주었기 때문입니다.

쉬어가기

보고타에서 열린 한류행사

약 400명의 관객들이 한국에 대한 관심으로 모여들었다

  이렇게 한국에 대해 좋은 인식이 생기다 보니 한국 사람들의 이미지는 괜찮은 편입니다. 한국 문화와 관련된 행사도 점점 늘어가고 있고 더 많은 사람들이 한국에 관심을 갖고 있습니다. 한번은 보고타의 한 동네에서 진행된 Hanllyu Poket이라는 K-pop 행사에 발음 심사위원으로 초대를 받았습니다. 노래와 춤을 전공한 교수님들 사이에서 혼자 비전문가로 앉아 있으려니 좀 어색하더군요. 행사가 끝날 무렵 발음평을 하려고 무대에 올라갔습니다. '여러분 안녕하세요'라고 한국말로 외치니 약 400명쯤 되는 관객들이 얼마나 소리를 질러대던지……. 마치 제가 한류 스타가 된 듯한 착각마저 들었습니다. 행사가 끝나고는 어찌나 많은 사람들이 사진을 찍자고 하는지 '사진 찍으려면 줄 서세요'라고 농담 반 진담 반으로 말을 해야 할 정도였습니다. 살면서 이런 기분 한번쯤 느껴 보는 것도 나쁘지 않을 것 같다는 생각이 든 날이었습니다.

전문 심사 위원들 사이에 꼽사리 낀(?) 비전문 심사 위원

No digas que no tienes suficiente tiempo. Tienes exactamente el mismo número de horas que tuvieron Pasteur, Michelangelo, Helen Keller, Madre Teresa, Leonardo da Vinci, Thomas Jefferson y Albert Einstein.
- *H. Jackson Brown Jr.*

당신에게 시간이 부족하다고 말하지 마라. 당신에게는 파스퇴르, 미켈란젤로, 헬렌 켈러, 마더 테레사, 레오나르도 다빈치, 토마스 제퍼슨, 앨버트 아인슈타인에게 주어진 시간과 똑같은 24시간이 주어졌다. - H. 잭슨 브라운 주니어